Detlef Bald

Politik der Verantwortung

Detlef Bald

Politik
der Verantwortung

Das Beispiel Helmut Schmidt

Der Primat des Politischen
über das Militärische 1965-1975

Mit einem Vorwort
von Helmut Schmidt

aufbau

AUFBAU VERLAGSGRUPPE

Mit 20 Abbildungen

ISBN 978-3-351-02674-5

Aufbau ist eine Marke der Aufbau Verlagsgruppe GmbH

1. Auflage 2008
© Aufbau Verlagsgruppe GmbH, Berlin 2008
Einbandgestaltung Andreas Heilmann und Gundula Hißmann, Hamburg
Druck und Binden CPI – Clausen & Bosse, Leck
Printed in Germany

www.aufbau-verlagsgruppe.de

Inhalt

HELMUT SCHMIDT

Vorwort

Als 1795 Immanuel Kant, gegen Ende seines Lebens, die bemerkenswerte Schrift »Zum ewigen Frieden« verfasste, galt seit Jahrtausenden der Krieg als ein quasi selbstverständliches Element der Politik. Es war normales Schicksal der Völker, unter Kriegen ihrer Herrscher zu leiden. Seit Dareios oder Perikles, seit Alexander oder Cäsar, seit Dschingis Khan oder Pizarro oder Napoleon, seit Clausewitz, Moltke oder Tirpitz und Ludendorff bis hin zu Hitler oder Stalin – seit Jahrtausenden hat das Ideal des Friedens kaum jemals eine entscheidende Rolle gespielt. Es hat auch die vielerlei theoretischen Staatsphilosophien kaum sonderlich beeinflusst. Deshalb blieb Kant skeptisch. Am Schluss setzte er seine Hoffnung darauf, dass im Laufe der Zeit die zeitlichen Abstände zwischen einzelnen Fortschritten zur Verwirklichung des Rechts unter den Staaten immer kürzer würden.

Immerhin haben die beiden Weltkriege und die millionenfache Vernichtung von Menschen in ihrem Verlauf 1945 zur Charta der Vereinten Nationen und damit zum Verbot des Angriffskrieges geführt. Aber längst haben seither eine Reihe von Staaten dagegen verstoßen. Verbotswidrig waren die militärischen Eingriffe der Sowjetunion in Ungarn, in der Tschechoslowakei und in Afghanistan. Verbotswidrig waren die amerikanischen Bomben auf Grenada, Libyen oder Belgrad und der Krieg gegen den Irak. Während in den früheren Zeitaltern der Menschheitsgeschichte die Herrscher zumeist zugleich die militärischen Feldherren gewesen waren – Friedrich II. von Preußen und Napoleon waren die letzten hervorragenden Beispiele –, so waren es im 20. Jahrhundert vornehmlich die Politiker, welche die Verantwortung für beide Weltkriege tragen. Sie tragen auch die Verantwortung für fast ein halbes Jahrhundert des Kalten Krieges zwischen Ost und West und für den kriegsgefährlichen Rüstungswettlauf. Zwar haben auf beiden Seiten die Militärs in hohem Maße ideelle und materielle Beihilfe geleistet, die Befehlsgewalt lag jedoch in den Händen der Regierungschefs. Es waren dann die Politiker Kennedy und Chruschtschow, die 1962, auf dem Höhepunkt der Kuba-Krise, durch beiderseitige Zugeständnisse den Ausbruch eines dritten Weltkrieges verhindert haben. Er hätte mit großer Wahrscheinlichkeit gegenseitige atomare Vernichtung ausgelöst. Die beiderseitige atomare Hochrüstung hatte inzwischen das Vernichtungspotential ungeheuer gesteigert. Es bedrohte die gegnerischen Streitkräfte, aber in ungleich höherem Maße wären ihr zivile Volksmassen zum Opfer gefallen – das hatten Hiroshima und Nagasaki gezeigt.

Als zehn Jahre vor der kubanischen Raketenkrise beide Supermächte daran gegangen sind, die beiden Nachkriegsstaaten des von ihnen geteilten Deutschlands in ihre Rüstungsanstrengungen einzubeziehen, hat kaum ein Deutscher eine ausreichende Vorstellung von den Konsequenzen eines atomaren Krieges gehabt. Kanzler Adenauer hielt die Atomwaffen nur für eine moderne Weiterentwicklung der Artillerie. Er ging bereitwillig auf das amerikanische Verlangen nach einem westdeutschen Beitrag zur gemeinsamen Verteidigung Westeuropas ein, zumal er sich einen Zugewinn an politischer Handlungsfreiheit versprechen konnte. Weil er für die Wiederbewaffnung militärische Fachleute brauchte, war er zwangsläufig auf Generale angewiesen, die in Reichswehr und Wehrmacht erzogen, ausgebildet und indoktriniert worden waren. Den Amerikanern und der NATO kam es, ihrer zahlenmäßigen Unterlegenheit gegenüber dem Warschauer Pakt wegen, vor allem auf ein schnelles Tempo beim Aufbau westdeutscher Streitkräfte an. Aufgrund der daraus folgenden Überstürzung bei der Schaffung der Bundeswehr wurde nicht nur eine sorgfältige verfassungsrechtliche Einfügung in die Struktur des Staates, sondern auch eine Erziehung der Soldaten zu eindeutiger Verfassungstreue versäumt.

Schon im Beginn der 1950er Jahre begannen einige Abgeordnete des Bundestages, diese Versäumnisse als innenpolitisch höchst bedenklich anzusehen. Es fand sich eine Reihe von Abgeordneten aus CDU/CSU, SPD und FDP zusammen, um zu verhindern, dass die schwerwiegenden Fehlentwicklungen der Weimarer Reichswehr und der Hitler'schen Wehrmacht wiederholt wurden. Insbesondere wollten wir – ehemalige Soldaten des Zweiten Weltkrieges – ein politisches und ideologisches Eigenleben der Bundeswehr ausschließen. Deshalb kam es 1956 zu einer umfassenden Ergänzung des Grundgesetzes und zu einer Reihe von Gesetzen – alles gegen den Widerstand von Kanzler Adenauer, aber mit verfassungsändernder Mehrheit beschlossen. Seitdem liegt die Befehlsgewalt bei dem parlamentarisch verantwortlichen Verteidigungsminister, seitdem überwacht ein Wehrbeauftragter des Bundestages die Einhaltung der Grundsätze der »Inneren Führung«. 1956 wurde die Geburtsstunde der »Parlamentsarmee«.

In der Erinnerung und im geschichtlichen Bewusstsein der meisten heute lebenden Deutschen sind diese entscheidend wichtigen Vorgänge weitgehend abgesunken. Sie sind auch überdeckt von dem damals anhaltenden prinzipiellen Streit über die Wiederbewaffnung und anschließend dem prinzipiellen

Streit über die atomare Bewaffnung unserer Streitkräfte. Ich selbst, seit 1953 im Bundestag, habe damals mit meiner Partei gegen beide Vorhaben votiert. Nachdem aber beide vollzogene Tatsachen geworden waren, hielt ich es, gemeinsam mit Fritz Erler und einigen anderen Sozialdemokraten, für meine Pflicht, für vernünftige und anständige Ausgestaltung einzutreten. Die reaktionäre »Staat im Staate«-Haltung der Reichswehr, ihre beschämende Unterwerfung unter Hitler 1933/34 und später unter seinen unmenschlichen Machtmissbrauch standen mir allzu deutlich vor Augen. Dazu kam meine eigene Erfahrung aus dem Prozess gegen die Helden des 20. Juli 1944, vor allem meine Erinnerung an das gespaltene Bewusstsein vieler Soldaten im Zweiten Weltkrieg, nachts Hitler zum Teufel zu wünschen und am nächsten Morgen wieder ihm zu gehorchen.

Mir wie auch manch anderem jener Kollegen, die 1956 gemeinsam die geltende Wehrverfassung ins Grundgesetz geschrieben haben, ist deutlich gewesen, dass ein Teil der Offiziere (und besonders der Generale) ihre ablehnende Gesinnung nicht aufgegeben hatten. Deshalb haben sich im Herbst 1958 Abgeordnete aus allen Parteien zu freiwilligen Wehrübungen gemeldet; denn wir wollten wissen, wie es tatsächlich in der Truppe aussah. Zugleich wollten wir der Truppe und darüber hinaus der Öffentlichkeit zeigen, dass die Politiker sich um ihre Streitkräfte kümmern (einige törichte Politiker und Journalisten haben uns stattdessen militärischen Ehrgeiz unterstellt).

Zugleich habe ich begonnen, die Verteidigungsstrategie der NATO kritisch zu analysieren. Ich habe dabei vielerlei Hilfe von Amerikanern, Engländern und Franzosen erhalten. Ich kam zum Ergebnis, dass die Strategie der Abschreckung eines denkbaren Angriffs seitens des potentiellen Gegners Sowjetunion durch Androhung einer atomaren Vergeltung (»retaliation«) in ihrer Wirkung unsicher war. Vor allem aber würde sie im Falle der tatsächlichen Durchführung auf beiden Seiten unerhörte Menschenopfer kosten. Deshalb plädierte ich in einem 1961 erschienenen Buch für »konventionelle« Verteidigung anstelle der offiziellen NATO-Strategie der atomaren Vergeltung. Die Wirkung dieses Buches (»Verteidigung oder Vergeltung«, Stuttgart 1961) war in den USA größer als in Deutschland, zumal in Amerika mit der Präsidentschaft Kennedys ein Umdenken deutlich begonnen hatte. In Deutschland hingegen hielten viele Militärs immer noch am Konzept der atomaren Kriegführung fest. Und 1968 weigerten sich die CDU/CSU und Kanzler Kiesinger, dem internationalen Nichtverbreitungsvertrag über Atomwaffen (Non-Proliferation Treaty, NPT) beizutreten, weil sie sich den Zugang zu eigenen Atomwaffen offenhalten wollten.

Diese Lage fand ich vor, als ich 1969 unter Kanzler Brandt zum Verteidigungsminister ernannt wurde. Ich stieß auch auf geheime Pläne, entlang der damals sogenannten Zonengrenze zur DDR auf westlicher Seite mehr als hundert atomare »Landminen« (Atomic Demolition Munition, ADM) zu verlegen, die bei einem gegnerischen Angriff gleichsam automatisch einen atomaren Krieg auslösen sollten. Ich beschloss alsbald, die atomaren »Landminen« zu beseitigen; denn jeder atomare Krieg hätte große Teile des deutschen Volkes ausgelöscht. Zugleich erschien es mir unerlässlich, die Freigabe eines Einsatzes atomarer Waffen der Kontrolle der Bundesregierung vorzubehalten. Dabei war klar, dass beide Ziele nur nach einem vorhersehbar schwierigen diplomatischen Prozess innerhalb des Nordatlantischen Bündnisses erreichbar waren.

An dieser Stelle setzt die hier vorgelegte Untersuchung von Detlef Bald ein. Er schildert auch die Vorgeschichte. Am interessantesten ist seine Verdeutlichung des Zusammenspiels zwischen einigen Deutschen und einigen NATO-Generalen, welche Einsatz und Freigabe atomarer Waffen den Militärs vorbehalten und dergestalt den Primat der deutschen politischen Führung unterlaufen wollten. Balds Studie kann nicht ganz vollständig sein, weil ein Teil der Akten immer noch geheim gehalten wird (zu wessen Nutzen?), obgleich alle Vorgänge längst über dreißig Jahre zurückliegen.

Immerhin macht Balds Studie aber deutlich: Das jahrelange Ringen der damaligen Bundesregierung führte zu einem zweifachen Erfolg. Zum einen kam eine Einsatzentscheidung für atomare Waffen nicht mehr ohne Konsultation zwischen der Bundesregierung und dem amerikanischen Präsidenten zustande. Zum anderen wurden die geheimen atomaren »Landminen« beseitigt. Beide Ergebnisse sind entscheidend meinem Freunde Melvin Laird zu verdanken, der damals amerikanischer Verteidigungsminister war. Deshalb bleibe ich Laird tief verbunden.

Die demokratischen Verfassungen der meisten Staaten der westlichen Welt schließen eine klare Gewaltenteilung ein, dabei wird allerdings der Oberbefehl über das Militär durchaus verschieden geregelt. Daneben gibt es außerhalb Europas und Nordamerikas Staaten, in denen in zumeist verdeckter Form das Militär die oberste Gewalt ausübt. Ein Beispiel war die sowjetische Rüstung mit Mittelstreckenraketen, die seit der Mitte der 1970er Jahre mit jeweils drei atomaren Sprengköpfen in zunehmender Zahl auf Deutschland gerichtet waren. Denn es scheint, dass das kommunistische Politbüro in Moskau an dieser militärischen Zuspitzung nicht beteiligt gewesen ist. Die 1977 ins Amt kommende Carter-Administration glaubte zunächst, dieser neuen Bedrohung mit einer Rückkehr zur Strategie der »massiven« atomaren Vergeltung begegnen zu sollen. Das löste abermals Meinungsverschiedenheiten zwischen Washington und Bonn aus, die 1979 mit dem berühmten und umstrittenen NATO-Doppelbeschluss behoben wurden. Auch hier hat schließlich die Bundesregierung (inzwischen unter Helmut Kohl) Erfolg gehabt: 1987 führte der Doppelbeschluss zu einem Vertrag zwischen den USA und der Sowjetunion, der auf beiden Seiten die atomaren Mittelstreckenraketen beseitigte. Der diesem Erfolg vorausgegangene komplizierte internationale Prozess wäre abermals eine gesonderte Studie wert.

Angesichts des nach wie vor fortschreitenden technologischen Rüstungswettlaufs und angesichts der Tatsache, dass alle fünf ursprünglichen Atomwaffen-Staaten der Verpflichtung zur Abrüstung im Nichtverbreitungsvertrag keineswegs nachkommen, ist es wünschenswert, dass unsere Politiker, ob im Parlament oder in der Regierung, sich mit dem komplexen Aufgabengebiet von Rüstung, Rüstungskontrolle, Gleichgewicht und Friedenssicherung vertraut machen. Ohne den Willen zum Frieden wird kaum jemals ein Krieg vermieden. Aber der gute Wille allein reicht nicht aus. Sondern Sachkenntnis, Vernunft und Urteilskraft sind unerlässlich, um den Frieden zu bewahren. In der Bundesrepublik Deutschland wie in jedem demokratischen Verfassungsstaat sind es die vom Volk gewählten Politiker, nicht aber die Soldaten, welche die Verantwortung für Frieden oder Krieg zu tragen haben.

5. August 2008

Einleitung

In Deutschland gilt Helmut Schmidt als ein Politiker, dem die Bevölkerung weit über die Parteigrenzen hinweg Vertrauen schenkt. Sein Urteil wird geschätzt, ihm wird Respekt gezollt. Er wird als Staatsmann geachtet, der sein Amt als Bundeskanzler (1974–1982) geradlinig, umsichtig und tatkräftig führte. Auf die globalen Herausforderungen der Finanz- sowie Energie- und Rohstoffmärkte reagierte der anerkannte Volkswirtschaftler weitsichtig mit nationalen und internationalen Initiativen. Mit dem französischen Präsidenten Valéry Giscard d'Estaing regte er eine enge Zusammenarbeit der führenden westlichen Industriestaaten und die Gründung eines europäischen Währungssystems an. Auch bei der Bekämpfung der Rezession und der Arbeitslosigkeit in der Bundesrepublik suchte er vernünftige und nachhaltige Lösungen.

In seiner kurzen Zeit als Bundesminister der Verteidigung in den Jahren nach 1969 hat Schmidt historische Verdienste errungen, da er eine umfassende innere Reform der Bundeswehr vorangetrieben hat. Den Grundwerten der Verfassung folgend, hat er innerhalb der Armee der sozialen Gerechtigkeit, den Chancen der Gleichberechtigung und dem schichtendurchlässigen Berufsweg für Soldaten, Unteroffiziere und Offiziere zum Durchbruch verholfen. Auf alte Ideale der gesellschaftlichen Abkapselung des Militärs antwortete er mit weitreichenden Reformen bei Bildung, Ausbildung, Personalrekrutierung und einer pluralistischen Öffnung hin zur Gesellschaft. Die Gründung der Bundeswehruniversitäten in Hamburg und

München sind nur ein Beispiel für die Reformpolitik, die dem Leitbild vom »Staatsbürger in Uniform« Geltung verschafft hat. Parteipolitisch Konservative fochten heftige Grabenkämpfe gegen diese Militärreform. Obwohl Schmidt die Ziele der »Inneren Führung« und der Integration des Militärs in Staat und Gesellschaft verfolgte, die 1954 bis 1956 schon die Regierung Konrad Adenauer normativ der »neuen Wehrmacht« mit auf den Weg gegeben hatte, fanden die parlamentarischen Kräfte keinen Konsens. Nach 1969 fand eine Art nachholende Reform statt, die den Werten der Verfassung zu neuem Durchbruch verhalf.

1.

Sicherheitspolitik aber ist ein weites Feld. Die Adenauer-Regierung vertrat eine Politik der Stärke im Zeitgeist des Kalten Krieges; daher prallte die Skepsis und Ablehnung der Mehrheit der westdeutschen Bevölkerung gegen die Aufrüstung an deren traditioneller staatlicher Machtpolitik ab. Als die allgemeine Wehrpflicht eingeführt wurde, spitzte sich die Gegnerschaft gegen den Krieg in der konkreten Forderung zu: »Nie wieder Militär!«.[1] Mit aller Energie konnte Adenauer die Politik der Wiederbewaffnung und der Westintegration durchsetzen, obwohl die Opposition im Deutschen Bundestag und beträchtliche Teile der Gesellschaft die Militärpolitik ablehnten. Der Slogan »Keine Experimente!« drückte das materielle Wohlstandsdenken im Gefolge des beglückenden Wirtschaftswunders aus. Zudem spielte die Niederschlagung des Ungarn-Aufstands dem antikommunistischen Kurs der CDU in die Hände und bescherte den Unionsparteien die absolute Mehrheit bei den Bundestagswahlen im Herbst 1957.

Adenauer gelang es, die Angst vor der nuklearen Vernichtung gegen die Furcht vor der kommunistischen Bedrohung zu stellen. Trotzdem richtete Albert Schweitzer, der Träger des Friedensnobelpreises, am 23. April 1957 von Oslo aus einen »Appell an die Menschheit« und erhob mahnend die Stimme gegen die Atombewaffnung. Wenige Tage zuvor hatten die berühmtesten deutschen Naturwissenschaftler in der »Erklärung der Göttinger Achtzehn« – darunter Max Born, Otto Hahn, Werner Heisenberg und Carl Friedrich von Weizsäcker – davor gewarnt, die Folgen der Atomwaffen zu verharmlosen: »Taktische Atomwaffen haben die zerstörende Wirkung normaler Atombomben. Jede taktische Atombombe oder -granate hat eine ähnliche Wirkung wie die erste Atombombe, die Hiroshima zerstört hat.« Aber ihre Worte verhallten. Dem Bundeskanzler gelang es, diese Warnungen mit der forschen Formulierung zu verharmlosen, Atomwaffen seien nichts anderes als die Fortentwicklung der Artillerie. Die Synoden der Evangelischen Kirchen traten mit flammenden Protesten hervor, in großer Sorge beklagten Helmut Gollwitzer, Gustav Heinemann und Martin Niemöller die »kompromisslose Verwertung« der Atomwaffen.[2] Auch aus England schwappte eine breite Protestwelle herüber, der Aufruf »Kampf dem Atomtod« mobilisierte Massen von Menschen.

Albert Einstein hatte 1955 im Russel-Einstein-Manifest angesichts der atomaren Bedrohung eine Rückbesinnung auf die Menschlichkeit und eine »neue Denkungsart« angemahnt.

Für Adenauer jedoch war die atomare Bewaffnung der Bundeswehr eine Frage der Souveränität. Die Kritiker der Aufrüstung wurden verdächtigt, auf Seiten Moskaus, wenn nicht sogar im Sold der »Sowjets« zu stehen. Wer wollte sich gegen »moderne Waffen« wenden, so die Umschreibung Adenauers für Atomwaffen, wenn diese zum Schutz der westdeutschen Republik notwendig seien. Mit dem alten Feindbild der Russen gelang es der amtlichen Politik immer wieder, die virulente, innenpolitische Debatte und den Vorwurf der Anti-Atombewegung zu beschwichtigen. Die Mehrheit der Bevölkerung schien bald überzeugt, es gebe gar keine Atombewaffnung. Die Sozialdemokratische Partei, die seit dem Kaiserreich den Militarismus kritisierte, blieb aber, trotz ihrer langen Tradition der engen Verbindung zu diesen militärskeptischen Einstellungen, in der Defensive.

Helmut Schmidt gestaltete eine Politik der Verantwortung, deren Ziele – bis heute – in der Sicherheitspolitik greifbar und beispielhaft sind. Allerdings drangen seine Initiativen nicht an die Öffentlichkeit, weil seinerzeit die Bündnisverteidigung mit Atomwaffen unter höchster Geheimhaltung konzipiert und geplant wurde. Er handelte sogleich, als er die Problematik erkannte, denn Strategie und Verteidigungsplanung waren dringend zu verändern. Zielsicher und tatkräftig setzte er sich seit Beginn der sechziger Jahre für die Zuständigkeit der deutschen Verteidigungspolitiker ein; hartnäckig und ausdauernd hat er darum gekämpft, die politische Verantwortung in der Sicherheits- und Militärpolitik der Bundesrepublik abzusichern – gegenüber der Bundeswehr, dem NATO-Bündnis und den Kompetenzen des amerikanischen Präsidenten. Das war für die Regierungen der Kanzler Adenauer, Erhard und Kiesinger nicht selbstverständlich, sollte aber das Hauptthema für den Minister Schmidt werden. Atomwaffen waren damals wie heute eine heikle, politisch höchst sensible Angelegenheit. Der unglaublichen Geheimhaltung der Bundeswehr ist es zuzuschreiben, dass dieser militärinterne Bereich der deutschen Sicherheitspolitik in fast allen Teilen unbekannt geblieben ist.

Schmidt warb mit seinem Politikverständnis schon in der Ära Adenauer. Schon früh zeigten die Konturen der Verantwortlichen in Militär und Politik, dass mit dem Wechsel der Generationen Grundfragen demokratischer Politik verbunden waren und welche Werte der Verfassung im Militär noch Geltung hatten.

2.

Das Problem entwickelte sich zunächst am Stellenwert eines Typs einer Atomwaffe; es wurde ein grundsätzlicher Konflikt.

Im Verlauf der sechziger Jahre war eine Doktrin entwickelt worden, um die Verteidigung mit Atomwaffen zu organisieren. Dabei hatte im Arsenal der Atomwaffen ein Typ einen einzigartigen Stellenwert erhalten: die Atom-Mine. Der verharmlosende Begriff »Atom-Mine« bedeutet: Atomare Sprengladung zur Zerstörung oder Vernichtung (»Atomic Demolition Munition« = ADM).[3] ADM ist nicht das Kürzel für »Atomic Demolition Means«, also ein »Mittel« der nuklearen Zerstörung, erst recht nicht, wie fälschlich übersetzt, eine »Mine«. Deutsche Militärs benutzten anfänglich den Begriff »Atom-Mine«.[4] Es ist nicht sachgemäß, diesen verschleiernden Terminus zu verwenden oder ihn als »defensive Atommine« weiter zu verharmlosen.[5]

Im Unterschied zu allen anderen taktischen Atomwaffen, die von Flugzeugen oder Raketen ins Ziel transportiert und von Haubitzen verschossen wurden, war ADM vorbehalten, mit kleinen Fahrzeugen, Hubschraubern oder Personen zum Einsatzort transportiert zu werden; sie war mobil und multifunktional zu verwenden. Die Vernichtungskraft der größten Version dieser nuklearen Sprengkörper übertraf in diesen Jahren die Größenordnung der Atombombe, die 1945 die japanische Stadt Hiroshima vernichtete, um das Dreifache. Unter den Atomwaffen schien ADM alle Vorteile zu haben, um schnell, kalkulierbar und direkt an der Front die Initialzündung geben zu können für den Beginn der nuklearen Verteidigung. Ihr Einsatz wurde immer im Verbund mit den anderen Typen an taktischen Atomwaffen geplant, um die Eskalation hin zum größeren Atomschlag, dem »Strike«, zu sichern. Das heißt, ADM war dazu ausersehen, als erste aller taktischen Atomwaffen eingesetzt zu werden.

Der Bundeswehr stand nur eine Kategorie an Atomwaffen zur Verfügung, die sogenannten taktischen Atomwaffen, die im Rahmen der NATO zur Verteidigung vorgesehen waren. Sie wurden von den USA zur Verfügung gestellt. Bis zur Freigabe blieben sie unter amerikanischem Verschluss. Es gab eine breite Skala von Atomwaffentypen, für die die Bundeswehr die Trägersysteme bereitstellte. Unter ihnen waren am bekanntesten die Haubitzen mit einer Reichweite von 30 bis 35 Kilometern, die Adenauer als »weiterentwickelte Artillerie« des Heeres bezeichnete; daneben gab es Batterien der Kurzstreckenraketen vom Typ Honest John sowie die Pershing, eine Mittelstreckenrakete mit bis zu 800 Kilometern Reichweite; wichtig bei der Luftwaffe war eine Boden-Luft-Abwehrrakete, die Nike-Hercules, die auch als Boden-Boden-Rakete verwendet wurde, sowie das bekannte Düsenflugzeug vom Modell F 104, der für die Deutschen zum Bomber umgebaute Starfighter. Diese taktischen Atomwaffensysteme waren für das Gefechtsfeld konzipiert. Im Verteidigungsfall war an eine nukleare Kriegführung gedacht, bei der diese Atomwaffen im Verbund mit konventionell ausgerüsteten Verbänden eingesetzt werden sollten.

Die strategischen Atomwaffen bestimmten die öffentliche Diskussion. Ihre eigentliche Aufgabe war es, die Supermächte, die USA und die Sowjetunion, direkt zu schützen. Deren Territorium wurde als gesonderter Bereich, als Sanktuarium, betrachtet. Strategische Atomwaffensysteme waren in den fünfziger Jahren vor allem riesige Fernbomberverbände, die beispielsweise die USA auf Hunderten von Flugplätzen rund um den Globus stationiert hatten. Neben sie traten im folgenden Jahrzehnt interkontinentale ballistische Raketen sowie atomar angetriebene U-Boote mit Mittelstreckenraketen. Über sie wurde nach der Kuba-Krise verhandelt, um ihre Reichweite

Special Atomic Demolition Munition (SADM)

oder Anzahl zu begrenzen. Die beiden Supermächte hatten auch große Bestände an taktischen Atomwaffen, falls sie in einen »begrenzten« Krieg hineingezogen würden. Die Bundeswehr verfügte also »nur« über taktische Atomwaffen. Ihre Sprengkraft variierte; die großen taktischen Atomwaffen konnten die gleiche Detonationskraft erreichen wie die strategischen.

Ein Jahrzehnt nach Gründung der Bundeswehr hatte die militärische Führung ihre fachliche Kompetenz auf dem Gebiet der nuklearen Vorwärts- beziehungsweise Vorneverteidigung entwickelt und, mit Rückendeckung der Bonner Regierungen, in der NATO verankert. In dieser Anlage der Verteidigung lag der Keim des Konfliktes zwischen Militär und Politik verborgen, der mit der Person Helmut Schmidt verbunden ist und bislang unbekannte Zusammenhänge der Sicherheitspolitik und der Geschichte der Bundeswehr zu erkennen gibt. Schmidt zweifelte das entwickelte militärische Konzept an und forderte Priorität für die Politik im Fall der Verteidigung. Er verlangte die deutsche politische Mitsprache, die Mitentscheidung, das Veto-Recht – kurz: den Primat der Politik. Dieses Politikkonzept stand im Mittelpunkt dieser Auseinandersetzung, die sich zu einem wahrhaftigen Machtkampf zwischen Militär und Politik aufbaute. Da im Militärkonzept ADM die singuläre Funktion hatte, den nuklearen Ersteinsatz zu markieren, kreiste der militärpolitische Konflikt in Bonn scheinbar um die Verfügungsgewalt über ADM, in Wahrheit um den Primat der Politik. Wer sollte die politische Verantwortung für die nukleare Verteidigung tragen? Dieser Konflikt wird in diesem Buch beschrieben.

Die Erfolgsgeschichte der Geheimhaltung dieses Konflikts um die »Atom-Minen« erklärt sich aus folgendem Zusammenhang. Alle entscheidenden Dokumente wurden nur in einer extrem geringen Anzahl ausgefertigt und selbst an den Minister oder den Generalinspekteur üblicherweise lediglich zusammenfassend oder auszugsweise in nummerierten Exemplaren weitergegeben. »Dem« Offizierkorps oder »der« Generalität insgesamt waren die allgemeinen Leitlinien der Militärpolitik und Einzelheiten aus dem eigenen Berufsfeld sicherlich geläufig; auch die Offiziere, die beispielsweise in die Einsatzplanung der Raketen eingewiesen waren, und die Soldaten, die an Übungen teilnahmen, wussten, was in der Bundeswehr geplant war. Aber nur ein sehr enger Zirkel von Stabsoffizieren – im Führungsstab sowie in integrierten NATO-Stäben – war an der internen Ausplanung beteiligt und über diese geheime Ausrichtung der Militärpolitik unterrichtet. Der Kreis innerhalb der Führungselite im engeren Sinne – etwa 200 Generale und Admirale – ist leicht überschaubar: die Inspekteure, die Korps-Kommandeure sowie Mitglieder in NATO-Stäben. Diese Gruppe wurde speziell »nach Maßgabe politischer Opportunität und Vertrauen« ausgewählt, musste auch hohe Anforderungen an Homogenität erfüllen; sie umfasste kaum mehr als etwa 20 Generale, urteilt Klaus Naumann in seiner Studie über die Bundeswehrführung.[6] In einer Selbsteinschätzung wichtiger eingeweihter Generale und Admirale wurde der Umfang ähnlich begrenzt dargestellt.[7] Auch Abschlussbesprechungen geheimer militärischer Übungen geben zu erkennen, wie restriktiv Informationen gehandhabt wurden. Nur ein unglaublich kleiner Kreis überschaute die nuklearen Vereinbarungen und hatte Einblick in die tatsächliche Thematik des Ersteinsatzes mit ADM.

Minister Schmidt sorgte sich, die Wahrnehmung deutscher *politischer* Verantwortung in Sachen Verteidigung könne als *militärische* Schwäche missdeutet werden: Die Deutschen seien nicht bereit, Risiken für ihr Land zu übernehmen. Uneingeschränkt galt: »Niemand darf es wissen!« Der Leiter des Ministerbüros, Herbert Laabs, erinnerte sich an die Vorkehrungen, um die Vertraulichkeit zu gewährleisten: Besprechungen fanden nur im Kreis der Staatssekretäre statt, manchmal ergänzt durch den Generalinspekteur und den für Sicherheit zuständigen Abteilungsleiter des Kanzleramtes; Notizen durften nicht gemacht werden, alle diesbezüglichen Unterlagen wurden vor Verlassen des Raumes vernichtet.[8] Schmidt begründete dies mit den Worten: »Es darf nicht auf Seite zwei der ›New York Times‹ berichtet werden. Der Westen würde sagen, die Deutschen verteidigen nicht mal ihr eigenes Land. Der Osten – na das war ja klar. Die durften es auf keinen Fall wissen.«[9] So erklärt sich, dass Existenz und Funktion dieser ADM im Waffenarsenal der Bundeswehr verborgen blieben. Wenn tatsächlich zutreffende Informationen durchsickerten, konnten sie durch täuschende oder verwirrende Dementis nicht realistisch zugeordnet werden wie beispielsweise in den Jahren 1964, 1969, 1973 oder 1983. Auch das politische Geschick des Helmut

Schmidt, den Primat der Politik voranzustellen und durchzusetzen, blieb im Dickicht der Archive und der Geheimhaltung hängen.

3.

Im Jahr 2007 sprach Helmut Schmidt dieses Thema erstmals direkt in der Öffentlichkeit an. »Glauben Sie ja nicht, dass es einfach war, im Jahre 1969 und 1970 die Verlegung von über einhundert atomaren Landminen quer durch Deutschland zu verhindern!« Diese Worte erstaunten den Chefredakteur der ZEIT, Giovanni di Lorenzo, als er anlässlich der Erinnerung an die Auseinandersetzung mit der terroristischen Roten Armee Fraktion im heißen, sogenannten Deutschen Herbst von 1977, den ehemaligen Bundeskanzler nach der persönlichen Last politischer Entscheidungen fragte. Schmidt wies auf »viele dramatische Dinge« in seinem Leben hin, die am Ende des Krieges, in den Jahren der terroristischen Bedrohung oder beim NATO-Doppelbeschluss »ungeheuer belastend« waren. Er hat es mit den Worten umrissen: »Die enorme Verantwortung für das Leben anderer habe ich als existentiell bedrückend empfunden.«[10]

Die nukleare Sicherheitspolitik hatte ihn in seiner ganzen Person gefordert. Er hatte eine Militärpolitik verhindert, die Deutschland im Verteidigungsfall vernichtet hätte: die »Pläne der NATO und der deutschen Militärs, entlang der Zonengrenze auf westdeutscher Seite Hunderte atomarer Landminen zu vergraben«. Diesen »todgefährlichen Unfug« habe er gemeinsam mit dem amerikanischen Verteidigungsminister Melvin Laird beseitigen können.[11] »Das geht einem ans Magere«, würde man auf Hamburgisch sagen, in bürgerlich-bodenständiger Bescheidenheit und in menschlicher Zuversicht, mit schwierigen Umständen wohl recht umgegangen zu sein.

Einige Vertreter in den Medien äußerten prompt, solche Nachrichten über militärische Pläne mit »Atom-Minen« seien nichts Neues. Schmidt wärme nur Altbekanntes auf. Schon immer habe man von entsprechenden Planungen gewusst. Das Magazin »Der Spiegel« habe beispielsweise 1984 bestätigt, derartige, mit nuklearen Sprengkörpern versehene Sperren seien schon 1965 »rasch zu Fall« gekommen, nachdem die an die Öffentlichkeit gelangten Geheimpläne des Generalinspekteurs der Bundeswehr, Heinz Trettner, auf einer NATO-Tagung in Paris im Dezember 1964 zu einem Skandal geführt hätten.[12] Natürlich kenne jeder die Gerüchte über atomare Minengürtel entlang der östlichen Grenze, aber dieses Phänomen habe sich damals bereits dank heftigster Proteste erledigt. Auch wenn im Jahr 2007 die Andeutungen von Helmut Schmidt kaum aufhorchen ließen, sondern unisono ungläubige Skepsis oder sogar mitleidiges Lächeln über die vermeintliche Vergesslichkeit des Altbundeskanzlers hervorriefen – die »Atom-Minen« hat er zutreffend eingeordnet. Die Daten 1964 und 1984 rahmen zwei Jahrzehnte einer deutschen Militärpolitik ein, in denen diese taktischen Atomwaffen nahezu zum bedeutsamsten Angelpunkt der Sicherheitspolitik wurden. Die Atomwaffen an der innerdeutschen Grenze waren Realität.

Schmidt hob noch die vertrauensvolle Kooperation mit seinem amerikanischen Kollegen Melvin Laird hervor. Sie beide verband nicht einfach eine berühmte Männerfreundschaft zweier Politiker. Sie hatten als Vertreter einer Generation den Weltkrieg erlebt. Beide hatten 1969 ihr Ministeramt übernommen, Laird unter Präsident Richard Nixon im Januar im Alter von 45 Jahren, Schmidt unter Bundeskanzler Willy Brandt im Oktober mit 51 Jahren. Sie verband das Bewusstsein einer transatlantischen Wertegemeinschaft, für deren Sicherheit der persönliche Einsatz lohnte; sie fühlten die Verantwortung, die Friedensverhältnisse stabil zu erhalten. Die Konstellation war

Helmut Schmidt und Melvin Laird, 1968

günstig, weil Schmidt das Land vertrat, in dem die »Atom-Minen« am vorderen Rand des Gefechtsfeldes eingesetzt werden sollten, und weil Laird aus dem Land kam, das über die Atomwaffen letztlich autonom verfügte. In den Verträgen des Jahres 1955 war die doppelte Organisations- und Befehlsstruktur eingerichtet worden, gemäß der es sowohl amerikanische NATO-Truppen als auch amerikanische »nationale« Kontingente gab.[13] Die Depots für die taktischen Atomwaffen, also auch für die »Atom-Minen«, unterstanden der »nationalen« Zuständigkeit der US-Armee.

4.

ADMs gewannen einen so hohen Stellenwert, weil sie im Verbund der nuklearen Abschreckung am Anfang der nuklearen Eskalation standen. Der schnelle Ersteinsatz war ihre militärische Funktion, zugleich ihr politischer Kern. Die Kontrolle ihres Einsatzes bot die Chance, Krisen und Konflikte politisch zu kontrollieren, aber setzte insbesondere das Recht voraus, über den Befehl zum Einsatz dieser Atomwaffen (mit) zu bestimmen. Schmidt verlangte dieses Recht.

Der Kampf um ADM war ein Kampf auf verschiedenen Ebenen. Grundsätzlich musste dem Primat der Politik gegenüber der militärischen Führung Geltung verschafft werden. Der Bonner Machtkampf zwischen militärischen und politischen Interessen lief nicht nur intern ab, er griff in das System der Regelungen und Bedingungen ein, das im Bündnis den Einsatz der Atomwaffen für die Bundeswehr festlegte. Ein Bonner politischer Anspruch, Einsatzverfahren für die Bundeswehr zu ändern, zielte also im gleichen Maße darauf, international arrangierte und über Jahre entwickelte Verfahren der NATO zu revidieren. Mehr noch: da jeder Einsatz von Atomwaffen an die Zustimmung des amerikanischen Präsidenten gebunden war, handelte es sich schließlich um Eingriffe in inneramerikanische Regelungen, die dann noch mit der NATO verzahnt waren.

Seit 1956, nicht erst seit jenem Dezember 1964, als der »Atom-Minengürtel« mit dem Namen Trettner verknüpft wurde, gab es das Grundproblem der Sicherheitspolitik, wie die Bundesrepublik mit nuklearen Waffen verteidigt werden könnte. Helmut Schmidt hatte mit der politischen Realität der ADMs zu tun. 1964 stießen er und Fritz Erler, der Fraktionsvorsitzende der Opposition im Deutschen Bundestag, auf die streng geheim gehaltene Doktrin der nuklearen Verteidigung mit den »Atom-Minen«. 1969 trug er als zuständiger Minister im Bundesministerium der Verteidigung Verantwortung für die Sicherheits- und Militärpolitik. Als Bundeskanzler der Bundesrepublik Deutschland ließ ihn das Thema erst recht nicht mehr los, da sich pars pro toto mit dem Einsatz dieses Typs von Atomwaffen geradezu beispielhaft alle grundsätzlichen Probleme der nuklearen Verteidigung Deutschlands verbanden.

5.

Helmut Schmidt war dem Rat von Werner Hahlweg gefolgt, den dieser in seiner Einleitung zu dem Werk von Carl von Clausewitz gegeben hatte: »Vom Kriege« zu lesen, um sich über das existentielle Verhältnis von Politik und Militär Klarheit zu verschaffen. Da die Erkenntnisse dieses Buches »von derart zentraler Bedeutung« sind, gehöre es nicht nur in die Hand des Soldaten, sondern gerade auch in die des Politikers oder Staatsmannes.[14] Schmidt hatte den Lehren von Clausewitz Beachtung gezollt und Lehren aus der deutschen Geschichte gezogen. Die militaristische Gesinnung in der Geschichte des 19. und 20. Jahrhunderts waren ihm bewusst, die ablehnende und reservierte Haltung des Militärs in der Weimarer Republik gegenüber Republik und Demokratie eine ernste Mahnung.[15] Derartige Verhältnisse wollte er in der Bonner Republik nicht wieder aufkeimen sehen. In Weimar hatte die Reichswehr Regierung und Parlament nicht den Primat eingeräumt, und die Politik hatte sich gefügt. Die Reichswehr hatte sich wie ein Staat im Staate als autonomes Gebilde zu einer Macht in der Republik entwickelt, der das kontrollierende Element der Politik fehlte. Solche aus dem Kaiserreich übernommene, militaristisch getragene Traditionslinien durfte es in der Bundesrepublik nicht geben. »Es ist ganz erstaunlich, wie der Gedanke der politischen Kontrolle über das Militär zum ersten Mal deutlich und klar ausgesprochen ist bei Clausewitz. Nun berufen sich alle Generale auf Clausewitz, ohne ihn zu kennen und ihn verstanden zu haben.«[16] Das Dilemma, die Grundregel vom Primat der Politik im Verhältnis zum Militär nur bedingt anzunehmen und sich deshalb auf das Vorbild aus den Zeiten von Reichswehr und Wehrmacht zu beziehen, drohte auch der Bundeswehr.

Schmidt empfahl daher das erste und achte Kapitel bei Clausewitz als Pflichtlektüre für alle Soldaten. Seine Essenz sei, Krieg als »eine bloße Fortsetzung der Politik mit andern Mitteln« zu begreifen; oder wie es an anderer Stelle wörtlich heißt: »Der Krieg ist vielmehr nichts als Politik.« Militär und die Vorbereitung zum Krieg »sind daher stets von der Politik gegeben«. Schmidt kritisierte, dass deutsche Generalstäbler das Werk so auslegten, als sollten die Interessen des Militärs im Zentrum stehen. Gerade weil sie häufig »Vom Kriege« dahingehend gedeutet haben, dass die Politik auch im Frieden alles zur Vorbereitung des Krieges zu leisten und militärische Erfordernisse allem anderen voranzustellen habe, hätten sie den Sinn nicht erfasst und stattdessen einem »militärischen Größenwahn« Vorschub geleistet.[17] Für Schmidt stand angesichts des Zweiten Weltkrieges fest, dass die politische Vernunft uneingeschränkt Vorrang hat und für die übergreifenden Ziele staatlichen Handelns verantwortlich ist.

6.

Der Konflikt zwischen Militär und Politik war eingebunden in den Kalten Krieg. In seiner ersten Phase verführte die nukleare Überlegenheit Amerikas zu einem Abschreckungssystem, das auf dem Kalkül eines massierten nuklearen Schlagabtausches basierte. Die Strategen nahmen den Standpunkt ein, das Gleichgewicht des Schreckens ließe sich rechtfertigen, wenn man die Drohung, die gesamte Zivilbevölkerungen des Kontinents mit Atomwaffen auszulöschen, glaubwürdig verbreite. Das war zur Zeit der Strategie der »massiven Vergeltung« auch für die Bundeswehr anfangs keine bloße Theorie. Der Inspekteur der Luftwaffe, Johannes Steinhoff, beschrieb diese Umstände des »Strike«, also des umfassenden Nuklearschlages in Europa wie folgt: »Was das bedeuten würde, (…) haben wir damals gar nicht ermessen können, obgleich unsere Piloten ja in dieser Richtung bereits ausgebildet wurden. Das heißt, bei Release Hour (Freigabe der Nuklearwaffen im Ernstfall, D. B.), die der Präsident der Vereinigten Staaten erklären kann, setzten sich diese 500 oder 900 oder 600 Flugzeuge in Marsch. Damals haben wir mit KT-Werten zwischen 100 bis 500 gespielt, 200 war der gängige KT-Wert.«[18] Der entsprechende Detonationswert der Bombe auf Hiroshima war 15 KT, das entsprach 15 Kilotonnen herkömmlichen Sprengstoffs. Im Rahmen der »massiven Vergeltung« konnten also 500 oder 900 Bomber von der Bundesrepublik aus eine todbringende Last von jeweils 200 KT im östlichen Mitteleuropa abwerfen, die Raketen gar nicht erwähnt. Gleichgewicht, Balance, Stabilität hieß der eine Pfeiler der Sicherheit, Glaubwürdigkeit der zweite. Diese Kategorien bewegten die Strategen.

Die Großmächte bedrohten einander. Daher fand zwischen ihnen kein Krieg statt. Die am Ende des Weltkrieges in Jalta und Potsdam 1945 verabredeten weltweiten Einflusssphären wurden abgesichert. Nukleare Kriege zu führen hatte seinen Sinn verloren. Spätestens im Jahr 1957, als der erste russische Satellit im Weltraum kreiste, wurde jedem einsichtig, dass beide Supermächte einander mit Raketen völlig vernichten konnten. Der »Sputnik-Schock« in Amerika brachte es an den Tag, militärische Stärke bedeutete etwas anderes als noch vor wenigen Jahren. Große Kriege waren anachronistisch. Insofern war die Einführung der Strategie der »flexiblen Reaktion« ein Fortschritt. Konflikte sollten berechenbar sein und die Gefahr einer automatischen nuklearen Vernichtung verringern. Dieses Konzept hatten die Vereinigten Staaten seit der Präsidentschaft von John F. Kennedy befürwortet. Man »verfeinerte« die nuklearen Waffensysteme.

Das war die Stunde, in der die Bundeswehr ihr Konzept der »Atom-Minen« entwarf. Da die Strategie sich wandelte, war es geradezu typisch für die Zeit um 1964, dass die Hardthöhe dementsprechende, flexiblere Planungen vorbereitete und für sie in der NATO warb. Die ADMs sind also zum einen Waffen im Arsenal der Verteidigungsdoktrin und zum anderen Bestandteil einer Sicherheitspolitik, die Konflikte berechenbar machen wollte. Die Einzelheiten und Zusammenhänge sind schwierig und komplex miteinander verzahnt. Daher lässt sich nicht vermeiden, ADM-Fragen ausführlich darzulegen, um den grundsätzlich politischen Charakter der Entscheidungen in der Militärpolitik herauszustellen.

7.

Einige wenige Bemerkungen zur außen- und sicherheitspolitischen Literatur der Zeitgeschichte und Politikwissenschaft beleuchten, warum dieser wichtige Teil des Bonner Geschehens im Dunkel der Geschichte verborgen blieb. Die Politik und die Literatur scheinen sich im Wesentlichen auf die strategischen Waffen, die Raketen, Bomber und Atom-U-Boote zu konzentrieren, mit denen die Vereinigten Staaten und die Sowjetunion sich wechselseitig bedrohten. Dies und die laufenden Verhandlungen zur Begrenzung der interkontinentalen Rüstungen bewegten die Bündnis- und internationale Politik.[19] Auf diese Weise geriet der Bereich der Atomrüstung und -doktrin innerhalb der »großen« Politik aus dem Blickwinkel. Deutsche Sicherheitspolitik, Bundeswehr und NATO-Beziehungen erzeugten von etwa 1965 bis 1975 wenig Interesse, da ja augenscheinlich nichts Dramatisches passierte. Man kann die allgemeine Einordnung der ADM in der Literatur so zusammenfassen, dass nicht die Deutschen, sondern die Amerikaner »am liebsten« einen Minengürtel vorbereitet hätten, aber der Gedanke an einen »verstrahlten Graben« hätte in Europa zur Ablehnung geführt.[20]

Die Bundeswehr selbst, die zivil-militärischen Beziehungen, die Unzahl ihrer Affären, die nach 1969 umfassende Militärreformen nach sich zogen, standen im Mittelpunkt der Aufmerksamkeit. Erst der Schock über die Neutronenbombe, die Egon Bahr die »Perversion menschlichen Denkens« nannte, und die Debatten um den Doppelbeschluss der NATO fesselten die Öffentlichkeit und die militär- und friedenspolitischen Analysten wieder. Das Jahrzehnt von 1975 bis 1985 wurde intensiv, vor allem mit dem Schwerpunkt einer europäischen Friedensordnung ausgeleuchtet.

Zuvor eine Bemerkung zu einem Sonderproblem. Es ergibt sich daraus, dass militärgeschichtliche Forschungen auch von der Bundeswehr selbst angefertigt und in voluminösen Studien vorgelegt werden. So verdienstvoll sie sind, da hier Historiker im großzügigen Rahmen ihre Thematik erarbeiten können, so häufig wird doch eine professionelle Enge – Einseitigkeit oder Unvermögen? – mancher Offiziere deutlich, den historischen Vorgängen gerecht zu werden. Die gewählte Sachlichkeit der Darstellung wirkt auf den zivilen Leser manchmal wie eine militärische Selbstdarstellung ohne Distanz. Beispielsweise wenn es heißt, eine »überlegene nukleare Feuerwirkung« könnte eine Unterlegenheit »aufwiegen« oder ein gegnerischer Einbruch sollte mit 50 Atomwaffen einfach »bereinigt« werden.[21] Diese Art positivistischer Deskription führt zu dem Eindruck, historische Begründungen oder Sachzusammenhänge noch heute aus militärischer Sicht zu rechtfertigen und den notwendigen wissenschaftlichen Maßstab vereinfachend auf die Methodik zu begrenzen.

Helga Haftendorn, die sich auf die Entwicklungsphasen des Bündnisses und auf die Integration der Bundeswehr konzentrierte, hatte auf die Literatur großen Einfluss. Nach der Krise 1966/67, als Frankreich das Bündnis verließ und das NATO-Hauptquartier von Paris nach Brüssel wechselte, schienen die wichtigsten Probleme gelöst, »um sowohl die Anbindung der USA an das Schicksal Europas als auch die Einbindung Deutschlands zu gewährleisten«[22]. Obwohl Helga Haftendorn einige der Querelen um die »Atom-Minen«, die mit der Trettner-Affäre verbunden sind, in ihrem Werk ins rechte Licht rückt, scheint die Militärdoktrin, die auf ADM setzte, nicht hinreichend auf. Diese werden von Axel F. Gablik berücksichtigt, der das militärische Milieu und seine Denkschulen zu unterscheiden weiß und tief in die internen Kontroversen um die Ausrichtung der Militärpolitik einsteigt – eine Fundgrube zu den strategischen Planungen bis zum Ende der sechziger Jahre. Das Verhältnis von Militär und politischer Verantwortung stellt er im Selbstverständnis der Bundeswehr so dar, als unterlägen »die Politiker einem militärischen Zwang«. »Sie haben sich nach den militärischen Notwendigkeiten zu richten.«[23]

Das Herausragende an der Analyse von Susanne Peters ist, dass sie eine ansatzweise Einordnung der »Atom-Minen« in die Militärpolitik zu Anfang der siebziger Jahre vornimmt. »Schmidts Erfolg in dieser Frage kann gar nicht überschätzt werden«, würdigt sie sein Bestreben, die Militärmacht unter politische Kontrolle zu bringen.[24] Ihr historisches Gespür fällt ins Auge. Auch hatte sie keinen Zugang zu ehemaligen Geheimakten des Bundesarchivs eines über die »Stiftung Wissenschaft und Politik« in Ebenhausen organisierten Forschungsprojekts zur Nuklearpolitik. Dort wurden auch Protokolle von Interviews mit Zeitzeugen angefertigt. In diesem Kreis sind wesentliche Publikationen zur Sicherheitspolitik der Ära Adenauer entstanden, man hatte das Jahrzehnt nach 1955 mit den Berlin- und Kubakrisen im Auge.[25] Ein Autor allerdings, Reiner Pommerin, betrieb die »späte Rehabilitierung« des Generalinspekteurs Trettner, indem er dessen frühe Zweifel an der Nuklearpolitik aufbereitete, aber die wirklichen Planungen beiseiteließ.[26]

Dass die auf ADM aufbauende Doktrin nicht hinreichend wahrgenommen wurde, hängt auch mit Äußerungen der Zeitzeugen zusammen. Manches wurde ausgeblendet, anderes nicht genügend kritisch eingeordnet. Ein Zeitzeuge, Johann Adolf Graf von Kielmansegg, der als NATO-Oberbefehlshaber für Europa-Mitte bis 1968 alle Geheimpläne kannte, verbreitete die Mär, dass die Planungen mit ADM niemals »ernsthaft irgendwie in Erwägung gezogen« wurden.[27] Andere Experten der Nuklearstrategie saßen dabei und schwiegen.[28] Sie gaben ihre Kenntnisse nicht preis. So seien »die sogenannten ADM-Pläne nie richtig konkretisiert« worden.[29] »Atom-Minen« hätten nur Pressewirbel erzeugt. Im Übrigen hätten die Amerikaner Druck ausgeübt, diese Atomwaffen in Deutschland zu stationieren.

Die Experten bastelten an der Legende, »Atom-Minen« seien eigentlich »nur so ein Flop«. Ihre Schadenswirkung wäre »lächerlich gering«, nur »anderthalb Kilometer im Durchmesser groß«.[30] Trettner hingegen führte aus: Wenn in einem Krieg ein selektiver Einsatz von taktischen Atomwaffen den Angreifer nicht zum Rückzug zwinge, »verlangen wir den großen Schlag gegen die Sowjetunion.«[31] Er verlangte von den USA den großen Schlag mit allen zur Verfügung stehenden Atomwaffen. Die Befragung der Stiftung gibt auch zu erkennen, wie schwierig die Suche nach den Motiven hinter den Aussagen auch heute noch ist. So sind Fakten von Legendenbildung, von beabsichtigtem Verschleiern oder von unfreiwilligem Vergessen kaum zu unterscheiden. Ging es auch darum, die Generalität zu schützen? Warum macht ein General entgegen seinen Kenntnissen die falsche Aussage: »Man kann sagen, dass es unter Schmidt fast nahtlos weitergegangen ist wie es unter Schröder lief.«[32]

Einen Schlüssel, um die Problematik der ADMs zu erkennen, bot der ehemalige Vize-Admiral Herbert Trebesch an. Er erinnerte an die Forderung von Erler und Schmidt nach einem deutschen Veto-Recht »in der Nuklearfrage«. Und er fügte, als ob er ein neues Thema anschlagen wollte, den nur halb vollendeten Satz an: »Helmut Schmidt, der vier Grundsätze formulierte.«[33] Das klang rätselhaft. Doch Trebesch wies mit den »vier Grundsätzen« als einziger auf die Nuklearpolitik von Schmidt hin, die einen Wendepunkt in der militärischen Geschichte der Bundesrepublik markiert und Thema dieses Buches ist.

8.

Anfangs war mir der Zugang zum Thema dieses Buches verstellt. Erstmals angesprochen hat mich Eckardt Opitz, der Hamburger Historiker aus dem Beraterkreis der »Helmut und Loki Schmidt Stiftung«. Die beiden Stichworte – »Atom-Minen« und vertrauensvolle Kooperation mit Melvin Laird – schienen zeitlich überhaupt nicht zusammenzupassen, war doch, so leitete mich mein unzureichender Kenntnisstand, der bekannte »Minengürtel« des Generals Trettner ein Phänomen des Jahres 1964 und allenfalls noch ein Medienereignis der folgenden Monate; und Verteidigungsminister Schmidt trat sein Amt erst fünf Jahre später, im Herbst 1969, an. Aber, so lautete die Botschaft aus Hamburg, in dieser Angelegenheit hätte es bedeutsame politische deutsch-amerikanische Absprachen hinter den Kulissen gegeben.

Meine Neugier war geweckt und weiter angestachelt, als ich in den Veröffentlichungen und in alten Unterlagen des erwähnten Forschungsprojektes zur Nukleargeschichte der Allianz blätterte, das die »Stiftung Wissenschaft und Politik« initiiert hatte; in dessen Rahmen hatte ich über die politischen Anfänge der Atombewaffnung der Bundeswehr gearbeitet.[34] Das Verteidigungsministerium hatte Ende der achtziger Jahre für diese Forschungen Akten für den Zeitraum bis etwa

1967/68 freigegeben. Zu meiner Überraschung entdeckte ich, welche und wie viele Informationen in den ehemals geheimen und streng geheimen Akten verborgen waren, wenn man sie unter der Perspektive der »Atom-Minen« las. Schnell dämmerte die Einsicht, die anfänglich kaum mehr als ein vager Verdacht war, dass die »Atom-Minen« von Trettner ein konkretes Projekt des Militärs ganz anderer Dimension waren. Nur war nicht klar, wie das Ereignis von 1964 mit dem Amtsantritt von Helmut Schmidt 1969 zu verbinden war.

Trotz des Nichtwissens entschloss ich mich, das Thema anzupacken, weil es gleichzeitig eine ganz andere, alte Geschichte meines Arbeitslebens berührte. Erinnerungen kamen hoch – an Helmut Schmidt. Schon als junger Wissenschaftler war ich ihm begegnet: Im Jahr 1970 war ich dem Ruf von Thomas Ellwein gefolgt, meine Stelle an der Goethe-Universität in Frankfurt am Main aufzugeben und als Historiker im Kreis engagierter Pädagogen, Sozialwissenschaftler und Juristen mitzuwirken, um Konzepte der grundlegenden Bildungsreform der Bundeswehr zu erarbeiten. Die Herausforderung, der wir uns stellten, war, Offizierschulen und die Führungsakademie zu reformieren sowie ein obligatorisches Studium an Universitäten für Offiziere zu entwerfen. In bestimmten Phasen ließ sich Schmidt ausführlich persönlich informieren. Heute betrachte ich es als glückliche Fügung, dass ich zu denen gehörte, die ihm in München oder Bonn die harten Nachfragen geduldig zu beantworten und manchmal bis spät in die Nacht zu erörtern, ja Politikberatung zu üben hatten.[35] Bei noch unklaren Umrissen also war ich bereit, daran zu arbeiten, was es denn in der Bonner Politik auf sich hatte mit Minen und Militär, mit Verantwortung und Vertrauen, und was die Personen Schmidt und Laird damit zu tun hatten. Es bedurfte einiger Studien, bis sich erhellte, wo die »Atom-Minen« und das Politikkonzept von Helmut Schmidt ihren Platz fanden.

Auf Grenzen eigener Art stieß ich bei einem Besuch im Bundesarchiv-Militärarchiv in Freiburg. Im Verteidigungsministerium hatte man entschieden, die Übergangsfristen nach dem neuen Archivgesetz voll auszunutzen und die Bestände nicht nach den vorgesehenen dreißig Jahren, sondern erst nach einer weiteren Übergangszeit für den Benutzer uneingeschränkt zur Verfügung zu stellen. Die als vertraulich klassifizierten Akten, die ich einsehen konnte, entsprachen in etwa dem Material, was 1987/88 offengelegt worden war und inhaltlich dort anschloss. Doch der Gedanke, nach weiteren zwei Jahrzehnten und dem Ende des Kalten Krieges würden entsprechende Konvolute der Folgezeit verfügbar sein, erwies sich als zu optimistisch.

Die Erlaubnis, geheime Akten aus der Zeit des Verteidigungsministers Schmidt im Bundesarchiv-Militärarchiv in Freiburg einzusehen, erteilte Brigadegeneral Thomas Wollny aus Bonn. Allerdings beschied das Verteidigungsministerium meine Einzelanfragen, bestimmte Vorgänge für die Geschichtsschreibung offenzulegen, abschlägig, da sie »immer noch der allgemeinen Amtsverschwiegenheit« unterliegen. Das Ministerium hatte zwar zugesagt, bei meinem »konkreten Bedarf« an Akten zu prüfen, ob diese »zur Benutzung freigegeben werden«.[36] Doch stellte der Chef des Stabes des Führungsstabes der Streitkräfte, Generalmajor Manfred Engelhardt, bezüglich meiner Einzelanträge abschließend pauschal fest, einer »Offenlegung verschiedener Dokumente im Rahmen einer Veröffentlichung des Altbundeskanzlers Helmut Schmidt« werde nicht entsprochen. Es handele sich um schützenswerte Informationen und wegen »strenger Anwendung des Grundsatzes ›Kenntnis nur wenn nötig‹« erfolge keine Freigabe.[37]

Die Aktenbestände konnte ich einsehen, bin aber nicht befugt, sie wörtlich zu zitieren. Entsprechend wurden vorbereitete Kopien von einschlägigen Vorgängen im Bundesarchiv-

Militärarchiv vernichtet. Die militärischen und politischen Geheimhaltungsansprüche aus den Jahren 1967 oder 1973 werden auch noch im Jahre 2008 vom Ministerium mit formalen Gründen aufrechterhalten. Nicht einmal die einfachen Signaturen der eingesehenen Aktenbestände dürfen in die Anmerkungen aufgenommen werden, wie ich im Bundesarchiv unter Zeugen offiziell belehrt wurde.

Ich kann dem Leser versichern, dass neben den Belegen, die in einem Teil dieses Buches auf Bestände aus dem Projekt in Ebenhausen verweisen, auch die Belege aus dem Bundesarchiv für die anderen Passagen des Buches gegeben werden können. Die Referenzbelege liegen für alle Aussagen vor. Ausgleichend und günstig erwies es sich dann, dass im »Archiv Helmut Schmidt« in Hamburg sowie in dem »Bestand Helmut Schmidt« der Friedrich-Ebert-Stiftung in Bonn wichtige, nicht klassifizierte Unterlagen zur Verfügung standen. Außerdem benannten die Zeitzeugen in ausführlichen Interviews beträchtlich viele Hinweise und Fakten, mit denen sich die historischen Abläufe in Übereinstimmung mit dem Befund der Quellen des Bundesarchiv-Militärarchivs darstellen lassen. So lösten sich meine Sorgen, die sich aus der Geheimhaltung der Archiv-Akten ergaben, auf. Die Lücken in den Belegen haben nicht zu Lücken in der Darlegung geführt.

I. Militärische Autonomie
in der Atompolitik

1. Die deutsche Atomstrategie

Was nutzt es, einen Krieg zu gewinnen, wenn man gleichzeitig 20 Millionen Atomtote in Deutschland hat. Das sind Erwägungen, die die damalige deutsche Generalität nicht ernst nehmen konnte. Das hat sich bis in die sechziger Jahre fortgesetzt, ohne dass es diesen alten Generalen zum Bewusstsein kam, was dies bedeutet.

Ich war von Anfang an beunruhigt über diese Atomwaffe. Diese Beunruhigung ist eingetreten ganz sicherlich lange vorher, eh' ich Minister wurde. Der Satz »Dieses ständige Spielen eines atomaren Krieges – darf nicht sein!« hätte 1972 oder auch genauso gut 1962 erscheinen können.

Da war ich aber nicht Minister.

Helmut Schmidt, 31. Mai 2007

In der Wüste von Nevada hatten etwa 30 Offiziere die Detonation einer Atombombe beobachtet und den Eindruck gewonnen, auf einer üblichen »Schießbahn« zu sein: »Es ging alles so selbstverständlich zu wie bei uns bei einem normalen Scharfschießen.« Sie standen auf einer Art kleinem Hügel und waren völlig sicher, »dass die Techniker die Sache im Griff hatten«. Einer der Teilnehmer, General Heinz Trettner, bestätigte: »Und dieser Überzeugung war ich auch.«[38] Später schaute er als Korpskommandeur einen Film an, der die Auswirkungen einer nuklearen Explosion auf Schweine dokumentierte. Von den Tierversuchen entsetzt, war er überzeugt, »dass diese Waffen die psychische Belastbarkeit des Menschen einfach übersteigen«. Jeder Kampfeswille werde erlöschen, wenn die Truppe von atomaren Sprengladungen getroffen werde. Sein Fazit war eindeutig: »Die taktischen Atomwaffen sprengen den Rahmen klassischer Gefechtsführung.« Trettner benutzte ein Bild, das in der Bundeswehr die Runde machte: Man könne sich in geschlossenen Räumen nicht mit Handgranaten duellieren.[39]

Die nukleare Doktrin der Bundeswehr wurde 1961 in der legendären »Roten Fibel«, so genannt, weil sie in karmesinrot, der traditionellen Farbe des Generalstabs, eingebunden war, dargelegt und im Oktober 1962 geringfügig überarbeitet. Sie firmierte dann als »Grüne TF«. Die Botschaft dieser bis 1973 gültigen Dienstvorschrift zur nuklearen Truppenführung im Krieg lautete knapp: »Die Atomwaffen haben das Bild des Krieges grundlegend verändert; sie erfordern ein Denken in anderen Maßstäben.« Im Rahmen der Doktrin der Vorwärtsverteidigung bewertete man die Atomwaffen als quasi konventionelle Waffen, deren Dimension sei nur verstärkt; auf den Gegner sollten »Feuerfelder« gelenkt werden, um ihn dann zu vernichten. So hieß ein Kernsatz: »In allen Gefechtsarten ist der Atomfeuerplan der wichtigste Teil des Feuerplans.« Oder ein anderer: »Mit dem atomaren Feuer hat der Truppenführer das entscheidende Mittel in der Hand, die Kräfte des Angreifers vernichtend zu treffen.«[40]

Trettner hatte, als er die »Grüne TF« in die Hand bekam, Generalinspekteur Friedrich Foertsch seine Bedenken vorgetragen: Das nukleare »scheibchenweise Eskalieren« müsse »zur Vernichtung der Bundesrepublik führen«. Foertsch ließ dies allerdings nicht gelten.[41] Vielmehr ordnete er sich Verteidigungsminister Franz Josef Strauß unter, der mit allem Nachdruck die Strategie der »massiven Vergeltung« verfocht und angewiesen hatte, »mit allen Konsequenzen« dem durch die Atomwaffen »erzwungenen Wandel des Kriegsgedankens«

Rechnung zu tragen. Auch hatte der Führungsstab der Bundeswehr unter dem Motto »Keine Diskriminierung!« sich nicht gescheut, für deutsche Offiziere die Befehlskompetenz für Atomwaffen zu verlangen.[42] Demzufolge forderte er: »Nach deutscher Auffassung ist es notwendig, dass die Verfügungsgewalt über Sprengköpfe im Kriegsfall dem taktischen Führer, ohne Rücksicht auf dessen Nationalität, übertragen wird.«[43]

Trettners militärfachliche Auffassungen und Gewissensfragen an dieser Stelle wiederzugeben, ist sinnvoll, weil Ende der fünfziger Jahre manche hohe Offiziere ähnlich dachten. Doch sie passten sich an, wahrten die Geschlossenheit des Korps. Trettner wurde im Januar 1964 der Nachfolger von Foertsch. Hatte er zunächst Bedenken geäußert, folgte er nun den Ansichten der Atomstrategen. Deren Rationalität war durch ihre eigenen Berufsinteressen begrenzt. Den Auftrag der Landesverteidigung verstanden sie als Aufgabe, den Gegner zu vernichten. Das machte sie befangen. In der Bundeswehr war damals tatsächlich kein »Riss in der militärischen Führung« erkennbar, die das höhere Offizierkorps in zwei unterscheidbare Lager gespalten hätte.[44] Der Wunsch nach Homogenität wurde nach altem soldatischen Ethos nicht als Zwang wahrgenommen und wirkte stärker als persönliche Bedenken. Auch Trettner passte sich an.

In den sechziger Jahren verstärkte sich die Spannung zwischen individuellen Bewertungen und offizieller Doktrin durch die Einführung der Strategie der »flexiblen Reaktion«, deren neue Prinzipien die deutsche Doktrin der nuklearen Vorwärtsverteidigung bedrohten. Mehr als ein Jahrzehnt der Geschichte der NATO und der Geschicke der deutschen Militärführung sind von daraus resultierenden Konflikten gekennzeichnet. Der Chef des Generalstabs des US-Heeres, Maxwell Taylor, hatte nach dem Sputnik-Schock von 1957 die Strategie der »massiven Vergeltung« kritisiert, sie sei verkrustet und unglaubwürdig, unsicher wie ein mickriger Trompetenstoß und »selbstmörderisch«, weil sie einen uneingeschränkten globalen Atomkrieg zulasse. Stattdessen stelle sich die Aufgabe, Konflikte – gerade in Europa – zu begrenzen, glaubwürdig abzuschrecken und politisch zu deeskalieren.[45] Dies verlange neues Denken.

Weg vom »worst-case«-Denken, hin zu einer Form der abgestuften Abschreckung und bedachten Eskalation, lautete das Programm, mit dem Präsident John F. Kennedy den zupackenden Organisator aus der Industrie, Robert McNamara, als Minister für die Verteidigungspolitik gewann.[46] Eine relativ junge Politikergeneration wollte die Symbole der Moderne, Wissenschaft und Fortschritt, für die Ausgestaltung von Macht und Militär nutzen und das Land voranbringen. Taylor wies in seiner Analyse der NATO die Zukunft. In einem Atomkrieg würden allein die eigenen, horrenden zivilen Verluste die Abschreckung bedrohen. Das war eine klare Absage an die nuklear-konventionelle Vorwärtsverteidigung der Bundeswehr. Eine nukleare »taktische Kriegführung ist weder akzeptabel noch glaubwürdig als Abschreckung«, lautete entsprechend lapidar die zentrale Empfehlung der Bowie-Kommission an McNamara zur langfristigen Revision des Bündnisses – programmatisch schon im Sommer 1960.[47]

Die Bundeswehr ging jedoch auf Konfrontationskurs, sie suchte an der ungeschmälerten massiven Abschreckung festzuhalten. Eine flexibel gedachte Verteidigung in Europa sei nicht möglich. Die Position der Franzosen, eine national eigenständige und daher glaubwürdige Form der Abschreckung zu entwickeln, wurde ebenfalls verworfen. Mochten andere Nationen, beispielsweise die Engländer, diesen neuen amerikanischen Ideen zustimmen, für die Hardthöhe stellte sich die Vertrauensfrage. Sie hielt dagegen. Definitiv. Trettner erklärte: »Es war ein Schock für uns, weil wir instinktiv fühlten, dass die Abschreckung Not litt und dass wir uns nicht mehr so sicher fühlen konnten wie wir es unter der Drohung der massiven Vergeltung sein konnten.« Und wie um diese Aussage zu bestärken, fügte er noch an: »Mit Recht sein konnten.«[48]

Die militär- und sicherheitspolitische Wende in den USA sollte die Arbeit der deutschen Militärexperten und die Bonner Sicherheitspolitik der nächsten Jahre binden. Kurzfristig gelang es Adenauer und Strauß, die sicherheitspolitische Wende zu blockieren. Der deutsche Widerspruch gegen amerikanische Entwürfe wurde seit Sommer 1961 auf allen Ebenen in der NATO vorgetragen. Ernste Konflikte traten im Frühjahr 1962 auf der NATO-Ratstagung in Athen zutage. Dort konnte zwar noch verhindert werden, eine neue flexible Strategie als Ersatz der »massiven Vergeltung« zu verabschieden, aber die von Verteidigungsminister McNamara und von Außenminister Dean Rusk – gewissermaßen als Ersatz – vorgelegten Grundsätze für die zukünftige Strategie fanden Zustimmung. Abgestufte militärische Reaktionen und politische Konsultationen sollten den »Athener Richtlinien« zufolge die Schwerpunkte der neuen NATO-Politik dokumentieren. Sie wurden im Mai 1962 verbindlich, auch für die deutsche Militärpolitik. Gerade Strauß lehnte diesen Wandel in der ihm eigenen Entschiedenheit und Schärfe ab. Bestürzt hielt aber auch die Hardthöhe in einem Positionspapier dagegen: Die Richtlinien »decken sich nicht mit dem strategischen Konzept« der »massiven Vergeltung«, »nach welchem im Falle eines allgemeinen Krieges der Einsatz von Nuklearwaffen unabhängig davon erfolgen soll, ob die Sowjets Kernwaffen einsetzen oder nicht«. Die Annahme, dass sich die NATO unter dem Einfluss der neuen US-Politik wandeln würde, wurde mit Hinweis auf »allerdings private« Veröffentlichungen untermauert und gefolgert: »Es ist durchaus denkbar, dass die Sorgen über eine Aufweichung der US-Kriegstheorie berechtigt sind.«[49]

Die Führung der Bundeswehr konzentrierte sich vor allem auf drei in den »Athener Richtlinien« angesprochene Aspekte der Verteidigung in Westeuropa: den begrenzten Krieg, die nukleare Eskalation und das Mitspracherecht beim Einsatz von Atomwaffen. Bereits im Sommer 1962 bezeichnete die Hardthöhe erste Grundlinien ihres Widerspruchs zur amerikanischen Politik. Der begrenzte Krieg sei »für keinen Fall« von der (alten) NATO-Konzeption gedeckt; für strategische Atomwaffensysteme großer Reichweite sei ein »europäisches Mitspracherecht für den Einsatz nicht notwendig«; aber für die taktischen Nuklearwaffen sei die »automatische Freigabe« durch SACEUR, den amerikanischen Oberbefehlshaber des Bündnisses in Europa, erforderlich. Noch waren viele Details nicht abgestimmt und ausdiskutiert. Doch schon in diesem Stadium, Ende 1962, tauchte das Kürzel ADM – nicht zufällig – auf.[50] Die Konsequenzen für die Doktrin wie für die materielle Rüstung des kommenden Jahrzehnts wurden auf der Hardthöhe im Einzelnen erörtert. In bislang ungewohnter Weise bauten die Deutschen, Minister und Militär, einen Konflikt mit ihrem bedeutendsten Verbündeten auf. Sie suchten nach tauglichen Argumenten und passenden Begriffen, noch kämpften sie nicht mit offenem Visier. Aber im Ministerium stimmten sie ihre Vorgehensweise im Bündnis ab und wichen in den Verhandlungen über lange Zeit davon nicht ab.

Der politische Promotor dieser deutschen Nuklear-Doktrin, Minister Strauß, geriet unverhofft ins Stolpern. Bei der großen internationalen Vergleichsübung FALLEX 62, im Herbst, hatten Heer und Luftwaffe der Bundeswehr die schlechte Bewertung »mäßig einsatzbereit« erhalten, und der Marine wurden sogar nur »sehr begrenzte Fähigkeiten« bescheinigt, wie das Magazin »Der Spiegel« in dem Artikel »Bedingt abwehrbereit« verkündete.[51] Die Kritik war vernichtend und niederschmetternd. Mit der Begründung, Landesverrat sei im Spiel, wurden die Redaktionsräume des »Spiegel« widerrechtlich durchsucht, Akten beschlagnahmt, der Redakteur, Conrad Ahlers, in Spanien verhaftet und der deutschen Polizei übergeben. Der Herausgeber Rudolf Augstein wurde ebenfalls verhaftet. Die Empörung in den Medien und der Öffentlichkeit war groß. Nicht Skandale und Affären, nicht Rüstungsprojekte oder 08/15-Schinderei in der Truppe, erst recht nicht die Atompolitik ließen Strauß straucheln, sondern sein zügelloser Machtinstinkt, der ihn die Grenzen der Rechtsstaatlichkeit missachten ließ, erzwang den Rücktritt. Obwohl Adenauer noch alle Register im Bundestag zog und behauptete, ein »Abgrund an Landesverrat« bedrohe das Land, musste Strauß unter dem öffentlichen Druck im Dezember 1962 resignieren.

Als sein Nachfolger auf der Hardthöhe, Minister von Hassel, politische Kontinuität signalisierte, wurde der Stellvertreter von McNamara, Roswell Gilpatric, vorgeschickt. In einem sehr ausführlichen Schreiben im Mai 1963 legte er den Deutschen noch einmal die Grundsätze der »Athener Richtlinien« dar, nach deren Kriterien und nach deren Rationalität der Umbau der Militär- und Sicherheitspolitik in Richtung »flexible Strategie« erfolgen solle. Das nahm der Führungsstab nur zum Anlass, gegenüber dem Minister »abweichende Auffassungen« Washingtons herauszustellen.[52] Die Hardthöhe zeigte sich unbeugsam, sie benötige keine Belehrungen. Der Ton, der angeschlagen wurde, war bemerkenswert. Die beiden »US-Forderungen auf Anheben der Atomschwelle und Ausschöpfen aller konventionellen Möglichkeiten« zur Verteidigung wurden nicht akzeptiert. Die amerikanische Politik berge die »Gefahr der Unterhöhlung des Prinzips der lückenlosen Abschreckung ohne organische Eingliederung nuklearer Waffen auf allen Ebenen«. Der Führungsstab formulierte schlicht: Die »BRD«

45

müsse auf Stationierung der nuklearen Waffen »bis in den vorderen Bereich des Gefechtsfeldes bestehen«.[53] Das war der Kern der neuen Sprachregelung: lückenlose Abschreckung und organische Eingliederung der nuklearen Waffen. Die Sprache war auffällig hart, bezeichnend war auch, dass die deutsche Position ausschließlich mit NATO-Dokumenten der fünfziger Jahre begründet wurde und man die neuen »Athener Richtlinien« vollständig ignorierte.

Die Bundeswehr entwickelte also ab 1963 eine eigene Doktrin in Form einer modernisierten »massiven Vergeltung« im Zeichen der »flexiblen Reaktion«. Dabei stellte sie feste Prinzipien heraus: um das Risiko für die Sowjetunion unkalkulierbar zu halten, sei »von Beginn der Feindseligkeiten an der Einsatz von nuklearen Waffen vorzusehen«[54]. Weiter: »Es gibt auf keinen Fall das Konzept eines begrenzten Krieges mit der Sowjetunion (…). Die Abwehr muss so nahe am Eisernen Vorhang wie möglich aufgenommen werden.«[55] Und schließlich: »Technische Fortschritte erfordern Einführung neuer Waffensysteme.« Darunter wurden neue »nukleare Einsatzmittel«, also die bekannten taktischen, aber auch sogar strategische Waffen verstanden. Natürlich fehlte auch hier nicht der Hinweis auf ADM. Es wurde empfohlen, dieses ungeheure Aufrüstungsprogramm öffentlich nur als nukleare »Umrüstung« und nicht als anvisierte »Vergrößerung« der nuklearen Waffenarsenale zu bezeichnen.[56]

Diese Doktrin der »Vorwärtsverteidigung«, deren Grundzüge im Führungsstab der Bundeswehr noch unter Strauß erarbeitet worden waren, wurde im Januar 1963 vom Bundeskabinett angenommen. Minister von Hassel trug dabei die militärpolitisch zentralen Prinzipien vor, darunter die Maxime, die »Einsatzbefugnis über die verschiedenen Kernwaffen« an SACEUR »im voraus zu delegieren«, da die Verteidigung »mit Sicherheit keinen längeren Zeitverzug zu Beratungen darüber erlaubt, ob Atomwaffen eingesetzt werden sollten oder nicht.«[57] Umständliche und übertriebene politische Kontrollverfahren dürften die Freigabe nicht verzögern, da die Atomwaffen sonst »zu spät und unwirksam« eingesetzt würden.[58] Mehr noch, da SACEUR »höchstens das Stichwort zur Auslösung« des Atomschlags geben könne, sollten aufgrund der fachlichen Kompetenz die »ihm unterstellten Befehlshaber je nach ihrer Ebene Einsatzbefugnis für die ihnen zugewiesenen taktischen Nuklear-Waffen« erhalten. Also, um keine Missverständnisse aufkommen zu lassen, betonte von Hassel: »Nach unserer Auffassung gehören die taktischen Nuklear-Waffen (...) in die Hände derjenigen Befehlshaber, die die Verteidigungsoperationen ihres Bereiches verantwortlich zu führen haben.«[59] Alle taktischen Atomwaffen wie die ADMs müssten als »Schwerpunktwaffen des Gefechtsfeldes« im Heer bis zu den Divisionen eingegliedert werden.[60]

Vor einer Besprechung des Ministers von Hassel mit Präsident Kennedy im Juni 1963 wurde auf der Hardthöhe die deutsche Position noch einmal konfrontativ aufbereitet. Ungeachtet der »Athener Richtlinien« wurde festgestellt, auch in konventionellen Konflikten müsse mit Atomwaffen reagiert werden: »Die NATO wäre in einem solchen Fall zum zunächst örtlichen Einsatz nuklearer Waffen gezwungen.« Die Sowjetunion werde jeden Atomkrieg »unzweifelhaft scheuen«. Daher sei im Fall des taktischen Einsatzes von ADM auf deutscher Seite nicht »zwangsläufig« mit einer nuklearen Eskalation durch die Sowjetunion zu rechnen.[61] Das Fazit des deutschen Standpunktes lautete: »Wir halten an der Auffassung fest, dass unsere Streitkräfte über organisch eingegliederte nucleare (sic) taktische Waffen bis in den vorderen Bereich des Gefechtsfeldes verfügen müssen.«[62]

Militär und Politik auf der Hardthöhe verlangten 1963 übereinstimmend im Rahmen der »auf Mitteleuropa angepassten

Transportbehälter für eine »Atom-Mine«.

›flexible response‹« die frühzeitige Freigabe von Atomwaffen.[63] In dieser Doktrin war den ADMs eine zentrale Rolle zugewiesen. Als mobile »Abwehr- und Sperrwaffen« des Heeres schienen sie unersetzlich. Die Bundeswehr hatte im Oktober 1962 während der Kuba-Krise die ersten 25 ADMs übernommen. Im November beantragte Strauß bei General Norstad eine weitere entsprechende Ausstattung zur Vorwärtsverteidigung in Schleswig-Holstein.[64] Die Skala der Detonationswerte reichte von weniger als einem Zehntel bis zum Dreifachen der Hiroshima-Bombe, also von »kleinen« Sprengladungen bis zu 45 Kilotonnen.[65]

Während dieser deutsch-amerikanischen Kontroverse um die Interpretation der »flexiblen Reaktion« gerieten die nuklearen Waffen ins Visier detaillierter Planungen auf der Hardthöhe. Die Differenzen über den Einsatz der ADMs blieben unüberbrückbar. Die Minister von Hassel und McNamara kamen am 12. November 1964 in Washington schließlich darin überein, eine deutsche und eine amerikanische Kommission solle untersuchen, wozu ADM in der Verteidigung sinnvoll sein könne. Die gegensätzlichen Auffassungen prallten heftig aufeinander. Die Protokolle der beiden Parteien zeigten die unversöhnliche Haltung: Auf der Hardthöhe wurden die amerikanischen Aufzeichnungen als »nicht klar verständlich« beziehungsweise »sinnentstellend« bezeichnet. Der Führungsstab strotzte nur so von Selbstvertrauen: »Minister McNamara ist daher um Aufklärung zu bitten, in welchen Punkten er mit uns übereinstimmt.«[66] Die USA bestanden auf einer möglichst hohen Schwelle, also Freigabe der ADM »frühestens beim Angriff einer feindlichen Armeegruppe«, aber vor allem lehnten sie den Einsatz in Grenznähe ab. In ihrem Modell waren nukleare Sperrzonen ins Hinterland verlagert, weit hinter die ersten Verteidigungslinie, um Zeit für politische Verhandlungen zu gewinnen. Die Hardthöhe ließ sich dadurch nicht beirren: »McNamaras Hinweis auf die vielen Millionen Toten bei einer nuklearen Kriegführung in Europa sollte (…) die europäischen Regierungen einschüchtern und von der Notwendigkeit einer relativ späten Freigabe der Nuklearwaffen überzeugen.«[67]

Im Dezember 1964 kam es in Paris zum Eklat. Obwohl McNamara das deutsche Konzept abgelehnt hatte, pochten die Deutschen auf das Recht, ihre Nuklearpläne einzubringen. Trettner trat am 3. Dezember vor den Militärausschuss (MC) der NATO und stellte das Konzept der frühen nuklearen Eskalation durch den Ersteinsatz von ADM vor: Dieser sollte ein »erster Warnschuss« sein, um schließlich »eine Art nukleare Brandmauer« entlang der Grenze zu errichten.[68] Minister von Hassel unterstützte das ADM-Konzept, auch Außenminister Gerhard Schröder sekundierte Trettner im NATO-Rat. Wie der amerikanische Major Wain W. Stowe berichtete, sah die von Schröder skizzierte abgespeckte Version der deutschen Doktrin vor, entlang der innerdeutschen Grenze und der zur

Tschechoslowakei einen »Minengürtel von etwa 100 oder mehr ADMs zu säen«.[69]

Nun war das Maß voll. Die Amerikaner waren empört und fühlten sich von den Deutschen provoziert, weil sie die Vertraulichkeit der bilateralen Gespräche gebrochen hatten und ein Konzept vortrugen, das überhaupt nicht abgestimmt war. Offensichtlich wollten die Deutschen mit aller Macht ihren Ansatz einer massiv orientierten »flexiblen Reaktion« durchsetzen. Daher ließen die Amerikaner über den Journalisten Adelbert Weinstein die Meldung von der Verlegung eines »Atomminengürtels« quer durch Deutschland verbreiten. Die öffentliche Empörung war beabsichtigt, durch den Druck des allgemeinen Protestes sollte die deutsche Politik gezwungen werden, ihre Nukleardoktrin zu revidieren.

Wie stand es um die Pläne zum Aufbau eines nuklearen Gürtels gegenüber dem Osten? Im Mai 1965 stellte die Hardthöhe ihre »Studie Nr. 1: Atomic Demolition Munitions (ADM)« fertig.[70] Die Grundannahme und das erste »Ziel des ADM-Einsatzes« lautete, von Beginn eines Konflikts an den »höchsten militärischen Nutzen« zu erzielen.[71] Im Fall eines begrenzten konventionellen Angriffs sollte ADM »spätestens 5 Stunden nach Überschreiten der Demarkationslinie bzw. Grenze«, in dieser »Verzögerungszone«, eingesetzt werden. Um die notwendige Mobilität sicherzustellen, war vorgesehen, ADM zuvor »im Frieden« und »geschlossen« in einzelnen Lagern zu deponieren. Vor einer Linie von Hamburg über Hannover, Kassel, Fulda, Nürnberg, Landshut und Regensburg sollten 70 Prozent der ADM platziert werden, während die übrigen 30 Prozent der »beweglichen Gefechtsführung« zur Verfügung stehen sollten.[72] In »geeignetem Gelände – nördlich Kassel bis zur Rhön und vom Frankenwald bis Passau« wäre es möglich, durch ihren Einsatz zu verhindern, dass der Feind »Faustpfänder« nehmen werde. Ohne die norddeutschen Regionen zu berücksichtigen, errechnete die Bundeswehr, der Bedarf an nuklearen Sprengladungen für »Gelände und Gefechtsführung« betrage im »untersuchten Bereich der BRD 700 – 800 ADM«.[73]

Zum Schutz der Bevölkerung in dieser Region mit etwa sechs Millionen Bewohnern sei eine strikte »stay at home policy« geboten. Um die »zum großen Teil unerwünschten Nebenwirkungen bei ADM-Detonationen« und drohende »erhebliche Verluste unter der Bevölkerung« zu vermeiden, sollten die Bewohner Zuflucht in Kellern und Schutzräumen suchen.[74] Die Militärs glaubten, mit solchen Plänen das Heft in der Hand zu behalten, falls es zur nuklearen Eskalation käme.[75] Von daher stellte man die amerikanische Politik der Eskalationskontrolle als »Eskalationsfurcht« dar – im Kontrast zum furchtlosen »deutschen strategischen Standpunkt«.[76]

Im Sommer 1965 wurde die Nukleardoktrin durch die »Führungsweisung Nr. 1« abgeschlossen. Die Ausführungen sind militärpolitisch besonders aufschlussreich. Die »nationale Sicherheit« zwinge dazu, »die Abschreckung in den unteren Stufen zu verdichten«. Die »nationalen Grundsätze« der Sicherheit erforderten, militärisch schnell zu reagieren und nukleare Waffen notgedrungen frühzeitig einzusetzen. Infolge der »flexiblen Reaktion« wurde erstmals festgelegt, auf lokale Aggressionen bis zur Größe eines Regiments, also etwa 2000 Soldaten, zunächst konventionell zu reagieren. Bei jedem größeren Konflikt werde prompt ADM eingesetzt, um »eine abschreckende Wirkung« zu erzeugen. Laut »Führungsweisung« erfolge dann die nukleare Eskalation. Die Bundeswehr müsse »bewusst den Weg zur Eskalation« beschreiten und entscheiden, »ob sofort der massive nukleare Gegenschlag ausgelöst werden oder ob (...) noch ein selektiver Einsatz taktischer oder strategischer Nuklearwaffen vorgeschaltet werden soll«.[77] Der Konflikt mit den USA und der NATO aber wurde weiter verschärft, weil die Deutschen – militärpolitisch

Soldaten tragen SADM auf dem Rücken

brisant – den Anspruch erhoben, dass allen kommandierenden Offizieren, und dabei dachte man besonders an die deutschen Offiziere, »klar festgelegte Einsatzermächtigungen« für ADM ausgestellt werden; auf diese Weise sollten auf breiter Basis die NATO-Offiziere ermächtigt werden, innerhalb von »maximal 5 Stunden« ADM einzusetzen. Daher: »Auf Klärung des Freigabeverfahrens für ADM muss bestanden werden.«[78]

In der Bundeswehr gab es im Sommer 1965 also keine Pläne für einen »Atomminengürtel« mit 100 oder 200 Sprengkörpern von ADM, vielmehr bestand in Wirklichkeit eine Doktrin für den grenznahen Ersteinsatz von 500 bis 550 nuklearen Sprengladungen. Darüber hinaus verlangte die operative Komponente, zusätzlich 200 bis 250 ADM als Element der beweglichen Gefechtsführung einzuführen – und das sogar bei einem konventionell geführten größeren Angriff. Wie man sich die Wirkung dieser vielen hundert Atombomben entlang der innerdeutschen Grenze und der Tschechoslowakei – ob Gürtel, Perlenkette oder eine »Art Maginot-Linie unter modernen Voraussetzungen« genannt – vorstellt, ist bei diesen Quantitäten

ADM-System

unerheblich.[79] Im Endeffekt würde eine ausgedehnte Zone nuklearer Verdichtung und menschlicher Vernichtung errichtet.

Die Hardthöhe richtete ihre Aufmerksamkeit auf den Dezember 1965. Die wichtige Herbsttagung der NATO war vorzubereiten, in der, ausgehend von den »Athener Richtlinien«, die beiden Schwerpunkte Nuklearpolitik und Konsultationen besprochen werden sollten. Vor allem stand die organisatorische Vorbereitung eines neuen Gremiums – die Nukleare Planungsgruppe – auf der Tagesordnung. Das war ein Politikum ersten Ranges.

2. Das Veto gegen die »Atom-Minen« 1965

Die Amalgamierung konventioneller und nuklearer Kriegführung entstand schon in den fünfziger Jahren. Die öffentlichen Äußerungen von Konrad Adenauer, damals Bundeskanzler, Atomwaffen seien nichts anderes als die moderne Artillerie, stammt aus diesem Hintergrund. Natürlich hat er sich vortragen

lassen von den Spitzenmilitärs der Nazi-Zeit. Die haben ihm das
so vorgestellt.

In Wirklichkeit hat er wahrscheinlich gedacht, wir können uns
überhaupt nur nuklear verteidigen. Wir können nur darauf hof-
fen, dass die nukleare Vergeltungsdrohung durch den Westen die
Sowjetunion von einem Angriff abhalten würde.

Helmut Schmidt, 15. November 2007

Kurz vor den Weihnachtstagen 1965 reiste Bundeskanzler Ludwig Erhard zu Beratungen mit Präsident Lyndon B. Johnson
nach Washington. Zugleich trieb Verteidigungsminister Kai-
Uwe von Hassel seine engsten Mitarbeiter in eigens eingerich-
teten Stäben zu höchster Anstrengung an, um die Standort-
bestimmung für die »deutschen Interessen« mit Minister
Gerhard Schröder vom Auswärtigen Amt vorzunehmen. Zur
Debatte stand grundsätzlich die Zukunft des NATO-Bündnis-
ses, die Strategie der Verteidigung und besonders die Weichen-
stellung in der »nuklearen Frage«.[80]

Auf der ersten Sitzung des »Special Committee« am 27. November 1965 in Paris wurden wichtige Einzelheiten für das
neue Organ der NATO, die Nukleare Planungsgruppe (NPG),
beschlossen. Die Deutschen sollten darin einen ständigen Sitz
erhalten. Der Generalinspekteur der Bundeswehr, Heinz Trettner, und der für diese strategischen Fragen zuständige General
im Führungsstab auf der Hardthöhe, Bernd Freytag von Loringhoven, wollten die Chance nutzen, der deutschen Doktrin
der Vorwärtsverteidigung im Bündnis Geltung zu verschaffen.
Die politischen und militärischen Spitzen in Bonn hatten sich
im Lauf des Jahres darauf geeinigt, den deutschen Einfluss auf
die Atompolitik des Bündnisses zu stärken und insbesondere
ihre Mitbestimmung in der nuklearen Verteidigungsplanung in
Mitteleuropa durchzusetzen.

Trotz strenger Geheimhaltung kursierten heiße Gerüchte über diese richtungsweisenden Entscheidungen. Helmut Schmidt, Abgeordneter des Deutschen Bundestages, hatte auf der New Yorker Konferenz der NATO-Parlamentarier in groben Zügen von Hintergründen der NATO-Tagung in Paris erfahren. Die anschließenden Beratungen mit Beamten des Pentagons in Washington verstärkten seine Sorgen noch. Da er das Amt des Innensenators der Freien und Hansestadt Hamburg in den ersten Tagen des Dezembers aufgab, konnte er seine Schaffenskraft voll den Aufgaben als Stellvertretender Vorsitzender der Bundestagsfraktion der Sozialdemokratie widmen.[81]

Er wusste, die Zeit drängte, wenn er Einfluss nehmen wollte. Schmidt hatte eine vertrauliche Besprechung mit General Bernd Freytag von Loringhoven anberaumt. Er benötige weitere Informationen über geheime Einzelheiten des Konzepts der Vorwärtsverteidigung der Bonner Regierung und erfuhr von der Absicht, im Verteidigungsfall tatsächlich mit mobilen Kommandos in direkter Grenznähe zum Osten nukleare Sprengladungen – die »Atom-Minen« – zu zünden. Für den Ersteinsatz war jener spezielle Typ von taktischen Atomwaffen, die ADM, vorgesehen. Gerade diese galten als geeignet, »notfalls«, wie Schmidt sich notierte, selektiv oder als Sperrwaffen, auf jeden Fall unverzüglich und systematisch verteilt die erste Stufe der nuklearen Eskalation zu bilden, um einen feindlichen Angriff zu verzögern.[82] »Sehr fragwürdig« erschien ihm dieses Denken in den Kategorien rein militärischer Effizienz. Deshalb konsultierte Schmidt auch den Inspekteur des Heeres, Generalleutnant Ulrich de Maizière. Da dessen Auskunft all seine Befürchtungen bestätigte, wandte sich Schmidt an das Ministerium. Er verlangte Verhandlungen mit der NATO und den Amerikanern mit dem Ziel, eine deutsche politische Kontrolle beim Einsatz von Atomwaffen, ein »deutsches Veto-Recht beim

Einsatz nuklearer Waffen von deutschem Boden aus oder gegen deutsches Gebiet«, durchzusetzen.[83]

Als Schmidt in den internen Besprechungen mit Freytag von Loringhoven im Dezember 1965 das politische Veto-Recht für den Einsatz von Atomwaffen auf deutschem Boden einforderte, war ein Jahr mit heftigen Auseinandersetzungen um die nukleare Sicherheitspolitik zu Ende gegangen. Zwei politische Themen fesselten die öffentliche Aufmerksamkeit. Zunächst wurde die in Ost und West vorangetriebene Spirale des nuklearen Rüstungswettlaufs als bedrohlich empfunden. Die Vereinigten Staaten bauten das Stützpunktsystem für die strategische Bomberflotte aus, während die Sowjetunion ihre Batterien an interkontinentalen Fernraketen aufstellte. Dann bot das Programm, bis zum Ende des Jahrzehnts die erste Mondlandung durchzuführen, den Amerikanern auch die Voraussetzung, die Technologie ihrer Rüstungsprojekte zu modernisieren. Der neue computergestützte Standard der Rüstung ließ sich schon erkennen. Daher zeichnete sich Rüstungskontrolle, Rüstungsbegrenzung und Abrüstung als Trend der internationalen Beziehungen der folgenden Jahre ab. Die Sozialdemokraten unter Führung ihrer außen- und sicherheitspolitischen Experten, Fritz Erler und Helmut Schmidt, hatten sich für Rüstungsbegrenzungen engagiert eingesetzt und erreicht, dass die Regierung Erhard im Sommer 1965 endlich einen Abrüstungsbeauftragten im Auswärtigen Amt einsetzte.

Ein Vertrag fesselte die Aufmerksamkeit der internationalen Politik. Er stand schon seit Jahren auf der Agenda der Beratungen: der Kernwaffen-Sperrvertrag (NPT, Non Proliferation Treaty), der zur Nicht-Weitergabe nuklearer Technologien und Materialien verpflichten sollte. Auch bei diesen Beratungen blieb der Anspruch Macht gegen Vernunft unversöhnt bestehen. In Bonn forderten Politik und Militär verbissen die nukleare »Gleichberechtigung«. Noch bestimmten die beiden großen Atommächte, Vereinigte Staaten und Sowjetunion, die Szene. Die Briten und Franzosen suchten ihren Platz als Juniorpartner. Gerade das Kanzleramt aber fürchtete, wenn Moskau und Washington sich beim NPT verständigten, werde, wie in Potsdam 1945, die deutsche Rolle eingeschränkt und es entstünde, so befürchtete Adenauer, »ein weiteres Hindernis (…) für eine etwaige Verfügung über Atomwaffen durch uns«.[84] Auch Strauß sekundierte vehement, er wähnte den Untergang des Staates nahe.

Dagegen wandte sich Schmidt. Anlässlich der internationalen Abrüstungskonferenz in Genf, auf der die Entwürfe des NPT verhandelt wurden, erklärte er im Juli 1965, Deutschland dürfe weder »Atomwaffen produzieren oder erwerben wollen« noch ein »nationales Verfügungsrecht über Atomwaffen erstreben«.[85] Und vom Auswärtigen Amt verlangte er, da es in Bonn federführend war, in den Verhandlungen zum Sperrvertrag ebenso das Veto-Recht für die Politik abzusichern, »damit nukleare Einsätze von deutschem Boden aus nicht ohne unsere Zustimmung erfolgen können«.[86] Er griff den amerikanischen Vorschlag vom Mai auf, die Reform der NATO und die Verhandlungen um den NPT in einem Komitee zu erörtern. Das zentrale Problem, wie die nukleare Verteidigung auszugestalten ist, müsse gemeinschaftlich gelöst werden, zumindest müssten alle beteiligten Länder angemessen »an der vorausschauenden Planung der denkbaren Einsätze (…) in integrierten Stäben beteiligt werden«. Gemeinsame Grundauffassungen seien nötig, um Entscheidungen für Notfälle zu treffen und Vertrauen in diese Planungen zu wecken. Damit dieses Vertrauen entstehen könne, so Schmidt, müssten die Partner über ein »bestimmtes Veto-Recht« verfügen. Dieses politische Recht wäre sorgfältig abzuwägen und eindeutig zu qualifizieren. »Es wäre zum Beispiel sinnvoll, jedem Partner ein Veto-Recht gegenüber solchen nuklearen Einsätzen einzuräumen, die von seinem nationalen Territorium aus gestartet oder gegen Ziel auf seinem nationalen Territorium geführt werden sollen.«[87] Schmidt votierte früh dafür, die NATO-Strategie mit den NPT-Verhandlungen zu verknüpfen. Er verlangte entsprechende Regelungen in der nuklearen Sicherheitspolitik: partnerschaftliche Beteiligung an den relevanten militärischen Vorplanungen und gesicherte Mitsprache bei den Entscheidungen über den Einsatz von Atomwaffen.

Eindrucksvoll hatte Schmidt in diesem Sommer 1965 seinen Standpunkt öffentlich vertreten. Auch als er vor der Britischen Militärakademie in London eine Rede hielt, sprach er dieses Konzept der politischen Mitentscheidung an. Die Grundaussage war eindeutig. Die NATO dürfe keine Verteidigungspläne mit einem früh einsetzenden nuklearen Automatismus und einer schnellen nuklearen Eskalation erstellen. Die Prärogative läge allein bei der Politik, die zwingend eingeschaltet werden müsse. Sonst würde man in eine selbst gestellte Falle tappen und hätte nur die »Wahl zwischen einer Eskalation zum Holocaust oder Kapitulation«.[88]

Schmidt suchte also Eindeutigkeit in der Sicherheitspolitik. Dazu hatte das zweite Thema des Jahres 1965, die Dislozierung taktischer Atomwaffen im Frieden, der »Atom-Minen«, immer wieder durch drastische Schlagzeilen der Medien herausgefordert. Mit beißendem Sarkasmus charakterisierte er Militärkonzepte »eines atomaren Minengürtels entlang der deutschen Demarkationslinie« als »pilzartig krause Projekte«.[89] Als Adelbert Weinstein in seinem Artikel »Atom-Minen entlang der Zonengrenze« dieses Projekt im Dezember 1964 bekannt gemacht hatte, verkündete er eine echte sicherheitspolitische Sensation.[90] Seinem Bericht zufolge sollte erstens ein nukleares »Hindernis« durch »Atom-Minen« den Abwehrerfolg garantieren; zweitens werde der Einsatz dieser Atomwaffen von der Bundeswehr »als defensive, die Eskalation – Steigerung zum

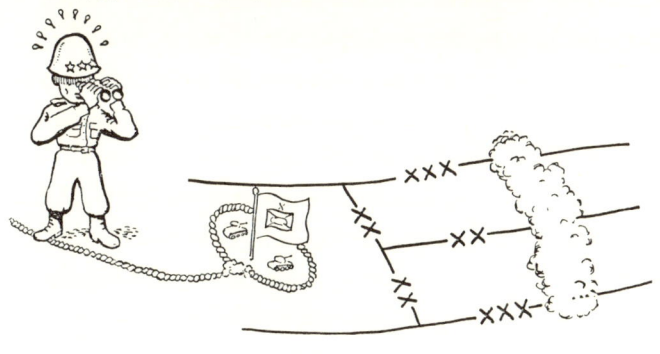

Nuclear Weapons

ARE ANALOGOUS TO A RESERVE
"THE OLD MAN KEPT A STRING ON"

Nukleare Waffen ersetzen die Reservetruppen. »Der alte Mann braucht nur noch am Faden zu ziehen.«

umfassenden Atomkrieg – nicht auslösende Maßnahme gewertet«. Drittens könne der radioaktive Fallout »rund zehn Millionen Deutsche unmittelbar, die ganze Bundesrepublik aber mittelbar in Mitleidenschaft ziehen«. Solche Pläne seien kein Trugbild, ihr Entwurf sei bereits im vergangenen Sommer von General Trettner und Minister von Hassel in Washington mit McNamara besprochen worden. Jetzt im Dezember hatte Trettner sie dem zuständigen NATO-Militärausschuss (MC) vorgestellt. Diese und weitere Fakten publizierte auch das Nachrichtenmagazin aus Hamburg, das süffisant titelte: »Trettners Minen-Spiel«.[91] Mit den Medienberichten war der Begriff der »Atom-Mine« und des atomaren Minengürtels geboren.

Als im Dezember 1964 diese Diskussion um die »Atom-Minen« einsetzte, schwankte die Öffentlichkeit zwischen Entsetzen, Empörung, Verwunderung. Verwerfungen traten zutage.

Zweifel an der Fachlichkeit und Professionalität der militärischen Experten kamen auf. Wie wollten sie verteidigen, wenn sie alles vernichteten? Was war ihnen das Überleben der Bevölkerung wert, wenn Hunderte von Atomwaffen im Ernstfall gewissermaßen vor der eigenen Haustür gezündet werden sollten? Im Namen der Sozialdemokratie lehnte Schmidt die bekannt gewordenen Pläne kategorisch ab. Die begreifliche Unruhe in der Bevölkerung habe die Regierung Erhard zu verantworten, da sie weder das Parlament noch die Öffentlichkeit über ihre eigenen Auffassungen zu Fragen von solch weittragender Bedeutung informiere. Das »Zonenrandgebiet der Bundesrepublik zum Schutz gegen möglich Angriffe mit Atomminen zu sperren, ist auf das höchste erstaunlich«, stellte er fest und urteilte: »Falls tatsächlich jemand einen Gürtel derartiger Zerstörungswaffen beabsichtigen sollte, so müsste man solche Pläne politisch wie militärisch selbstmörderisch nennen.« Die militärische Absicht, die hinter den Plänen stand, schon bei kleineren Konflikten eine »allgemeine nukleare Verseuchung«, gemeint war die radioaktive Verstrahlung, riskieren zu wollen, erschien unfassbar. Schmidt brachte es auf den Punkt: »Nukleare Waffen aller Art und daher auch nukleare Minen gehören unter allerschärfste politische Kontrolle.«[92]

Der öffentliche Schlagabtausch gewann an Schärfe, als Minister von Hassel gleich nach seiner Teilnahme am NATO-Rat in Paris, wohl unter dem Eindruck seiner gerade geführten Besprechungen eine Erklärung abgab, die bei näherem Hinschauen allerdings die Zeitungsberichte vollauf bestätigte. Ein Minister müsse jede Möglichkeit, hieß es, eines »eventuellen Einsatzes von Atomminen in Erwägung ziehen, wenn dadurch die Sicherheit der Bundesrepublik erhöht und gleichzeitig der Einsatz stärkerer Mittel vermieden werden kann«. Sollten aber, wurde ergänzt, »atomare Minen« zur Verteidigung in Betracht kommen, ließe sich die Regierung »vom Gedanken des Schutzes der Bevölkerung leiten«.[93] Doch derartige Formulierungen gehörten schnell der Vergangenheit an. Auf der Ebene der Staatssekretäre wurde die Stellungnahme des Ministers umgehend zum Patzer erklärt und noch wochenlang um »Schadensbegrenzung« gerungen.[94] Sofort, am nächsten Tag, dem 18. Dezember, beteuerten von Hassel und Trettner einmütig vor dem Verteidigungsausschuss des Bundestages, das Thema ADM sei in Paris überhaupt nicht erwähnt worden.[95] Apodiktisch wurde dementiert: »Es gibt weder einzelne Atomminen noch gar Atomminengürtel an der Zonengrenze. Sie sind auch nicht geplant.«[96] Tarnen und täuschen sollte diese Informationspolitik. Der Journalist Weinstein wurde diffamiert. Was habe ihn bewogen, wurde im Parlamentarisch-Politischen Pressedienst orakelt, die »Atomminen-Planung (…) in die Luft gehen« zu lassen und hochzuspielen? Müsse man nicht sogar vermuten, er sei »selbst auf die Idee des ›Minengürtels‹ gekommen«?[97] Eine Kampagne der Verschleierung wurde entfacht.

Die Politik fand ihre Verteidigungslinie und legte eine amtliche Sprachregelung fest, der das Ministerium bei allen Erklärungen und Antwortschreiben auf private Protestbriefe folgte. Der Minister habe vor dem Bundestag und seinen Ausschüssen »erklärt, dass ein Atomminengürtel weder besteht noch geplant ist«; es gebe »weder einzelne Atomminen noch gar Atomgürtel an der Zonengrenze«, so lauteten die entsprechenden Passagen in den Antworten an besorgte Bürger, Hausfrauen, Lehrer, Pfarrer oder Pazifisten, unter denen auch die prominente Professorin Klara Maria Fassbender war.[98]

Wie bereits gesagt, hatten Amerikaner im NATO-Hauptquartier in Paris Weinstein über diesbezügliche deutsch-amerikanische Besprechungen ins Bild gesetzt. Diese Informationen über das ADM-Konzept erschienen ihm so ungeheuerlich, dass er sich absicherte. Vor der Veröffentlichung fragte er bei

Generalstabschef Wheeler in Washington an, der trotz der Geheimhaltung des Vorhabens alles auspackte. Wheeler machte aus seiner Skepsis gegenüber der deutschen Doktrin einer frühen nuklearen Eskalation kein Hehl. Anschließend hatte Weinstein dieses Thema mit dem in der Sache kritischen General Gerd Schmückle erörtert.[99] Als Trettner nach der NATO-Sitzung, in der er die ADM-Planungen vorgetragen hatte, von Schmückle über den drohenden Zeitungsartikel mit den Worten unterrichtet wurde: »Das wird ein Politikum ersten Ranges, es wird entsetzlich«, gab er die Parole aus, alles abzustreiten. Man solle Weinstein sagen: »Es stimmt nichts davon, es ist alles Unsinn, was Sie da erzählen.«[100]

Schmidt hat die Vorgänge um den Weinstein-Artikel im Winter 1964/65 in Paris und Bonn sorgfältig analysiert. Aus den von ihm bearbeiteten Unterlagen stach noch eine Meldung vom 17. Dezember aus Washington hervor, in der Verteidigungsminister McNamara gleich nach seiner Ankunft in Washington »spezielle Einsatzpläne« für ADM und »die Existenz dieser bisher streng geheim gehaltenen Atomwaffe bestätigt« hatte. »Atom-Minen« sollten für »Geländeveränderungen im großen Maßstab«, vor allem bei Bergpässen und Transportwegen, benutzt werden. Es gäbe keine amerikanischen Pläne und keine feste Stationierung für diese Atomwaffen: »Es wird betont, dass die ADM keinesfalls mit Minen verglichen werden können und dass der deutsche Vorschlag, diese Ladungen in einem Minengürtel entlang der Zonengrenze zu verwenden, nicht aktuell ist.« Diese ADMs gehörten in die Kategorie der taktischen Atomwaffen. In der Erklärung McNamaras wurde als Übersetzung für ADM »atomare Sprengladung« gewählt. Es sei nur am Rande erwähnt, dass Schmidt handschriftlich bei ADM das Wort »Munition« durch »Mine« ersetzte.[101] Er benutzte weiterhin den eingeführten Begriff »Atom-Mine«.

Schmidt war also bestens informiert. Er konnte die offiziellen Stellungnahmen und die Gerüchte von den realen militärischen Planungen und wahren politischen Absichten scheiden. Nunmehr bestand Gewissheit, dass trotz aller offizieller Dementis mit den ADMs der Ansatz einer bestimmten Verteidigungsdoktrin verbunden war. Schmidt und Erler kamen zu einer klaren Gegenposition. Ihre Schlussfolgerung – mit den Worten Erlers: »in diesen Fragen des Überlebens unseres Volkes (...) diesseits und jenseits der Zonengrenze« kann es keine Zustimmung zu »Atom-Minen« geben.[102] »Unser Volk will im Notfall verteidigt, aber nicht ausgerottet werden.«[103] Mit vielen Interviews wandten sie sich daraufhin an die Öffentlichkeit, um für das deutsche politische Veto-Recht beim Einsatz von Atomwaffen zu werben. Sie konnten nicht begreifen, dass die Vertreter der Regierungsparteien das Ziel eines Vetos bestritten und z. B. Franz Josef Strauß dies alles als »sehr theoretisch« und »reine Utopie« abtat.[104]

Schon von Krankheit gezeichnet, hielt Erler im November 1965 auf der Versammlung der WEU, der Westeuropäischen Union, noch einmal eine große Rede. Sie war ein beeindruckendes Zeugnis, ein reines Plädoyer für die politische Kontrolle der nuklearen Verteidigung. Zum Schluss warf er die Frage auf, wie die nichtnuklearen Partner der Allianz an den für »ihre Sicherheit, ja sogar für das Überleben ihrer Völker« wichtigen Entscheidungen mitwirken könnten, ohne sich selbst nuklear zu bewaffnen? »In allem Freimut« stellte er dann die Forderung in den Raum: »Jedes Volk muss doch wohl die Gewissheit haben, dass, bevor eine Entscheidung fällt, die unter Umständen dieses Volk vom Erdball austilgt, die eigene verantwortliche Regierung ihr Wort dazu zu sagen hat.«[105] Somit sei es nur legitim, das Veto-Recht für die deutsche Regierung zu fordern.

Doch der Entwurf der militärischen Stäbe der Bundeswehr von 1964, in denen ADM eine zentrale Rolle einnahm, wurde in dem Jahr nach dem Weinstein-Artikel wesentlich weiter vorangetrieben. Vorentscheidungen für die Umsetzung sollten auf der NATO-Ratstagung im Dezember 1965 fallen.

3. Der Kampf gegen alte Militärdoktrinen

Deutsche Politik müsste bei den Atomwaffen eingeschaltet werden, das ist eine relativ harmlose Forderung zunächst einmal. Nun, man kann ja der Katze den Schwanz nicht auf einmal in einem großen Schlag abhacken, sondern das wird scheibchenweise erfolgen müssen.

Mein Ideal wäre gewesen, Westeuropa verteidigungsfähig zu machen, ohne nukleare Waffen überhaupt androhen, geschweige denn benutzen zu müssen.

Das war das Ideal.

Helmut Schmidt, 31. Mai 2007

Als Helmut Schmidt das deutsche politische Veto-Recht beim Einsatz von nuklearen Waffen von deutschem Boden aus oder gegen deutsches Gebiet forderte, traf er im Dezember 1965 einen sensiblen Nerv. Er hatte zwar von den Generalen von Loringhoven und de Maizière richtige Auskünfte über die militärpolitische Doktrin und die Planungsansätze der ADMs erhalten, aber er verfügte damit, um es deutlich zu sagen, keineswegs über dieselben detaillierten Informationen, wie sie dem Leser hier vorliegen. Gleichwohl konnte er erkennen, worum es bei den anstehenden Entscheidungen in Paris ging. Während Schmidt den amerikanischen Ansichten über die »flexible Reaktion« nahestand, distanzierte sich Bonn – Bundesregierung und Hardthöhe – in der Mitte der sechziger Jahre von dieser amerikanischen Konzeption. Schmidt vertrat die deutsche Opposition.

Schmidt hatte seine Position gegen ADM nach intensiven Studien entwickelt. Seinen ausgeprägt politischen Standpunkt fand er schon in den fünfziger Jahren aus eigener Erfahrung und ethischer Reflexion, aus wacher Analyse und historischem Bewusstsein. In konservativem Geist formulierte er: »Es geht um deutsche Substanz.« Nukleare Waffen und die Verfügungsgewalt darüber aber verlangten das Veto-Recht für die deutsche Politik: eine »legitime Bestrebung«.[106] Diese Einschätzung findet sich erstmals in einer handschriftlichen Notiz vom 15. Dezember 1961, die anlässlich einer Bestandsaufnahme des Parteivorstandes der SPD zum sicherheitspolitischen Engagement der Amerikaner in Europa entstand. Schmidts Opposition zur Politik Adenauers erwuchs aus einer ganz persönlichen Bereitschaft, die ›Sache Sicherheitspolitik‹ zur eigenen Angelegenheit werden zu lassen. Er war fast neun Jahre Soldat gewesen, im Weltkrieg von 1939 an »Frontsoldat«, wie er wiederholt betonte: Soldat in Frieden, Krieg und Gefangenschaft. Er war mit all den Gräueln und dem Leid konfrontiert, die mit dem Krieg der Wehrmacht, den Zerstörungen und Vernichtungen vor und hinter den Kampfzonen und Frontlinien zu verbinden waren.[107] Daraus zog er die Lehre, seine Erfahrungen einzubringen und sich politisch einzumischen. Diese Haltung hatte politischen Charakter: man dürfe der »Rechten keineswegs die Kontrolle über das« Militär allein überlassen«.[108] So absolvierte er – ganz gegen seine persönliche Neigung – eine Reserveübung bei der Bundeswehr, wobei er selbstironisch meinte, dies verlange von einem exponierten sozialdemokratischen Abgeordneten auch eine Portion Zivilcourage.

Ihm war klargeworden, dass Adenauer die Aufrüstung seit 1950 »persönlich« angestrebt und »zweifellos« auch die »atomare Aufrüstung« beabsichtigt hatte.[109] Er nahm einen klaren Standpunkt gegen die Atombewaffnung ein, wie manche Briefe dokumentieren: »Ich bin mit Ihnen vollständig einig in

Generalleutnant Hans Röttiger, Inspekteur des Heeres, besucht die Flugabwehrschule in Rendsburg, hier im Gespräch mit Oberleutnant d.R. Helmut Schmidt, der dort seine Reserveübung absolviert.

der Ablehnung jeglicher atomaren Bewaffnung der Bundeswehr, ebenso hinsichtlich der Stationierung von Raketenbasen in Westdeutschland.«[110] Dies war nicht deklamatorisch gemeint. Mit der Strategie der »massiven Vergeltung« schien das »Risiko der Vergeltung« und das »Risiko der gegenseitigen

Zerfleischung« gegeben. Für beide Teile Deutschlands bestehe die »Gefahr, im Falle eines Zündfunkens in einen großen Krieg hineingezogen zu werden«; das konnte nicht den Lebensinteressen entsprechen.[111] Die Politik in Deutschland werde damit herausgefordert, aber auch jeder Einzelne, wenn er eingezogen würde. Schmidt war eindeutig. Jeder Soldat habe vor seinem Gewissen zu prüfen, ob er noch den Gehorsam leisten könne oder »ob er nicht zum Befehlsverweigerer werden muss, wenn er etwa den Befehl bekäme, eine atomare Waffe abzuschießen«.[112]

In den großen Debatten im Bundestag in den Jahren 1957 und 1958 über die Frage, ob die Bundeswehr mit Atomwaffen ausgestattet werden solle oder schon ausgerüstet werde, hatte er die Feder der Opposition geführt. Fritz Erler, Carlo Schmid und Helmut Schmidt hatten damals versucht, das Dilemma der Atombewaffnung angesichts der globalen Schreckenserfahrungen »Hiroshima« und der deutschen Katastrophe von »Dresden« zu verdeutlichen. Sie scheiterten am sogenannten Realismus der Regierung, die auf die Strategie mit »modernen Waffen« setzte und sich hartnäckig weigerte, die Öffentlichkeit darüber aufzuklären. Die »Dominanz staatlicher Macht«, verkörpert im Kanzleramt, bestimmte die Interessen der Politik. Als Gustav Heinemann in seiner großen Rede im Bundestag eine Politik forderte, die den Maßstab einer politischen Ethik der Verantwortung ernst nehme, wurde dieses Ansinnen als irrelevant beiseitegeschoben. Desillusioniert stellte Schmidt am 23. Januar 1958 im Parlament fest: »Jedermann im deutschen Volk, der Ohren hat zum Hören, muss nach dem heutigen Tage wissen, was hier in Bonn gespielt wird.«[113] Insgeheim waren in der Führungsetage der Bundeswehr die Weichen seit 1956 längst auf Atomwaffen gestellt; die Strippen zog Konrad Adenauer persönlich, was jedoch verharmlost und dementiert wurde.[114] Der Boden für Legenden war bereitet.

Obwohl viele am Sinn einer atomaren Verteidigung in Deutschland zweifelten, wurde die Bundeswehr ab 1957 mit nuklearen Massenvernichtungswaffen ausgestattet. Diese Entwicklung fand Schmidt nicht »unumgänglich«. Aber nachdem in Ost und West Kernwaffen installiert waren, akzeptierte er ihre »prinzipielle Notwendigkeit« hinsichtlich einer wechselseitigen internationalen Stabilität.[115] Doch durfte seiner Meinung nach das Militär die Wirkung der Atomwaffen vor der Bevölkerung nicht bagatellisieren. Entsetzt hatte ihn die »harmlose Naivität« oberster Generale, die bereitwillig Adenauers Gleichsetzung der Atomwaffen mit weiterentwickelter Artillerie aufgriffen, oder die Behauptung des Oberkommandierenden Generals der NATO, Lauris Norstad, der Einsatz taktischer Nuklearwaffen in Europa entspräche dem »Umstoßen eines Milchkübels«.[116] Schmidt war davon überzeugt, dass in einem nuklearen Konflikt die traditionelle Alternative von »Sieg« oder »Niederlage« durch »tot« oder »überleben« ersetzt werde; heutzutage sei allenfalls eine beiderseitig ausgewogene Verteidigung angemessen und vertretbar.[117]

Motivierten ihn die öffentlichen Ansprachen, fand Schmidt Bestätigung und Bestärkung in der Bevölkerung oder gaben die heftigen Debatten seit 1957 im Bundestag um die Atombewaffnung den Anstoß, dass er ein Resümee ziehen wollte? Jedenfalls reifte bei dem sicherheitspolitischen Redeführer der Opposition ein Gegenentwurf zur Regierung, die, gleich ob Adenauer oder Strauß, nichts unversucht ließ, die laufende Atomrüstung zu verschleiern und die Atomwaffen zu verharmlosen. Schmidt wollte seinen Sachverstand zur Sicherheitspolitik grundlegend in einem Buch darlegen. Angeregt durch ein Treffen in Hamburg mit Henry Kissinger, der gerade mit seiner Kritik an der westlichen Strategie Furore gemacht hatte, reiste Schmidt im Sommer 1960 in die USA.[118] Kissinger war als leitender Mitarbeiter in einem politik- und sozialwissenschaftlichen Institut von in Europa noch ungewohnter Größe der rechte Mann für Beratungen. In diesem »think tank« wurden Analysen zur internationalen Politik betrieben, die interdisziplinären Sachverstand vernetzten und Kenntnisse aus Wirtschaft, Wissenschaft, Verwaltung und Militär zur Politikberatung bündelten. Schmidt wollte herausfinden, wohin Kennedy seinen »wind of change«, den Wandel der Politik, lenken würde und zugleich »Verständnis erwecken für den militärischen Realismus sozialdemokratischer Vorstellungen«.[119] Kissinger erkannte bald, welchen »Spezialisten in militärischen Angelegenheiten« er vor sich hatte, mit dem er kongenial den Horizont der Sicherheitslage erschließen konnte. Auch ahnte er, so in Empfehlungsschreiben an Kollegen und Fachleute in der Administration, dieser aufgeschlossene junge Mann habe noch eine bemerkenswerte politische Zukunft vor sich.[120]

Aus erster Hand lernte Schmidt die Beweggründe und Argumentationen der Militärexperten und Wissenschaftler kennen – jener Gruppe der »Community« der ersten Generation von Fachleuten: Henry Kissinger, T. Taylor oder Paul Nitze, Arnold Wolfers und Robert E. Osgood – von Harvard, Princeton bis Santa Monica, von Washington bis Kalifornien.[121] Diese engen und vertrauensvollen Begegnungen bestärkten seine Bedenken gegenüber dem Bonner Verteidigungskonzept. In dem Buch »Verteidigung und Vergeltung« erörterte Schmidt eine politische Strategie der Kriegsverhinderung in Europa. In sozialdemokratischer Tradition sah er einen Ausweg aus dem nuklearen Dilemma in einer konventionellen Verteidigung.[122] Damit war er der erste europäische Politiker, der ein Werk »gegen die nukleare Verteidigung« veröffentlichte.[123] Die amerikanischen Überlegungen für neue Formen einer »flexiblen Reaktion« verband Schmidt mit traditionellen sozialdemokratischen Auffassungen vom Militär, es habe der Verteidigung des Landes zu dienen –, und der historischen Militarismuskritik.

Aber er warb auch dafür, die beiderseitigen Interessen zwischen den USA und Deutschland neu zu erkennen.[124]

Schmidts Buch bot den Fortschrittlichen in seiner Partei eine programmatische Plattform, brachte aber auch einige Anregungen zur NATO-Bündnispolitik ein; denn gerade hatte die Sozialdemokratie dem »Godesberger Programm« zugestimmt. Erler und Schmidt wurden die Garanten eines soliden Atlantizismus, gepaart mit diskursiver Offenheit. Schmidts vorrangige Aktivitäten lagen noch in Hamburg, wo er seit 1961 das Amt des Senators inne hatte. Sein durchgreifendes Verhalten in den Tagen und Nächten der Sturmflut in der Hafenstadt 1962 brachte ihm den Ruf der Verantwortungsbewusstheit ein; andere sahen darin vor allem Fähigkeiten eines »Machers«.

Fasziniert von den amerikanischen Erfahrungen, wissenschaftliche Kompetenz zu bündeln, um die Probleme von Sicherheit und Rüstung in den Zeiten der Konfrontation in Europa und der globalen Stabilität im Kalten Krieg zu analysieren, förderte die Sozialdemokratie den Aufbau der »Stiftung Wissenschaft und Politik« in Ebenhausen. Auch wenn ihr Gründer, Klaus Ritter, wohl kaum eine anspruchsvolle Politikberatung anstrebte, wie sie die RAND Corporation betrieb, folgte er dem internationalen Ideal, Vertreter aus Theorie und Praxis zusammenzubringen. Von Beginn an unterstützte Schmidt das Anliegen, wissenschaftliche Konferenzen mit Parlamentariern der Bündnisstaaten und Mitarbeitern der entsprechenden Fachministerien einzuberufen, wie eine kleine Auswahl von Teilnehmern verrät: unter den Politikern Herbert Wehner und Georg Leber, unter den Wissenschaftlern Werner Heisenberg und Carl Friedrich von Weizsäcker und unter den Militärs Hans Speidel, de Maizière und von Loringhoven.[125]

Das Netz der fachlichen Kommunikationskreise wurde nach London zum Institut für Strategische Studien gespannt, dessen international hoch angesehener Leiter und Vordenker in strategischen Angelegenheiten, Alastair Buchanan, Schmidt die Mitgliedschaft antrug. Die Perspektive über den Atlantik hinweg wie auch nach Europa hatte eine breite gesicherte Basis gefunden. Ging es auf internationalen Kongressen und Konferenzen um Entspannung zwischen den Blöcken wie auch um Pläne zur Rüstungsbegrenzung, war Schmidts Rat gefragt. Eine besondere Auszeichnung war es sicherlich, als schon vor 1963 seine Analysen wiederholt Thema auf den Pugwash-Konferenzen wurden, jener renommierten Vereinigung von zumeist Naturwissenschaftlern, die in Ost und West nukleare Sicherheitsfragen ohne politische Scheuklappen zu ergründen vermochten.

Diese institutionellen Verzahnungen verstärkte die Deutsche Gesellschaft für Auswärtige Politik (DGAP), in der Erler und Schmidt viele Anstöße gaben und aufnahmen. Auch dort konnten Generale oder Admiral Herbert Trebesch in die Erörterungen einbezogen werden, die sich in der geheimen Atomplanung auskannten. Natürlich wurde Wolf Graf Baudissin in diese Runde geladen, nachdem er, der NATO-General, das Dilemma der Atomkonzeption 1962 öffentlich angesprochen und im Verteidigungsfall mit Atomwaffen in Deutschland nur noch »Friedhofsruhe« befürchtet hatte.[126] Zu den Historikern und Politikwissenschaftlern dieser regelmäßigen Runden zählten Karl Dietrich Bracher, Ernst-Otto Czempiel, Rudolf Wildemann sowie die junge Helga Haftendorn.[127] Beispielsweise wurde Robert R. Bowie, nachdem sein Geheimbericht an McNamara zur offiziellen Leitlinie der »flexiblen Reaktion« bestimmt worden war, zu einem Vortrag über »konventionelle Komponenten« der Verteidigung nach Bonn eingeladen.[128]

Seit 1960 hatte Schmidt die internationale Diskussion aufgegriffen und war zu einem Promotor dieser »strategic community« in Deutschland geworden. Sicherlich waren diese Zirkel in der Bonner Republik recht klein und gewannen Mitte der sechziger Jahre erst allmählich die Kraft, eigenständig Kompetenz zu erwerben und fachkundige Alternativen zu den übermächtigen Stäben der Hardthöhe vorzulegen.[129]

Darüber hinaus fand sich in diesen Jahren in Hamburg im Hause der ZEIT-Redakteurin Marion Gräfin Dönhoff ein privater Kreis, in dem fachkundig unterrichtet und offen gestritten, aber vor allem nachdenklich wertend und wägend Wichtiges von Unwichtigem geschieden wurde. Die Nähe der Universitäten und die Hafenmetropole zogen den Philosophen Carl Friedrich von Weizsäcker, die Wirtschaftsfachleute Ralf Sütter oder Karl Schiller an, auch der ökonomische Weitblick eines Otto A. Friedrichs oder der liberale Militärreformer Graf Baudissin kamen in die journalistisch und politisch anregende Runde.[130] Hier konnten sie Probleme der Zeit oder den Entwurf für einen europäischen Frieden im Maß einer verantwortlichen Politik von Grund auf erörtern.

Seit Schmidt im Bundestag in den Debatten um die »Wehrverfassung« Mitte der fünfziger Jahre für die demokratische Ausrichtung der Bundeswehr gefochten hatte, fragte er sich, wie das Militär zu seiner militaristischen Tradition in der deutschen Geschichte stehe: Was hat die Militärelite der Bonner Republik aus ihrer Vergangenheit in der Wehrmacht und jener »Staat-im-Staate«-Politik der Weimarer Republik gelernt? Wie hatten sie ihre damaligen Zukunftserwartungen im Nationalsozialismus verarbeitet? Aus einer antidemokratischen und antirepublikanischen Haltung heraus strebten in den zwanziger Jahren General Hans von Seeckt und Reichspräsident Paul von Hindenburg nach einer Sonderstellung des Militärischen, und umgekehrt gewann die Regierung aus Mangel an einer eigenen »Militärpolitik überhaupt« nie eine wirkliche Kontrolle über die Armee.[131] Und weil sich das Militär über der Verfassung stehend dünkte, ging es auf Distanz zur Republik.

Karl Dietrich Bracher, der führende Historiker zur Weimarer Republik an der Universität in Bonn, bestätigte mit dieser Einschätzung Schmidts Erkenntnisse.[132] Gerade hatte er mit Wolfgang Sauer ein grundlegendes Werk zur Reichswehr veröffentlicht. Die Folgen der damaligen »autonomistischen Sonderpolitik« sowie der »bewussten und selbstbewussten Distanz zur zivilen Gewalt« wurden in der DGAP heftig diskutiert unter dem Aspekt, welche politische oder soziale Rolle der Weimarer Militarismus in der Bonner Republik spielen könnte.[133] Das Militär hatte damals die Aufrüstung geplant, die dann die Politik nur noch abnickte. Ein nur-militärisches Denken wurde zum politischen Maß der Regierung und verdrängte die Eigenverantwortung der Politik. Die Geschichte war Schmidt eine Lehre: Weimarer Verhältnisse durften in der Bonner Republik keinen Einzug halten. Er war überzeugt, dass hier 1955 ebenso wie 1965 vieles im Argen lag.[134]

Zudem hegte Schmidt Zweifel an der Professionalität der Militärs selbst. Bereits im Krieg hatte der Leutnant die Verhältnismäßigkeit der Befehle seiner Vorgesetzten bemängelt, seitdem hatte er »kein Vertrauen in die Glaubwürdigkeit, was Spitzenmilitärs sagten«.[135] Ihn hatte seit den Anfängen der Atombewaffnung immer wieder beunruhigt, dass in den großen Manövern – berüchtigt war das erste, »Carte Blanche« von 1955 – oder auch im Konzept zum »Atomminengürtel« Hunderte von Atomwaffen verplant wurden.[136] Ihn schauderte vor der Wehrmachttradition rein militärischen Denkens, das beim Einsatz von nuklearen Sprengladungen auf deutschem Boden das Risiko der völligen Vernichtung des Landes einzugehen bereit war: »ein militärischer Größenwahn«.[137]

Dieses Urteil kam nicht von ungefähr. Schmidt kannte Planungen zur Doktrin und den Alltag der Bundeswehr. Die beiden folgenden Episoden können das verdeutlichen. Für die Bundeswehr galt von Anfang an die Losung, »Klotzen statt kleckern!«.[138] Unter dem Titel »Die operative Planung im

Atomkrieg« referierte der oberste General der Bundeswehr, Adolf Heusinger, über das »Bild des Krieges, wie es gesehen werden muss«, vor dem Bundeskabinett im Februar 1956. Im Krieg wäre in der ersten Phase von 30 Tagen die »Atomwaffe: Hauptwaffe, andere nur Hilfswaffe«. Eingesetzt würden die »üblichen« Waffen, Atomwaffen bis zu 500 Kilotonnen (etwa das Dreißigfache der Hiroshima-Bombe), sogar Wasserstoffbomben; es gebe insgesamt »mehrere 100 Ziele«. Die Bundesrepublik sei besonders gefährdet, da »in ihr die Atomziele besonders massiert« wären. Es kann als Überraschung gewertet werden, dass Heusinger unter den diversen Typen von Atomwaffen bereits nukleare »Minen«, die ADM, aufführte. Zwei Konsequenzen zog er: 1. zur Rüstung, »Bedarf an Atomwaffen sehr hoch!« und 2. zur Doktrin, »Alles auf eine Karte gesetzt.«[139] In ähnlicher Weise, zum Teil wörtlich, wurde der erste Lehrgang der Bundeswehr für Generalstabsoffiziere in Sonthofen im Mai 1956 – in der ehemaligen SS-Ordensburg – über die Anforderungen des »Zukunftskrieges« unterwiesen.[140]

Und hier der zweite Fall, ein überzeugendes Beispiel für die Folgen dieses Ansatzes, ein Jahrzehnt später, nachdem die nukleare Vorwärtsverteidigung zur offiziellen Doktrin in der Bundeswehr erhoben war. Als Beleg dient die schon zitierte Führungsweisung Nr. 1 vom Juli 1965. Als Ausgangspunkt eines wahrscheinlichen Konflikts wurde angenommen: »*Der strategische Schwerpunkt liegt in Mitteleuropa*«. Trotz der Behauptung, man beachte die Regeln der »flexiblen Reaktion«, wurde »aus Gründen der nationalen Sicherheit« im Wesentlichen an die Doktrin der »massiven Vergeltung« angeknüpft und festgestellt, die Bundeswehr benötige »geeignete Pläne und Verfahren für den frühzeitigen selektiven Einsatz nuklearer Waffen«. Der Gegner dürfe nicht in die Lage versetzt werden, Bonner Entscheidungen zur Verteidigung zu kalkulieren. Dieses Prinzip der Unkalkulierbarkeit müsse bei allen Bedrohungen gelten, selbst beim »allgemeinen konventionellen Krieg«, den die Sowjetunion über die norddeutsche Tiefebene in Richtung Ärmelkanal, über das Thüringer Becken in Richtung Frankfurt und über Süddeutschland und Burgund zum Mittelmeer beabsichtige.

Die Bundeswehr benötige »Mittel und Kräfte, einschließlich nuklearer Waffen«, um »damit bewusst den Weg zur Eskalation« zu beschreiten, gleich, »ob sofort der massive nukleare Gegenschlag ausgelöst werden oder ob (…) noch ein selektiver Einsatz taktischer oder strategischer Nuklearwaffen vorgeschaltet werden soll«.[141] Was hier als Bedrohung für die Bonner Republik im Kalten Krieg dargestellt wurde, entsprach vor allem Heusingers Wirken als Chef der Operationsabteilung im Oberkommando des Heeres, wo er über Jahre am Kartentisch neben Adolf Hitler gestanden hatte. Als Vorsitzender des Militärischen Führungsrates der Bundeswehr übertrug er seine damalige Beurteilung auf die Lage zwanzig Jahre später. Es ist bemerkenswert, wie stabil das Kriegsbild der Wehrmacht im Führungsstab der Bundeswehr verankert war.

Eine Antwort auf die Frage, inwieweit »überholte Ansichten und Urteile« der Wehrmacht in der Bundeswehr nachwirkten, lieferte ein Fachgremium der Bundeswehr, der Stab für NATO-Übungen.[142] 1965 hatte er eine kritische Studie für das Ministerium angefertigt, um die »Auswirkungen eines Atomkrieges in Europa« zu prüfen. Das Fazit: »ein Chaos« würde entstehen; gleich, ob es zu einem massiven oder einem selektiven Einsatz von Atomwaffen käme. Das werde von »keinem Eingeweihten mehr bezweifelt«.[143] Brigadegeneral Albert Schindler hatte den Mut, der Hardthöhe geradezu die Leviten zu lesen. Die nukleare Eskalationsparole der Deutschen werde »in Wirklichkeit« weder von den übrigen Partnern im Bündnis noch von den USA akzeptiert. Gerade sie würden nur restriktiv Atomwaffen einsetzen. Fast beschwörend klingen seine

Worte: »Aber wir dürfen <u>nicht</u> damit rechnen, dass sie (…) <u>schnell</u> zu den A-Waffen greifen werden.« Das Urteil war vernichtend. Nach den vorliegenden über 1970 hinausreichenden Plänen werde die Bundeswehr »<u>nicht</u> den Anforderungen entsprechen, die für einen <u>begrenzten Krieg</u> an Führung und Truppe zu stellen sind«.[144] Schindler führte dies vor allem auf zwei Ursachen zurück, zum einen werde immer noch an der längst überholten Strategie der »massiven Vergeltung« festgehalten (die »bald revidiert werden dürfte«); zum andern folgten alle Vorschriften, »beeinflusst durch Mentalität oder Überlegenheitsgefühl« der Generalstabsschulung der Wehrmacht, allzu stark den Angriff herauszustellen und »zum Allheilmittel« zu erklären (vergleichsweise gab er viele Zitate wieder, hier nur eines: »Nur der Angriff entscheidet die Schlacht«).[145]

Die traditionelle Vernichtungsstrategie bildete die Grundlage dieser Bundeswehr-Doktrin, modernisiert war sie nur hinsichtlich der modernen Waffen, der Atombomben. Aus der ehemals konventionellen Vernichtung in dem Kessel einer Panzerschlacht war – in ähnlicher Anlage – die nukleare Vernichtung des Angreifers auf dem Gefechtsfeld und auf dessen eigenem Territorium entwickelt worden. Das rein militärische Denken hatte obsiegt. Das Verharren im Altgewohnten – in der Mentalität der Wehrmachtführung – lasse, so Schindler, die nukleare Konzeption der Bundeswehr fragwürdig erscheinen. Mit diesem Argument stand er allein.

Der Spiegel, der der Bundeswehr aus den eigenen Reihen vorgehalten wurde, reflektierte den Kern der Doktrin. Zwar hatten Speidel und Heusinger 1955 die Bundeswehr vorerst auf eine konventionell-nukleare Verteidigung festgelegt. Pro und Contra hatten im Heer noch einige Jahre Seite an Seite gestanden, wie das Beispiel Trettner zeigt, bis sich der Führungsstab mit der Wende zu den sechziger Jahren endgültig festlegte und die primär nuklear angelegte Verteidigung zur unstrittigen Beschlusslage wurde.[146] Pflicht und Verständnis festigten die Führungsgruppe. Sogar de Maizière war anfangs von der Notwendigkeit der Maxime überzeugt, mit massierten Schlägen die nukleare Eskalation vorzubereiten: Deutschland hätte »an einer langsamen Eskalation in Europa nicht interessiert sein« können.[147]

Hier zeigten sich die Folgen der Entscheidung, das Personal der obersten Führung der Bundeswehr im Wesentlichen aus Generalstabsoffizieren der Obersten Heeresleitung zu rekrutieren, die in Berlin in der Bendlerstraße residiert und den »Ostfeldzug«, wie der Krieg gegen die Sowjetunion bezeichnet wurde, organisiert hatten. Sie beriefen sich auf ihre »Osterfahrung«, hatten hingegen fast nie eine Truppe im Kampf an der Ostfront geführt. Diesen »frontfremden Fachberatern« wurde vorgeworfen, sie würden ihre operativen Fehler des Krieges, jene »kranke Konzeption«, in der Bundeswehr nur wiederholen. »Der Geist der personell im Vergangenen wurzelnden« Führung biete für die militärische Führungselite keine Gewähr, »der sich abzeichnenden Gefahr einer handwerksmäßigen Vergreisung zu entgehen«. Das Urteil des ehemaligen Generals der Panzertruppe, Leo von Geyr-Schweppenburg, klingt beinah sarkastisch: »Die alt-neue Bendlerstrasse (...) hat etwas Gespenstiges, Überlebensfremdes.«[148]

Diese nur beispielhaft aufgegriffenen Zeugnisse von Generalen, sowohl aktiven aus der Bundeswehr wie ehemaligen der Wehrmacht, verweisen auf die Schulung der dreißiger Jahre, die das Denken der Führung der Bundeswehr bis weit in die sechziger Jahre prägte. Als »Sicherheitsspezialisten« wurden die Offiziere der Wehrmacht wegen ihrer fachlichen Fähigkeiten, die zum »Hort der Identität« gerieten, eingestellt.[149] Hier flossen nicht abstrakte Traditionslinien der militärischen Vergangenheit zusammen. Auf der Hardthöhe wurde konkret eine traditionalistische Politik betrieben, die 1964/65 einen

Höhepunkt erreichte. General Heusinger nahm dabei eine zentrale Rolle ein. Kaum hatte er den Vorsitz des Militärkomitees (MC) der NATO abgegeben, wo er die Entwicklung der Strategie der »flexiblen Reaktion« nur verzögern konnte, übernahm er im Dezember 1964 den Vorsitz einer Arbeitsgruppe aus Angehörigen des Auswärtigen Amtes und des Verteidigungsministeriums. Sie hatte die Aufgabe, die »Reorganisation der NATO« und den »deutschen Standpunkt« in der Nukleardoktrin abzustimmen und politisch für die Ministerien aufzubereiten.[150] Wie erfolgreich diese Arbeit vonstatten ging, zeigten ja auf militärischer Seite das ADM-Konzept und die Führungsweisung Nr. 1 und auf politischer Seite die koordinierten internationalen Kontakte im Vorfeld der Dezember-Tagung der NATO im Jahr 1965.

In welchem Geist hinter den Kulissen gearbeitet wurde, belegt folgende Episode. Vize-Admiral Trebesch musste in der geheimen Arbeitsgruppe Heusingers den Begriff »indirekte Strategie« aus seinem Papier streichen, der eine Alternative zu einer massiven oder flexiblen Strategie benennen sollte. Gegen das Argument »Wir müssen arbeiten und denken wie Moltke und andere große Heerführer bis einschließlich Heusinger.« wandte Trebesch ein, die Verhältnisse hätten sich seit Moltke geändert; da aber spitzte sich die »ziemlich erregte Diskussion« in dem Satz zu: »Für uns sind Leute wie Kissinger u.a. kein Maßstab.« Die Kontroverse könnte kaum deutlicher illustriert werden. Der Gegensatz zwischen der Doktrin der Vorwärtsverteidigung und dem Denken in den Kategorien der »Athener Richtlinien« war allen bewusst und er wurde noch untermauert: »Wir müssen die Tradition der Op.Abteilung [Operationsabteilung, D.B.] des Großen Generalstabes aufrechterhalten.«[151] Trebesch schätzte später ein, diese Szene habe eine »gewisse Rückständigkeit des damaligen Denkens reflektiert«, das die Tagesarbeit erschwerte.

Es gab klare Gegenpositionen zur Militärpolitik der Bundeswehr; dennoch folgte sie in der Mitte der sechziger Jahre jenen Maximen für Einsatz und Rüstung, die auf der Marine- und der Kriegsakademie der Wehrmacht oder in der Generalstabsausbildung der Reichswehr gelehrt wurden. Sie stellte sich nachdrücklich in eine Tradition, die militaristische Linien offenbarte, aber in der Bundesrepublik von Anfang an vermieden werden sollte. Es war doppelt fatal, weil ihre mäßige fachliche Ausbildung für den Admiral- oder Generalstab der Wehrmacht gemäß der NS-Ideologie umgemodelt und beschränkt worden war.[152] Graf Baudissin nannte es die »klassische Schwerpunktbildung: ›drauf und so viel als nur möglich‹«.[153]

Diese kursorischen Ausführungen zum militärinternen Hintergrund der strategischen Doktrin der Bundeswehr lassen erkennen, dass sie sich in die Tradition von Reichswehr und Wehrmacht stellte und jede Kritik daran verwarf. Die distanzierte Einstellung Helmut Schmidts lässt sich nicht nur als Haltung eines ›Zivilisten‹ oder ›Sozialdemokraten‹ deuten. Sein Misstrauen gegenüber der Professionalität vieler Generale begründete er zu Recht mit derem engem militärischen Zuschnitt, der Unfähigkeit, die »Scheuklappen« des Weltkrieges loszuwerden; auch hegte er den Verdacht, sie hätten den Boden unter den Füßen verloren und fühlten sich als große Strategen. Statt sich mit dem weiten politischen Ansatz von Clausewitz zu befassen, glaubten sie, »kleine Ludendorffs« zu sein. Dessen Vermächtnis vom totalen Krieg, der Vernichtungsstrategie mit dem Vorbild der Schlacht bei Tannenberg, hätten sie spätestens im »Führerhauptquartier« bei »Adolf Nazi« übernommen und nicht verarbeitet. Diese Militärs blieben »hinter der Zeitentwicklung« zurück.[154]

Historische Einsichten paarten sich mit persönlicher Erfahrung, als sich für den international versierten Sicherheitsexperten Helmut Schmidt im Spätherbst 1965 das Bild abrundete, in der Bundeswehr würden wichtige Entscheidungen zur nuklearen Verteidigung vorbereitet, bei denen die ADM als taktische Atomwaffe die herausgehobene Rolle spielten. In seinem Urteil fühlte er sich bestätigt aus eigener Erfahrung mit der Bundeswehr und aus den Kenntnissen des politisch-wissenschaftlichen Netzwerkes. Zu den Generalen von Loringhoven und de Maizière hatte er Vertrauen, das nicht nur aus den Treffen in der Stiftung in Ebenhausen sowie in der DGAP in Bonn resultierte. Hier hatte, ein letzter Anstoß, kurz vor der NATO-Ratstagung in Paris in der »Studiengruppe für Rüstungskontrolle, Rüstungsbeschränkung und Internationale Sicherheit« am 6. Dezember das Thema »Überlegungen zur nuklearen Beteiligung der BRD« auf der Tagesordnung gestanden. Es wurde um die Alternative – »Veto-Recht« – erweitert.[155] So in seinen Sorgen bestärkt, konnte Schmidt bei General von Loringhoven, dem fachlich Zuständigen im Ministerium, die Forderung nach dem Veto-Recht erheben.

4. Die Ablehnung der politischen Kontrolle

Ich habe damals kein großes Vertrauen gehabt in die Integrität oder in die Glaubwürdigkeit dessen, was Spitzenmilitärs gesagt haben, wie ich auch kein Vertrauen in die Glaubwürdigkeit hatte in das, was Franz Josef Strauß sagte.

Ich konnte deutlich erkennen, dass sein Nachfolger Kai-Uwe von Hassel gedanklich der Sache ganz klar überhaupt nicht gewachsen war – ein anständiger Mann, dem man seine Tochter oder die Geldkasse anvertrauen konnte, da würde nichts passieren. Aber er war der Sache nicht gewachsen. Er wurde benutzt von den Militärs. Das konnte ich deutlich erkennen.

Helmut Schmidt, 31. Mai 2007

Im Dezember 1965 hatte Helmut Schmidt mit seinem Anliegen, das politische Veto-Recht einzufordern, den wunden Punkt in der sicherheitspolitischen Agenda der Bundeswehr in der NATO getroffen. Einerseits waren die operativen Konsequenzen der neuen US-Strategie der »flexiblen Strategie« in Bonn auf harten Widerstand gestoßen, andererseits gab es die verlockende Chance auf nukleare Mitsprache und Mitbestimmung. Dieses Angebot berührte aber auch eine empfindliche Stelle der Bundeswehroffiziere: Gleichberechtigung und Anerkennung im Bündnis. Sie fühlten sich diskriminiert. Minister McNamara hatte im Mai 1962 in seiner Ankündigung der »Athener Richtlinien« auch intensivere Formen der Kooperation in allen nuklearen Angelegenheiten zugesagt. Die Kennedy-Administration wollte mit diesem Angebot nach monatelangen Vorbereitungen auf der Tagung der NATO-Minister in Athen »Vertrauen« herstellen.[156] Die USA boten erstmals den Partnern an, im höchsten Maße detaillierte Informationen zu geben über alle Typen von Atomwaffen und ihrer Trägersysteme, über deren Sprengkraft und die Zielplanung der NATO in Europa.[157] Die Bereitschaft zur Kooperation sollte durch die Absicht unterstrichen werden, ein spezielles »Nukleares Komitee« in der NATO einzurichten, das »permanent und systematisch« die Weiterentwicklung der nuklearen Verteidigung auch mit eigenen Studien begleiten solle. Trotz größter Geheimhaltung sollte dieses Gremiums effektiv arbeiten. Nach einigen Erfahrungen sei zu prüfen, ob Unterausschüsse für »spezielle Kategorien an Informationen« wünschenswert seien oder sogar »bilaterale Arrangements« zwischen den USA und einzelnen Staaten, die aus Gründen der allgemeinen und höchsten Sicherheit nicht weiter bekannt werden dürften.[158]

Da Minister Strauß und Generalinspekteur Foertsch die Abkehr von der Strategie der »massiven Vergeltung« strikt ablehnten, war es schon im Vorfeld der Athener Tagung 1961 zu

Missstimmungen gekommen. Um diese Lähmung zu überwinden, hatten die Amerikaner ein Programm vorgelegt, alle strittigen Einzelfragen – »Schritt für Schritt« – zu erörtern.[159] Die Bonner Politik blockierte die militärische Seite der »Athener Richtlinien« weiter, aber nun endlich, im Dezember 1965, sollten auf der Ratstagung die NATO-Minister über die politische Seite, die Mitsprache und Kooperation in dem »Nuklearen Komitee«, entscheiden. Daher kam der Hardthöhe bei der Vorbereitung dieser Tagung der öffentliche Druck völlig ungelegen, den die Opposition im Bundestag und namentlich Helmut Schmidt sowie Fritz Erler seit der Veröffentlichung des »Trettner-Atomminenplans« von Weinstein im Dezember 1964 aufgebaut hatten. Aber diese Aktivitäten hatten natürlich ihre Wirkung nicht verfehlt.

In den Beiträgen im Bundestag und in Reden über nukleare Verteidigung war von dem politischen Veto-Recht oder von einem Zwei-Schlüssel-System gesprochen worden. Dieser zweite Begriff brachte ganz bildlich zum Ausdruck, dass es eine doppelte Sicherung für den Einsatz der Atomwaffen gab: einen Schlüssel für die USA und deren politische Freigabe durch den Präsidenten sowie einen Schlüssel für die politische Zustimmung des Landes, von dem aus die Atomwaffen eingesetzt wurden. Also auch einen Schlüssel für die Bonner Republik. Eine derartige Regelung hatten die USA mit Großbritannien getroffen; und es gab Fotos, auf denen diese beiden Schlüssel und die entsprechenden Kontrollpersonen gezeigt wurden.[160] Beide Regierungen verfügten über das Entscheidungsrecht: nur mit zwei Schlüsseln konnten die Raketen gestartet werden.

Die Veto-Initiativen »der Opposition im deutschen Parlament« machten der Hardthöhe klar, dass ein Einsatz von Atomwaffen der deutschen Regierung ein souveränes Kontrollrecht einräume: die völkerrechtliche Verantwortung des Staates, der

Atomwaffen einsetzt, habe »schwerwiegende politische und militärische sowie rechtliche Folgen«.[161] Den wichtigsten Vorteil, »dass von deutschem Boden nukleare Waffen <u>nur mit Zustimmung der deutschen Regierung</u>« eingesetzt werden könnten, erkannte man in dem Zuwachs an Souveränität; dies würde die nationale »<u>Einflussnahme auf Teilgebiete der Nuklearstrategie</u>« der NATO insgesamt beträchtlich erhöhen.

Für die Militärs auf der Hardthöhe hingegen überwogen die »Nachteile« des Zwei-Schlüssel-Systems: es bringe die Erosion der Glaubwürdigkeit der Abschreckung mit sich. Unsicherheit drohe wegen der möglichen Wankelmütigkeit der Bonner Politiker, da sich die deutsche Regierung – so der Text wörtlich: »schwerer zu einem selektiven oder demonstrativen Einsatz nuklearer Waffen entschließt als der Präsident der weit weg vom Kriegsschauplatz entfernt gelegenen USA«. Das heißt, im Führungsstab wurde angenommen, deutsche *politische* Bedenken hinsichtlich der Kriegsfolgen im Land würden das *militärische* Konzept der »zwangsweisen« Forderung nach »lückenlosem«, auch »frühzeitigem« und »kontrolliertem Einsatz« der Atomwaffen unterminieren oder gar aufheben. Das militärische Fazit zum Zwei-Schlüssel-System: »Mit einer erheblichen <u>Verminderung</u> der <u>Abschreckung</u> müsste also gerechnet werden.« Neben dieser Passage wurde handschriftlich der Standpunkt des Generalinspekteurs Trettner angefügt: »Hier muss man doch umgekehrt argumentieren. Die BRD hat <u>früher</u> das Bedürfnis nach selektivem Einsatz als der Präsident.«[162]

Geschlossenheit war vonnöten. Die Hardthöhe, Militär und Minister, suchte den Schulterschluss mit der gesamten Regierung. Sie lieferte die Argumentationshilfe für ein gemeinsames Auftreten mit dem Auswärtigen Amt, um die »deutsche« Position »glaubwürdig« zu untermauern.[163] Die Deutschen dürften gegenüber den USA keine Zweifel aufkommen lassen, »in jedem Fall ihre Waffen einsetzen [zu, D. B.] können, wie es für erforderlich gehalten wird.« Die Hardthöhe befürchtete, die USA könnten andernfalls ihr Potential von damals 5000 nuklearen Sprengkörpern – »Die Masse hiervon ist auf deutschem Boden gelagert.« – reduzieren. Im Falle »einer sehr zögernden deutschen Entschlussfassung« würden »Vertrauen und Solidarität« im Bündnis beschädigt.[164]

Das Militär blieb dabei, das politische Veto-Recht konsequent negativ zu bewerten, diese Form der politischen Beteiligung bringe militärisch nur Nachteile mit sich. Das Verständnis der Abschreckung war von einer fast panisch verfochtenen Glaubwürdigkeit durchwirkt, die wie ein Menetekel über allem schwebte. Dieser Art »Glaubwürdigkeit« folgten die Führungsstäbe über Jahre; daran durften »keinerlei Zweifel« zugelassen werden.[165] Die Hardthöhe wollte die politische Mitwirkung auf die Phase der Vorplanung beschränken: auf die »Einflussnahme (…) im ›Vorraum der Entscheidung‹« in dem »Nuklearen Komitee«. Die militärische Führung suchte freie Hand für sich. Schlussendlich: das Zwei-Schlüssel-System könne man »bei der letzten Entscheidung über die Freigabe der Waffen aus militärischer Sicht nicht empfehlen«.[166]

Aber genau gegen eine derartige Festlegung hatte Schmidt interveniert. Nach seiner Ansicht genügte es nicht, die Einflussnahme auf ein unverbindliches Planungsstadium zu beschränken: »die Bundesregierung sollte in der nuklearen Strategie der NATO oder einzelner Staaten ein Veto-Recht durchsetzen« und eine »bilaterale Rechtsvereinbarung« treffen.[167] Die Reaktion auf seine Einwendungen war eindeutig. Die militärpolitischen Interessen verlangten, »nichts« zu ändern. Es wurde noch einmal bekräftigt, das Veto-Recht »könnte sich auf die Kampfhandlungen sehr nachteilig auswirken«.[168] Für diese Stellungnahme zeichnete General von Loringhoven verantwortlich, der immerhin erkennen ließ, dem Schutz der Bevölkerung müsse man Beachtung schenken. Er suchte einen Kompromiss zwischen dem für die »Erhaltung der Abschreckung und Verteidigungsfähigkeit Notwendigen und dem für die Verantwortung der Bundesregierung Gebotenen«. Die Sorge um das Überleben der Bevölkerung im Zielgebiet rechtfertige, »dass ein derartiger Einsatz nur mit Zustimmung der Bundesregierung möglich ist, die erst in einer konkreten Kampfsituation erteilt würde«.[169] Dieses Abwägen überzeugte die Führungsetage nicht, auch wenn Schmidts Forderung »objektiv« einleuchtete. Die erste Stellungnahme des militärischen Führungsstabs von Anfang des Jahres 1966 an Minister von Hassel war nicht eindeutig genug und musste deshalb im April und im Juli überarbeitet, nämlich »umformuliert« werden.[170] Da all dies als »streng geheim« eingestuft war, erfuhr Schmidt nichts von dieser politisch-militärischen Abstimmung.

Die militärischen Interessen dominierten im Konzept eines nuklearen Einsatzes und setzten sich über die politische Kontrolle hinweg. Die Generale auf der Hardthöhe gaben ihren Vorstellungen von Glaubwürdigkeit und Effektivität Vorrang vor allen anderen Bewertungen. Bezeichnend ist, dass sie ihr ›militärisches‹ Denken auf den ›deutschen‹ Standpunkt übertrugen und militärische Interessen mit ›deutschem‹ Einfluss im Bündnis gleichsetzten. Das Militär vereinnahmte die Politik. Entsprechend galt lakonisch: »Die deutschen Interessen verlangen einen klaren und einheitlichen Standpunkt.«[171] Gemeint war auch die Einheitlichkeit innerhalb des Militärs. Entscheidungen waren langfristig und dauerhaft angelegt. Das zeigt sich seit den Anfängen dieser nuklearen Eskalationspolitik mit der Stationierung der ADM »so nahe am Eisernen Vorhang wie möglich«. Das Verantwortungs- und Entscheidungsrecht der Politik wurde als missliebige, hinderliche Kontrolle empfunden. »Ein besonderes politisches Kontrollorgan wird [für die Atomwaffen, D. B.) nicht gefordert.«[172]

Seit 1963 waren dieser Führungsstab und der Minister einer Meinung, die Freigabe der nuklearen Sprengladungen nicht an das Votum der Bundesregierung binden zu wollen, sondern das Verfahren via NATO und US-Präsidenten zu favorisieren.

Diese Position wollte sich die Bundeswehr auch 1965 nicht nehmen lassen, hatte sie doch schon länger eine geradlinige Personalpolitik in der NATO betrieben, deren Früchte gerade geerntet werden sollten. Früh hatten Hans Speidel und Adolf Heusinger die NATO-Leiter nach oben klettern können, der eine war Oberbefehlshaber der Landstreitkräfte Europa-Mitte, der andere Vorsitzender des NATO-Militärausschusses. Heusinger hatte nach seiner Entlassung 1964 aufgrund seiner Kenntnisse in der NATO und als Schüler der Strategie des deutschen Generalstabes auf der Hardthöhe die interministerielle Arbeitsgruppe, die eine mittelfristige Planung zur Vorwärtsverteidigung entworfen hatte, geleitet. Nachdem Franz-Josef Schulze im sicherheitspolitischen Führungsstab des Ministeriums das Handwerkszeug der deutschen Nukleardoktrin gelernt hatte, konnte er diese ab 1965 als Chef der Planungsgruppe in der Operationsabteilung der Alliierten Streitkräfte Europa-Mitte weitergeben; ebenso hatte Johannes Steinhoff als Chef des Stabes der Luftstreitkräfte Europa-Mitte eine vergleichbar wichtige Funktion. 1966 konnte Johann Adolf Graf Kielmansegg dieselben Aufgaben wahrnehmen, die zuvor Heusinger inne hatte. Auf diese Weise hatte die Hardthöhe vorgesorgt, beim Wandel der NATO-Strategie Einfluss auf die operative Ausgestaltung im Bündnis zu nehmen.

Als Schmidt im Dezember 1965 die Forderung nach der politischen Zuständigkeit im Verteidigungsfall und der Kontrolle der militärischen Abläufe durch die Bonner Regierung stellte, scheiterte er. Die Argumente zugunsten der deutschen Doktrin der Vorwärtsverteidigung wurden gedreht und ge-

wendet, um den Primat der Politik zu verhindern. Der Hardthöhe war es sogar gelungen, die Priorität der militärischen Interessen von der Regierung bestätigen zu lassen. Schmidt
ahnte, welche Brisanz die Stationierung der ADM hatte, aber
ihre wirkliche Funktion blieb auch ihm verborgen. Alles wurde
mit Bedacht verschleiert. Die Generale wollten an ihre einmal
errungene Machtposition in der Bonner Politik nicht rühren
lassen, erst recht nicht, wenn die sozialdemokratische Opposition im Bundestag das Zwei-Schlüssel-System oder der Abgeordnete Schmidt das politische Veto-Recht einklagte.

Die Regierung überließ es dem Militär, seine Rolle im deutschen Namen in der NATO erhöhen. Daher setzten die Generale auf den »nuklearen Konsultationsprozess« in der 1966 ein-
gerichteten Nuklearen Planungsgruppe. Um die militärische
Macht – das ›deutsche‹ Prestige in der NATO – zu stärken,
wurde das politische Veto-Recht geopfert. »Damit haben wir
versucht«, erklärte General de Maizière diesen Vorgang im
Nachhinein, »den Verzicht auf das Veto, den wir glaubten im
Interesse der Abschreckung gehen zu müssen, für uns in dem
Beratungsprozess wenigstens mit einem besonderen Gewicht
auszugleichen.«[173] Das Bonner politische Veto-Recht wurde als
Verhandlungsmasse für mehr Einfluss des Militärs in der
NATO eingesetzt. Die Konstellation für die Führung der Bun-
deswehr war einmalig: mehr Macht in Brüssel garantiert mehr
Macht in Bonn. Diese Politik untermauerte die Position der
Militärs.

Die Minister der sechziger Jahre, Strauß, von Hassel und
Schröder, standen voll hinter diesem Konzept. Sie vertraten
nicht nur den Part der Militärs, sondern identifizierten sich zudem mit dem (militärischen) Zuwachs an Einfluss im Sinne
einer deutschen (politischen) Zunahme an Macht im Bündnis.
Sie nahmen kaum wahr, wie sehr sie von der militärisch dominierten Expertise abhängig wurden, die das sicherheitspolitische

87

Gesamtkonzept formulieren konnte. Zugleich bürdete sich das Militär eine übermächtige Verantwortung auf. Eine Schieflage zwischen Politik und Militär entstand, und alles hing, wie General Schmückle sich sorgte, »am seidenen Faden«.[174] Aber bei den grundsätzlichen Fragen kamen einigen Soldaten doch Zweifel: Eigentlich hatte die Bundeswehr den Sinn der »flexiblen Reaktion« konterkariert, da sie am alten »Übermaß an militärischer Machtanwendung« festhielt auch hinsichtlich der ersten Kategorie der taktischen Atomwaffen, der ADM und den »politischen Charakter dieser Waffen« verkannte. Ein einsichtiger General, Graf Baudissin, spitzte die Problematik so zu: diese Doktrin der Bundeswehr, nur den optimierten Einsatz der Atomwaffen zu denken, habe zu einer »Entpolitisierung« der Atomwaffen geführt.[175]

II. Erste Schritte zur Kontrolle
des Militärs 1969

1. Der Einstieg als Minister

Zwischen Melvin Laird und mir bestand eine absolut vertrauens-
würdige Beziehung. Es war auch die Gemeinsamkeit von Politi-
kern, die selbst Soldat gewesen sind und wussten, was sie von
militärischen Vorgesetzten halten mussten. Wir hatten beide Ge-
nerale erlebt und Admirale. Jedenfalls war uns beiden klar: die
Politik muss hier das Sagen haben. Wir brauchten Churchill nicht,
um das zu lernen, wir haben das im Leben gelernt – im Krieg.

Ich habe Laird gesagt, du musst wissen, wenn eines dieser nu-
klearen Dinger hochgeht, machen die deutschen Soldaten das, was
die japanischen unter Hirohito nach Hiroshima gemacht haben,
nämlich: »Hände hoch!« Das hat Laird sofort begriffen, dass das
die wahrscheinliche Konsequenz ist und dass dann für die deut-
schen Soldaten der Krieg zu Ende ist.

Deswegen ist alles Quatsch, was die Militärs da planten.

Helmut Schmidt, 31. Mai 2007

Vier Jahre waren ins Land gegangen, seit Helmut Schmidt 1965
das politische Veto-Recht beim Einsatz von nuklearen Waffen
von deutschem Boden ausgehend oder auf deutsches Gebiet
zielend gefordert hatte. Es war still geworden um die Atomwaffen. General Trettner hatte aus der Minengürtel-Affäre und der
damaligen internen Intervention von Schmidt Konsequenzen
gezogen und mit drastischen Maßnahmen reagiert. Eine rigide
Politik der absoluten Geheimhaltung wurde für alle »ADM-
Übungen« angeordnet: Sie seien »mit äußerster Diskretion« zu

behandeln, die Presse sei von »ADM-Übungsteilen unbedingt« fernzuhalten und jeder Hinweis zu dementieren.[176]

Allerdings hatte es im Herbst 1966 noch einmal beträchtliche Aufmerksamkeit hervorgerufen, als aus der großen militärischen Übung FALLEX 66, dem »Tagebuch des Grauens«, der Einsatz von Atomwaffen bekannt wurde, obwohl den Teilnehmern während der Übung zugesichert wurde, die Verteidigung werde ohne taktische Atomwaffen geplant. Der Abgeordnete Wolfram Dorn (FDP) spürte, dass hinter seinem Rücken etwas anderes lief und äußerte seinen Verdacht im Bundestag. Die Unterlagen waren natürlich geheim. Er ließ nicht locker, bis er nach über dreißig Jahren die Akten einsehen konnte. Sie belegen den damals schon vermuteten Einsatz der für »defensiv« erklärten ADMs und zeigen, dass auch die an FALLEX 66 beteiligten Abgeordneten nicht von gravierenden Fakten unterrichtet wurden.[177] FALLEX schien nur ein weiteres Zeichen dafür, dass Generale immer noch, wie Schmidt urteilte, ohne das nötige »Bewusstsein, was es bedeutet, einen Atomkrieg zu führen«, handelten: mit »Scheuklappen«, wie im letzten Krieg.[178]

Unruhen und Protest hatten die Jahre bestimmt. Deutschland war aufgewühlt, als am 2. Juni 1967 Benno Ohnesorg erschossen wurde und die Zweifel an der Glaubwürdigkeit des Staates und der Medien einem neuen Höhepunkt entgegentrieben. Eine »skeptische Generation« (Helmut Schelsky) suchte Orientierung gegen ihre Vätergeneration, die zwar übermächtig, aber nirgendwo sonst in Europa »politisch so kompromittiert und moralisch so schwach« war wie in der zweiten deutschen Demokratie.[179] Es gab kein Thema, das nicht in die Vergangenheit zurückverwies und ihr Fortwirken in der Gegenwart offenbarte. Fragen nach der Kontinuität der Eliten des NS-Regimes warfen ihren Schatten auf die Führungsgruppen in Wirtschaft, Justiz und Politik, selbstverständ-

Mit Generalleutnant Ulrich de Maizière, Inspekteur des Heeres, und Amtsvorgänger Gerhard Schröder, 1969

lich auch aufs Militär. Doch der Bundeswehr gelang es, sich wegzuducken und hinter dem großen Schirm ›Vietnam‹ zu verschwinden. Dennoch rüttelte die Gegenwart der Vergangenheit am traditionsgestützten Selbstbild des Militärs. Seine Legitimität schien angekratzt, weil sich – das herausragende Beispiel der Kontroverse – erstmals die Kriegsdienstverweigerung nicht mehr einfach christlich-moralisch (und damit persönlich und ›unpolitisch‹), sondern eminent historisch-politisch und antimilitaristisch begreifen ließ. Vietnamkrieg, außerparlamentarische Opposition und Notstandsgesetze bestimmten die Wahrnehmung der Studentengeneration. 1968 überschritt die Zahl der »Kriegsdienstverweigerer« erstmals die 10 000.[180]

Auch die Symbolik trug dazu bei, dass die Fragen an die Bundeswehr nicht im Zentrum des allgemeinen Jugendprotests standen. Die allseits bekannte, berüchtigte Formel der internationalen Solidarisierung »USA = SA = SS« schob die deutschen Kriegsverbrechen und die aggressiven Expansionen vor 1945 eher der SA und besonders der SS als einschlägigen militärischen Formationen zu, als die Wehrmacht selbst zu stigmatisieren. Sogar Adenauer in Bonn hatte gesagt, sie seien die Macht- und Ideologieträger des Nationalsozialismus gewesen und somit für Kriegsverbrechen und den Holocaust verantwortlich. Die Wehrmacht, auf die sich die Bundeswehr berief, hatte, wie seither stetig behauptet, sauber gekämpft. Von der Belastung durch die Geschichte lenkte ein Geflecht von historischen Legenden und gezielter Vergangenheitspolitik ab.

Die Bundeswehr schottete sich mit markigen Worten von der Gegenwart ab und suchte einen künstlichen Schutz vor dem sich beschleunigenden gesellschaftlichen Wandel. Je mehr die Hardthöhe versuchte, das Militär gewissermaßen neben der Gesellschaft zu halten und zum Hort der Stabilität und der überlieferten Werte – wie Ehre, Pflicht, Treue oder Tapferkeit – zu stilisieren, desto krasser klafften Gesellschaft und Militär als unvereinbare Gegensätze auseinander. Graf Baudissin erkannte darin eine »gefährliche Ideologie« der überkommenen Traditionen aus ferner Vergangenheit, weil die Führung der Bundeswehr das restaurative Ziel einer »politisch-gesellschaftlichen Exterritorialität« anstrebe.[181] Wer die Bundeswehr realistisch betrachtete, musste erkennen, dass sich unter dem Mantel der verordneten Ruhe ein kaum durchschaubares Knäuel von Gegensätzen, Brüchen und Widersprüchen verbarg.[182]

Die Zeichen standen auf Wandel. Die Zeit der Großen Koalition des Kanzlers Kurt Georg Kiesinger (CDU) seit Herbst 1966, als Willy Brandt (SPD) das Auswärtige Amt übernahm, Gerhard Schröder (CDU) das Verteidigungsministerium und Helmut Schmidt den Vorsitz der SPD-Fraktion im Bundestag, neigte sich dem Ende zu. Brandt war im NATO-Rat auf das in den »Athener Richtlinien« verankerte amerikanische Angebot, die Sicherheitspolitik im Bündnis flexibler und politischer auszugestalten, zugegangen. In dieser Phase des Kalten Krieges sollte die Angst vor aggressiver Militärmacht mehr und mehr abgebaut werden. Immerhin hatte die NATO mit ihrem vom belgischen Außenminister, Pierre Harmel, verfassten Bericht zur zukünftigen Sicherheitspolitik im Dezember 1968 endgültig der »massiven Vergeltung« den Boden entzogen. Der Frieden sollte auf den Pfeilern der militärischen Sicherheit und internationalen Entspannung ruhen. Die Ära der Entspannung zeichnete sich ab.

Am 22. Oktober 1969 wurde Helmut Schmidt zum Bundesminister der Verteidigung im sozialliberalen Kabinett von Willy Brandt und Walter Scheel (FDP) ernannt. Er war gut auf dieses Amt vorbereitet. Noch im Sommer hatte er auf Einladung von Präsident Richard Nixon eine einwöchige Reise in die USA unternommen, auf der er mit wichtigen Vertretern aus Politik und Wissenschaft zusammentraf.[183] Besprechungen hatte er am 9. Juli mit Außenminister William Rogers und Verteidigungsminister Melvin Laird geführt. Seine Reputation als Sicherheitsexperte brachte ihn mit den einflussreichen Repräsentanten der Administration zusammen, beispielsweise mit seinem »alten Freund« Henry Kissinger, nun Sicherheitsberater des Präsidenten, mit Helmut Sonnenfeldt vom Weißen Haus, Paul Nitze und Warren Nutter vom Pentagon und Gerald Smith, dem Leiter der Abrüstungsbehörde. Schmidt konnte während dieser Reise seine Informationen über die aktuellen Ziele der US-Politik auffrischen und gleichzeitig den hitzigen Wahlkampf in Deutschland für kurze Zeit vergessen.

Als besonders herausragend erwies sich seine erste Begegnung mit Melvin Laird im Juli 1969. Zwischen den Politikern der gleichen Generation hatten sich schnell spürbare Anzeichen vertrauensvoller Übereinstimmung ergeben. Sie waren auf gleicher Wellenlänge. Es hatte sich »seit unserer ersten Bekanntschaft im Juli ein sehr kordiales und kollegiales Verhältnis entwickelt«, betonte Schmidt in einem Erfahrungsbericht gegenüber Brandt, dem Fraktionsvorsitzenden Herbert Wehner und dem neuen Staatssekretär auf der Hardthöhe Willi Berkhan nicht ohne Stolz.[184] Laird war gerade ein halbes Jahr im Amt, ein bekennender konservativer Republikaner. Als 45-Jähriger hatte er schon eine lange Politikerkarriere hinter sich, war direkt nach dem Krieg Senator von Wisconsin geworden und nahm es als Auszeichnung, als harter Brocken zu gelten: »rücksichtslos, eisern und gerissen«. Die Praxis hatte ihn allerdings auch gelehrt, mittelfristige Ziele flexibel zu verfolgen; im Vordergrund standen Vietnam und die »Wiederbelebung der NATO«.[185] Europa musste, nachdem Frankreich unter Führung von Charles de Gaulle aus der militärischen Integration der NATO ausgeschieden war, einen Schwerpunkt der US-Politik bilden, auch wenn es Lairds vorrangiges Interesse war, den Vietnamkrieg bald zu beenden. Voller Neugier schaute er nach Bonn, und auch für den Atlantiker Schmidt war der Blick nach Washington selbstverständlich.

Die leidvollen und grausamen Erfahrungen im Weltkrieg verbanden die beiden und prägten ihr Verhältnis. Laird erinnerte sich später, dass das Soldatenbewusstsein für sein Verantwortungsbewusstsein als Politiker extrem wichtig gewesen sei.[186] Auch Schmidt empfand das Wissen um Leid und Verlust, um das Grauen der Verwüstungen und Zerstörungen als maßgebend für sein späteres Handeln: Das durfte nicht mehr sein. Aus dem Krieg kam aber auch die Kenntnis über das Militär, »was sie von Vorgesetzten halten sollen«.[187] Sorge machte ihnen die berufsbedingte Engstirnigkeit der Militärs, gerade auch in höchsten Positionen. Wenn Schmidt sagte, er habe »kein Vertrauen in die Glaubwürdigkeit, was Spitzenmilitärs sagten«, so könnte dieser Satz auch von Laird stammen.

Beide waren froh, dass der andere das Weltgeschehen und das Verhältnis zur Macht realistisch betrachtete: »Die Politik muss was zu sagen haben und vorgeben.« Sie vertraten eine Einstellung zum Beruf des Politikers, die sich aus menschlichen Erfahrungen und Werten wie Freiheit, Recht und Menschenwürde speiste und Deutlichkeit, ja Eindeutigkeit im Umgang miteinander vermittelte. Schmidt und Laird teilten dieses gemeinsame »rückhaltlose Vertrauensverhältnis«.[188] Laird sicherte für Schmidt die bilaterale Mitsprache in der Nuklearpolitik ab, während Schmidt der zuverlässige Partner im Bündnis für Laird war. Bei diesem ersten Treffen im Juli 1969 wurde das Thema angesprochen, das über Jahre ihre Aufmerksamkeit binden sollte: die politische Kontrolle der taktischen Atomwaffen in Europa. Dabei fand auch die Nukleare Planungsgruppe der NATO ihr Interesse, die eine Richtlinie über den nuklearen Einsatz in Europa vorbereitete.[189] Was sollte man mit den 7000 derzeit stationierten nuklearen Bomben anfangen?

Schmidt hatte diese Begegnung in guter Erinnerung, als Brandt und Wehner ihm das schwierige Amt auf der Hardthöhe anvertrauten. Gleich nach seinem Amtsantritt sandte er Theo Sommer, einen Vertrauten und ausgewiesenen sicherheitspolitischen Fachmann, zu Laird, um die deutsche Botschaft von Aufbruch und Kontinuität zu übermitteln. Die amerikanische Seite erklärte ihm drastisch, es gäbe keine »automatische Selbstmordbereitschaft« und »Eskalationswilligkeit im taktisch nuklearen Bereich«[190]. Reformen in der Nuklearpolitik seien notwendig, die Doktrin der Vorneverteidigung müsse eingehegt werden. Mit diesen deutlichen Worten wurde Schmidt auf seine aktuellen Aufgaben eingestimmt, nachdem er gerade eine Woche sein Amt übernommen hatte. Die Botschaft aus den Vereinigten Staaten war unmissverständlich und entschieden.

Gleich im November war die nächste Sitzung der Nuklearen Planungsgruppe in der Nähe von Washington vorgesehen, Anfang Dezember die NATO-Ratstagung in Brüssel, wie

Schmidt bei seiner vorbereitenden Planung erfuhr.[191] Unabhängig von den Terminvorgaben waren im Ministerium zunächst die Voraussetzungen für die Arbeitsweise des neuen Ministers zu schaffen. An seine Vorstellungen von Kooperation und Delegation, Diskussion und Kontrolle, des Vortrags und der Weisung musste mancher Mitarbeiter sich noch gewöhnen.[192] Denn Schmidt pflegte eine Mischung aus offenen Erörterungen und schwerpunktsetzenden Besprechungen mit klaren Entscheidungsstrukturen, die den meisten Beamten, erst recht vielen Generalen ungewohnt erschien und fremd blieb. Generalinspekteur de Maizière schilderte den neuen Wind auf der Hardthöhe auf seine Weise: »Mit Minister Schmidt beginnt ein neuer Arbeitsstil. Der Minister ist rasch, dynamisch, informell und fast unmethodisch, entscheidungsfreudig. Er liebt das Gespräch und die Diskussion. Er sucht eine Lösung ›am runden Tisch‹«.[193]

Dann stand das große Revirement von Zuständigkeiten und Abläufen im Ministerium selbst an. Die unübersichtliche Organisation des Ministeriums und die intransparente Entscheidungsfindung waren geradezu sprichwörtlich. Die längst überfällige Verwaltungsreform musste erst die Voraussetzungen für die Lösung der eigentlichen Aufgaben schaffen.[194] Das Hauptproblem, eine Kette von Affären und Skandalen in den sechziger Jahren, hatte das Bild der Bundeswehr belastet. Ausbildung und Bildung, das handwerklich-technische Können, die Rekrutierung des Führungspersonals verlangten grundlegende Reformen. Um konkrete Alltagsdefizite zu beheben, wurde ein umfangreicher Katalog von Sofortmaßnahmen aufgestellt und umgesetzt. Das Selbstverständnis und das Soldatenbild der Armee in der Demokratie war nach veralteten, antiquierten Vorbildern aus militaristischen Zeiten, aus Reichswehr und Wehrmacht, ausgerichtet, sodass ein restaurativer Traditionalismus das Ideal der Inneren Führung verwässert und verpönt hatte. Kriegsnostalgische Erzählungen oder romantisch verklärende

Heldensagen, besonders über die Gebirgsjäger, gingen um. Eine Rolle spielte vor allem der Kommandierende General des II. Korps, Karl Wilhelm Thilo, und der Stellvertretende Inspekteur des Heeres, Hellmut Grashey, der gerne über den »Russlandfeldzug« schwadronierte. Dessen unseliges Wort, die Bundeswehr könne endlich die »Maske der Inneren Führung« ablegen, machte die Runde. Schmidt löste ihn sogleich zum Jahreswechsel ab. Es lag vieles im Argen.[195]

Schon dieser kleine Exkurs verdeutlicht, dass allein dringende Alltagsgeschäfte Schmidts Aufmerksamkeit voll gefordert hätten, während sich in Wirklichkeit die Aufgabe stellte, eine umfassende Militärreform vorzubereiten. Eine Art zweite Gründung der Bundeswehr stand in mehreren Schritten bevor. Zum historischen Verdienst des neuen Ministers zählt, sein Reformkonzept gegen den erbitterten Widerstand der Opposition im öffentlichen Konsens verwirklicht zu haben.[196] Doch das war im Oktober 1969 noch Zukunft.

Mit Beginn seiner Ministertätigkeit traf Schmidt noch eine wichtige Personalentscheidung. Ulrich de Maizière, seit 1966 der Nachfolger von Trettner, wurde sogleich angesprochen, ob er mit dem neuen Minister die Zukunft der Bundeswehr mitgestalten wolle. So übernahm der konservative Generalinspekteur, der in den vergangenen Jahren die Militärpolitik bewusst in Richtung der »flexiblen Reaktion« gelenkt hatte, die Aufgabe, das demokratische Profil der Erneuerung innerhalb der Bundeswehr zu vermitteln. Seine innere Einstellung drückt sich am besten in den Worten aus, mit denen er Generale des Heeres ansprach: Schmidt sei der »best vorbereitete Mann« des Parlaments, der sicherlich das Offizierkorps der Bundeswehr aus einer einseitigen Parteipolitik heraushalten werde. »Dadurch wäre«, so die Aufforderung an die Generalität, »eine Kontinuität der militärischen Arbeit sichergestellt, aber (...) daraus erwächst auch die Pflicht zur Loyalität.«[197] Schmidt konnte sich auf de Maizières Arbeit, seine Loyalität und Ehrlichkeit ohne jede Einschränkung verlassen.

Ein Beispiel macht dies deutlich. Als Schmidt über die vielen zustimmenden Briefe aus der Bundeswehr berichtete, antwortete de Maizière in seiner unnachahmlichen Art: »Ich glaube Ihnen das gerne. Ich nehme an, es sind meist jüngere Offiziere.« Und er fügte an, wenn er die Stimmung der Generalität schildern sollte, würde er es mit dem Satz sagen: »Wenn es schon ein Sozialdemokrat sein muss, dann Helmut Schmidt.«[198] So freundlich und so ehrlich realistisch konnte de Maizière sein. Zwischen ihm und Schmidt entstand auf Dauer eine freundschaftliche Beziehung; er war im vollen Wortsinn, wie Schmidt es aussprach: »Vertrauens würdig«.[199] Auch de Maizière empfand dieses Vertrauen und war überzeugt, an allen Entscheidungen vom Minister beteiligt zu werden. Das war nicht einfach für Schmidt, hatte de Maizière doch die brandheißen Nuklearplanungen mitgetragen, die noch dazu eine Anzahl deftiger Überraschungen enthielten.

Allein, für Schmidt war wichtig, dass de Maizière seine Zweifel an der Glaubwürdigkeit der nuklearen Verteidigung früh entwickelt und nie vergessen hatte. Ein Beispiel ist überliefert aus dem Jahr 1963, als er Kommandeur der Führungsakademie der Bundeswehr war und in der Hamburger Generalstabsausbildung traditionsbewusst in der operativen Kontinuität der »Truppenführung« die Doktrin der massiven nuklearen Verteidigung gelehrt wurde. Damals hatte ihn ein junger Lehrgangsteilnehmer, Hauptmann Wolfgang Altenburg, der spätere Generalinspekteur, nach einer Stunde Taktikunterricht angesprochen und seine Bedenken gegenüber der Vorwärtsverteidigung vorgebracht, mit ihren militärischen Instrumenten und dem frühen Einsatz von Atomwaffen würde die Bundeswehr das Land vernichten.[200] De Maizière war fähig, in einem Gespräch diese Kritik anzunehmen und Altenburgs Sorgen zu be-

Oberst Wolfgang Altenburg, Ulrich de Maizière, Helmut Schmidt, 1969

schwichtigen. Er versteckte seine restriktive Einstellung zu den Atomwaffen nicht und schrieb dies als Inspekteur in einer Weisung für das Heer fest; auch in öffentlichen Vorträgen scheute er sich nicht, vor einer massiven nuklearen Eskalation zu warnen, aber zudem eine »flexible Politik« zu fordern.[201]

Schmidt erkannte, dass dieser General gerade in der zweiten Hälfte der sechziger Jahre seine Aufgabe in der Führung der Bundeswehr darin gesehen hatte, für den politischen Charakter der Atomwaffen zu werben.[202] Bereits vor Schmidts Amtsübernahme hatte er in Besprechungen mit Generalen betont, das Ausmaß des Einsatzes von ADM und anderer taktischer Atomwaffen würde von der Politik festgelegt und manche militärische Übungen würden kaum den Vorgaben der zuständigen Regierungen entsprechen und Zustimmung finden.[203] Die Einstellungen beider Männer bot ausreichend Gemeinsamkeiten, um die nukleare Sicherheitspolitik erfolgreich miteinander zu gestalten.

Im Oktober 1969 waren die ersten Tage des Ministers ausgefüllt mit hektischer Betriebsamkeit, die neue Arbeitsordnung zu umreißen. Aber – dem galt die ungeteilte Aufmerksamkeit – die Situation verlangte auch, Schmidt in die Geheimnisse der Verteidigungspolitik einzuführen. Diese Aufgabe hatte de Maizière zu erfüllen. Schmidt wurde darüber in Kenntnis gesetzt, wie eine Verteidigung im Rahmen der NATO geplant war, wie die Befehlsketten verliefen und wer welche Aufmarschpläne in Gang setzen würde. Beim Einsatz der taktischen Atomwaffen standen die ADMs immer noch im Zentrum der Doktrin, wie er nach den ersten ausführlichen Briefings feststellen musste.[204]

Doch Schmidts Sorgen wuchsen, je mehr er über die genauen Regeln und die Grundsätze der nuklearen Vorneverteidigung erfuhr. ADM spielte eine unerwartete Rolle. Schröder hatte die von-Hassel-Linie verlassen. Hatten die ADMs in der Trettner-Version im Wesentlichen eine Art nuklearen Stolperdraht in einem verbundenen System von Sperren gebildet, war eine zweite Funktion deutlich ausgeweitet worden. Für den Ersteinsatz gab es zwei Schwerpunkte: regional konzentrierte Sperren und Sperrzonen *sowie* eine mit ADM verstärkte Kampfführung. Schließlich galt für alle Planungen, den sogenannten Zeitfaktor zu berücksichtigen, damit der Einsatz innerhalb weniger Stunden erfolgen konnte. Erste Schritte zur Umsetzung waren bereits erfolgt. Deshalb hatte die NATO ADM-Lager nahe der Demarkationslinie angelegt. Man hatte sich nach alter Regie gerichtet, um »Sperr-Riegel (…) nur in Grenznähe zur Erhöhung der Abwehrwirkung bzw. zur Ermöglichung von Gegenangriffen« vorzubereiten und die »Verteidigung so dicht an der Demarkationslinie wie möglich« zu organisieren; man wollte den »örtlichen Sperreffekt voll ausnützen«.[205] Aus den ersten Informationen ergab sich auch, dass ein deutsch-amerikanischer Stab Szenarien festgelegt hatte, in denen ADM eingesetzt werden sollten. Auf diesen gemeinsamen Katalog verschiedener Lagen würde sich der deutsche Kommandeur beziehen, wenn er bei SACEUR nukleare Sprengkörper anfordern würde. Die Militärs hatten geregelt, dass der Ersteinsatz von ADM unverzüglich erfolgen konnte. Die Absprachen in der NATO griffen im Falle eines begrenzten Krieges, also auf dem europäischen Kontinent.

Schmidt war fassungslos, als de Maizière ihm die Grundzüge dieses System Ende Oktober 1969 vortrug. Er hatte verstanden, konnte es aber nicht begreifen. Die Planungen gingen immer noch von der schnellen nuklearen Kriegführung aus. Ihm fiel es nicht schwer, sich die Folgen dieser militärpolitischen Vorabklärung auszumalen. Er hatte gelernt, wie weit bis 1969 die Doktrin der nuklearen Vorneverteidigung in der Bundeswehr gediehen war.

2. Die militärische Nukleardoktrin

Ich konnte nicht erkennen, dass man diesen Militärs vertrauen konnte.

Es wundert mich, dass Gerhard Schröder den Militärs so viel Spielraum gegeben hat. Schröder ist ein vernünftiger Mann gewesen, aber er war ein kranker Mann.

Helmut Schmidt, 31. Mai 2007

Nach wenigen Tagen hatte der neue Minister Kenntnis von den weiteren Geheimplanungen. Die Nukleardoktrin war in den letzten Jahren ausgefeilt und gefestigt worden. Es ließ sich sogar schnell rekonstruieren, dass er mit der internen Vorsprache für ein Veto-Recht im Dezember 1965 rein zufällig tief in ein militärpolitisches Wespennest gestochen hatte. Damals hatte die Bundeswehr das amerikanische Ansinnen, den Deutschen

»eine rein konventionelle« Strategie der »flexiblen Reaktion« nahezulegen, mit allem Nachdruck – »als mit der deutschen Sicherheit nicht vereinbar« – zurückgewiesen.[206] Die Heusinger-Arbeitsgruppe war nicht untätig gewesen; im Mai 1966 hatte sie die Arbeit am »Deutschen Standpunkt« zur NATO-Strategie abgeschlossen. Als dieser McNamara vorgetragen wurde, gab er nur den Kommentar ab, er könne das gesamte deutsche Konzept überhaupt nicht billigen.[207] Dagegen stemmte sich die Hardthöhe, man müsse die USA unbedingt dazu bringen, eine Prädelegation oder vorherige Autorisierung für den Nukleareinsatz zu akzeptieren.

Die Begründung für die deutsche Position lieferte der bekannte Zeitfaktor. Nach der entsprechenden Studie von Graf Kielmansegg war der »technische Zeitbedarf« der militärinternen Kommunikation für »request and release«, also für die Anforderung von ADM von einem Kommandeur und ihre Freigabe durch Brüssel, mit fünf bis sechs Stunden errechnet worden. Dabei war die politische Bestätigung des US-Präsidenten insofern berücksichtigt, als vorherige Absprachen zwischen Washington und Brüssel angenommen wurden. Dennoch war es im Führungsstab unstrittig, dass eine schnellere, auf weniger als fünf Stunden zu berechnende Freigabe unerlässlich war.[208] Die vorzügliche Effizienz der ADMs, ihre »Bremswirkung« durch nukleare Zerstörungskraft nahe der Kampflinien an der Grenze, so das Ergebnis von Graf Kielmansegg, ginge verloren, wenn man die Verfahren für die Freigabe nicht verkürzen und zugleich noch Lager in der Nähe der Einsatzräume einrichten würde. Ostentativ hatte er bei einer dafür angesetzten NATO-Übung mit Alliierten auf den selektiven Ersteinsatz mit ADM verzichtet, um zu demonstrieren, dass eine dann folgende »Salve mit 106 Heeresnuklearsprengkörpern (...) schlicht zu spät kam«[209]. Aus diesem Grund wollte man in Bonn sowohl die Freigabe durch den US-Präsi-

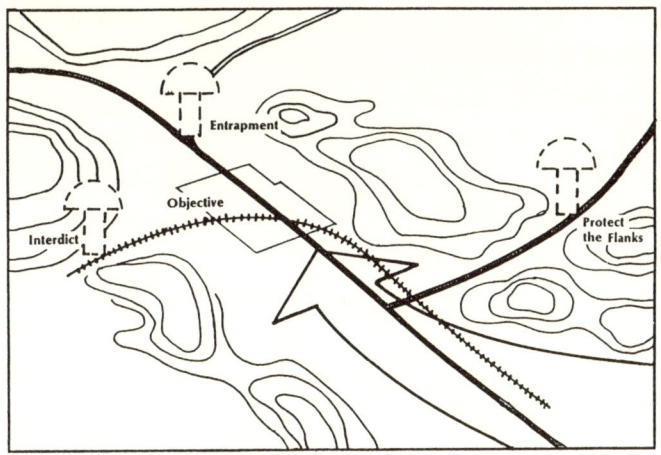

ADM im Angriff

denten als auch die Verständigung zwischen SACEUR und dem Kommandeur vor Ort beschleunigen. Bei näherem Hinsehen aber hatte man mit dem sogenannten Zeitfaktor einen technizistischen Faktor bestimmt, da für politische Beratungen oder Abstimmungen in der Krise überhaupt kein zeitlicher Spielraum vorgesehen war.

Damit hatte sich die Bundeswehr eine Plattform für die erste Runde der Nuklearen Planungsgruppe im April 1967 in Washington aufgebaut. Man hatte ein klares Ziel vor Augen: »Hierdurch scheint es möglich, in kommenden Verhandlungen die USA dazu zu bringen, bestimmte nukleare Waffen zum unmittelbaren Bestandteil der NATO-Strategie in Europa, also auch der Kampfführung zu machen.« Um das zu erreichen, müsste man Operationsplanungen im Voraus festlegen. »Alle denkbaren Aggressionsfälle und die notwendigen Reaktionen« könnten sich an den Notfallplanungen wie in den fünfziger Jahren für Berlin orientieren.[210] Obwohl damals politische Beratungen vorgesehen waren, sollte über den Ersteinsatz von ADM nun allein die militärische Effizienz entscheiden. Der

103

Einfluss der Politik war auf die Planungsphase beschränkt worden. Regionale Studien hatten ergeben, dass ein geschlossener »Minengürtel« entlang der östlichen Grenze, der in dem Medienspektakel eine so herausragende Rolle gespielt hatte, gar keinen Sinn machte. Das Gelände von der Ostsee bis hin zu den Alpen erwies sich einerseits nicht überall als geeignet und andererseits als nicht gleichartig von einem feindlichen Angriff bedroht. Man musste konzentrierte Sperrbezirke und Sperrzonen errichten.

Die Verhandlungen mit den Amerikanern waren im Sommer 1966 vorangetrieben worden. Erstmals hatten die Amerikaner in der Sache Entgegenkommen gezeigt. Trettners Hartnäckigkeit zahlte sich aus. Am 31. Mai 1966 hatte Earle G. Wheeler den Deutschen bestätigt, die »Abschreckung« stünde bei der Verteidigung im Vordergrund. In Verbindung mit einer Erklärung McNamaras, die Freigabe der Atomwaffen durch den US-Präsidenten »erfolge schneller als die ADMs transportiert« werden könnten, war die deutsche Position schon fast ganz durchgesetzt.[211] Kein Zufall, dass auf der Hardthöhe der Eindruck aufkam, der eingeschlagene Weg, Härte mit Verbindlichkeit zu paaren und auf vertrauensvolle Zusammenarbeit zu setzen, sei sehr erfolgversprechend und »eine gute Basis für weitere bilaterale Gespräche«.[212] Das Problem der politischen Befugnis für den Einsatzbefehl würde sich von selbst erübrigen, weil die eigentliche »politische Entscheidungsfreiheit und politische Kontrolle schon bei der Planung gewahrt« sei. Das war der eigentliche Clou: Die Militärs behaupteten, die politische Beteiligung sei gesichert, da sie in Friedenszeiten bereits stattgefunden hätte.[213] Etwa bei diesem Sachstand, kurz vor dem Durchbruch der Verhandlungen mit den Amerikanern, erfolgte der Rücktritt von Trettner, dem die demokratische Einbindung der Bundeswehr seit längerem zu weit ging.[214] Er hatte sich dafür eingesetzt, dem Militär mehr Macht und Souveränität zu verschaffen. Ein geradezu nichtiger Anlass – Gewerkschaften wurde erlaubt, in den Fluren der Bundeswehrverwaltung Werbematerial auszuhängen – brachte das Fass zum Überlaufen. Enttäuscht und wütend schied Trettner von der Hardthöhe. Sein Traum von einer größeren Karriere zerplatzte; er war zutiefst verbittert, dass ihm der ersehnte Ruhm versagt blieb.

War die deutsch-amerikanische Verständigung zwischen den Militärs im Sommer 1966 schon recht weit gediehen, erleichterte der personelle Wechsel an der Spitze der Bundeswehr die weitere Annäherung der Standpunkte. Trettners Nachfolger wurde der Inspekteur des Heeres, Ulrich de Maizière. Er konnte vermitteln und griff das Hauptanliegen der Amerikaner auf. Die konventionelle Komponente gewann einen höheren Stellenwert. Damit weichte er die deutsche Front auf. Er betonte den Grundsatz, »dass die konventionelle Option (...) soweit und solange wie möglich anzuwenden ist.« Aber er unterstrich zugleich den Satz der alten Doktrin der Vorwärtsverteidigung, nukleare Waffen hätten vorrangig die Funktion, »dem Gegner mit der Eskalation drohen zu können«. Mehr noch: Der »Einsatz taktischer nuklearer Waffen« habe einen besonderen Stellenwert; gerade diese böten sich an »als ausschließliches Mittel, um mit der Eskalation zu drohen«.

Das Gesetz des Handelns wollte das Militär nicht aus der Hand geben. Auch de Maizière unterstrich den alten Vorbehalt des Militärs gegen einen politisch motivierten Einsatz von Atomwaffen: Jede »Kontrollierte Eskalation« werde abgelehnt, »sollte sie ausschließlich politisch gemeint sein«[215]. Und es wurde bezeichnend angefügt: »Das ist der Unterschied!« Vertraut mit taktischen Regeln und der Doktrin der nuklearen Eskalation, war dem Heeresgeneral de Maizière der Stellenwert der ADM im Verbund der taktischen Atomwaffen geläufig. Die Verhandlungen mit den amerikanischen Offizieren waren befriedigend verlaufen, nur das für die deutsche Einsatzdoktrin erwünschte Verfahren, ADM frühzeitig freizugeben, war noch nicht umgesetzt. Die Forderungen waren gestellt, nun konnten »amerikanische Vorschläge erwartet« werden; in der Sache hatte der neue Generalinspekteur ausdrücklich »das erneute Aufgreifen des ADM-Problems begrüßt«[216].

Innerhalb eines Jahres war die Konfrontation mit den Amerikanern überwunden. Deren Auffassung, »selbst einen konventionellen Angriff des Sowjetblocks von beträchtlichem Umfang ohne Rückgriff auf nukleare Waffen« abzuwehren, schien aufgeweicht.[217] Die Taktik der Deutschen, die Verhandlungen auf die Ebene der militärischen Experten zu verlagern, war von Erfolg gekrönt. Mit persönlichen Kontakten – »Deutscherseits ist deshalb nichts unversucht zu lassen, die maßgeblichen amerikanischen Persönlichkeiten hiervon zu überzeugen« – konnte schließlich der große Durchbruch für die Doktrin der Vorneverteidigung verbucht werden. Danach waren sich die militärischen Experten einig, »nämlich, dass nukleare Waffen zum Zwecke der Abschreckung und für eine praktikable Kampfführung in die europäische NATO-Strategie einbezogen« würden.[218] Auf diese Weise konnte die Bundeswehr die Wende in der amerikanischen Politik erreichen. Eines der Ziele der »flexiblen Reaktion«, vorrangig eine glaubwürdige konventionelle Verteidigung aufzubauen, war vorerst vom Tisch. Locker konnte der Führungsstab nun über die »Behauptungen« der Amerikaner sprechen, eine konventionelle »Option in Mitteleuropa (…) sei tatsächlich möglich«. Man könne in Deutschland zwar konventionell Krieg führen, es aber auf diese Weise nicht verteidigen.

1967 begann die nächste Phase. Dabei ging es darum, wie ADM neben der Sperrenfunktion als mobile nukleare Sprengladungen in die Kampfführung integriert werden könnten. »Die amerikanische Anerkennung dieser Notwendigkeit muss mit allen Mitteln angestrebt werden.«[219] Das militärische Ziel lautete unmissverständlich: »Nukleare Waffen, vor allem der unteren Kategorie, müssen deshalb zum Zweck der Abschreckung Bestandteil der Pläne für die Kampfführung sein.« Stand anfangs die eine Funktion im Vordergrund, sie als »Minen« entlang der Grenze nahezu stationär einzusetzen, erkannte man in der Mobilität dieser leicht transportablen Atomwaffen ihre weitere Funktion in der Kampfführung. Ganz konkret wurde geplant: »Auf ADM, als einer ersten und frühzeitigen Reaktion der Verteidigung, wird stärkeres Gewicht gelegt.« Nebenbei wurde wieder betont, ADM hätte »nur eine geringe, die Eskalation fördernde Wirkung«.[220]

Diese Zitate geben die Akzente dieser Phase nach Trettner zu erkennen. Neue Weichen wurden gestellt. Innerhalb der Führungsriege auf der Hardthöhe stand de Maizière glänzend da. Er hatte gegenüber den deutschen Nuklearexperten den Kern des nuklearen Eskalationsverbundes bestätigt und zugleich den Amerikanern signalisiert, Komponenten einer konventionellen Verteidigung aufgreifen zu wollen. Damit hatte sich das politische Klima gewandelt. Auch wurden neue Begriffe eingeführt. Die Formel, Krisen und Konflikte regeln zu können, ging in den militärischen Sprachgebrauch ein. Außerdem müsse die Bundeswehr in Spannungszeiten fähig sein, »der politischen Führung durch die Demonstration einer hohen Abwehrbereitschaft flexibles Reagieren und gegebenenfalls auch die Anwendung von Gegenmaßnahmen zu ermöglichen«[221]. Hierbei werden Elemente der »Athener Richtlinien« aufgegriffen. Dem entsprach der differenzierte Ansatz von de Maizière, man müsse von »dem geplanten, fast unbekümmerten Einsatz atomarer Gefechtsfeldwaffen« abgehen und sie nur vorsehen, »wenn andere Mittel zum Erreichen des taktischen Zieles nicht ausreichen«[222].

Die Nukleare Planungsgruppe war der Ort, die nationalen

Verteidigungskonzepte vorzulegen und die gewünschten Akzente billigen zu lassen. Die Zeit war günstig, da der große sicherheitspolitische Umbruch in der NATO im Dezember 1967 anstand.[223] Phasen des Wandels sind immer günstige Phasen, Einfluss zu nehmen. Das deutsche Interesse galt zuallererst dem allgemeinen Verständnis der Abschreckung, die glaubwürdig und, so wurde definiert, daher nuklear gestützt sein müsse; selektive und demonstrative Schläge mit taktischen Atomwaffen waren fester Bestandteil der flexiblen Eskalation. Nachdem die grundlegenden Prinzipien der Strategie festgelegt waren, wurde um die konkrete Umsetzung gerungen. Der Einsatz der taktischen Atomwaffen hatte ja schon in der NATO seit Trettners Auftritt im Dezember 1964 die Gemüter erhitzt, nun galt es, mit den einzelnen Ländern neue Vereinbarungen zu treffen, die dem Anspruch der »flexiblen Reaktion« gerecht wurden. Hier waren die deutschen militärischen Interessen vorzubringen und abzustimmen. Diese Erörterungen gaben den Startschuss zu einer Serie von ADM-Studien, die für die NPG bis 1969 verfasst wurden.

Die nichtnuklearen Länder gewannen dabei eine wichtige Rolle. Sie forderten Mitsprache, da bei ihnen fremde, beispielsweise amerikanische Atomwaffen stationiert waren. Die Türkei trug auf der NPG-Sitzung in Washington 1967 ein Konzept über die Einsatzmöglichkeiten der ADMs im Osten von Kurdistan gegenüber der sowjetischen Grenze vor. Auch die beiden deutschen Korps stellten Untersuchungen über den militärischen Nutzen der ADM zur Verteidigung ihres Gebietsstreifens entlang der Grenzzone an, so dass sich die Grundsätze der Doktrin an den empirischen Daten messen ließen. Sie untermauerten die seit Jahren erarbeiteten Forderungen nach unverzüglichem Einsatz. Dann gab es die griechische Studie, die im nördlichen Bergland von Mazedonien den Durchbruch an die Ägäis-Küste verhindern sollte. Auch die Italiener sperrten die Alpenübergänge und das Bergland in Richtung Jugoslawien, also den Norden und Osten von Venetien mit ADM.

Die NPG-Ministersitzung in Den Haag im April 1968 war der Höhepunkt des deutschen Plädoyers für einen frühzeitigen Einsatz. Zur Entspannung trug bei, den Begriff der Vorwärtsverteidigung durch den der Vorneverteidigung zu ersetzen. Die militärtechnische Debatte über die bessere Organisation der militärinternen Wege zur schnellstmöglichen Freigabe der ADM im Ernstfall drängte in den Vordergrund. In diesen Erörterungen der Minister erwies es sich als Vorteil für die deutsche Seite, seit Jahren in mehreren ADM-Studien bereits die komplexe Materie in allen Verschränkungen erarbeitet zu haben und nun klare Modelle »eines verzugslosen Freigabeverfahrens« präsentieren zu können.[224] Schröder und sein Generalinspekteur hatten leichtes Spiel, mit konkreten Szenarien SACEUR zu drängen, ADM unter Berücksichtigung des Zeitfaktors optimal einzuplanen.

Schien der deutsche Vortrag im Urteil der NATO-Militärs eindeutig sachlich gestützt, zeigte sich die politische Ebene der NATO-Staaten weniger begeistert. Gerade die kleineren nichtnuklearen Staaten »glaubten an die Verminderung der Bedrohung« aus dem Osten, wie der Führungsstab der Hardthöhe schon immer befürchtet hatte.[225] Sie bezweifelten, ob die deutschen Szenarien angemessen und deren Konsequenzen, sofort ADM einzusetzen, geboten seien. In diesem Zusammenhang entstand der Wunsch, in besonderen Studien sowohl politische Richtlinien für den Einsatz von taktischen Nuklearwaffen als auch Richtlinien für den Einsatz von ADM zu erarbeiten.

Sogar innerhalb der Führungsstäbe war der Kreis der Informierten extrem beschränkt. So konnten im Winter 1968/69 die Einzelplanungen für ADM-Einsatzorte und Detonationswerte im Bereich Europa-Mitte ganz unauffällig vervollständigt werden. Auf der Basis der Planungen vom Mai 1965, als die

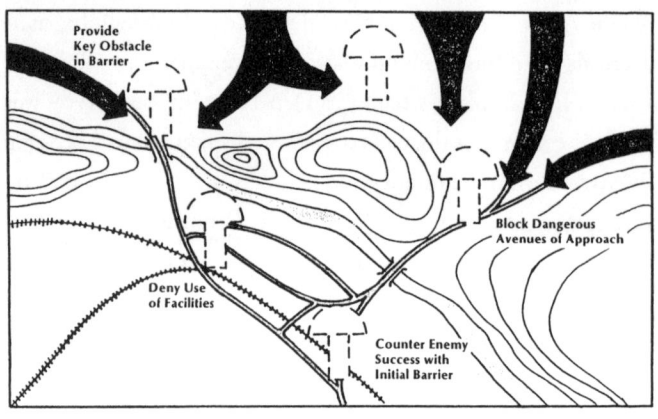

ADM in der Verteidigung

»Grundsätze und Richtlinien für den Einsatz von ADM im Rahmen eines <u>begrenzten</u> Feindangriffs« entstanden, wurde die Dislozierung weiter verfeinert.[226] Sprengkammern in Grenznähe waren längst in umfangreicher Menge vorbereitet. Für die kleine Ausführung der ADM war eine Tiefe von 15 bis zu 20 Metern vorgeschrieben, die größeren benötigten sogar das doppelte, wenn man den größtmöglichen Effekt erzielen wollte. Doch Priorität gewann erst einmal, ADM-Lager in der direkten Nachbarschaft ihrer geplanten Einsatzorte anzulegen. Brisant war die Entscheidung, wichtige Depots in Grenznähe anzulegen. Außerdem sah die neue Doktrin vor, größere Anteile der ADM für die bewegliche Kampfführung im rückwärtigen Bereich zu verwenden; 1965 hatte man dafür etwa 30 Prozent vorgesehen. Dafür hatte de Maizière plädiert, der im Vergleich zu Trettner die operative Führung modifizierte: »Richtig war es, die Beweglichkeit und das Denken in Räumen statt in Linien zu fordern.«[227] Die Zahl der möglichen Ziele für ADM im Bereich eines der wichtigen deutschen Korps war seit damals stabil geblieben und wurde mit über 700 angegeben.

Die ADMs befanden sich in amerikanischer Obhut. Die Angaben über ihr Gewicht oder ihr Vernichtungspotential sind häufig nicht zutreffend. Die Amerikaner waren in der Mitte der sechziger Jahre hauptsächlich mit einem schweren und daher mit viel Personal zu transportierenden Sprengkopf ausgestattet. Seine Detonationskraft hatte im Normalfall 2 KT, es gab aber auch Versionen mit der mehrfachen Sprengkraft der Hiroshima-Bombe. Die ADM, die Ende der sechziger Jahre eingeführt wurde, versprach jene militärisch erwünschte, multifunktionale Mobilität, da sie bei einem Gewicht von kaum 40 Kilogramm – andere waren ein wenig schwerer – sogar von einem Soldaten im Rucksack transportiert werden konnte. Deren Vernichtungsgröße erreichte die der Hiroshima-Bombe.[228] Der reale, für den Einsatz geplante Mix verschiedener Bomben enthielt in diesen Jahren immer auch die großen Typen von ADM, deren Vernichtungskraft das Doppelte der Hiroshima-Bombe überstieg.

3. Die Verlegung der »Atom-Minen«

Für mich war es selbstverständlich, dass es in der Militär- und Sicherheitspolitik einen politischen Schlüssel in Deutschland geben musste. Mir kam in Erinnerung, dass in der Weimarer Zeit die militärischen Spitzen mit den politischen Spitzen umgegangen sind, wie die Jungs auf der Straße mit dem Fußball umgehen. Das war mir ganz klar – und die Gefahr, dass es wieder geschehen würde, war groß.

Helmut Schmidt, 31. Mai 2007

Die Einweisungen im Oktober 1969 führten Helmut Schmidt in alle Geheimnisse der militär- und sicherheitspolitischen Lage ein. Einzelheiten sollten später drankommen. Schnell erkannte er, welches reale Gewicht sein Generalinspekteur über die formalen Kompetenzen hinaus hatte. Er würde ihn nicht unterschätzen. General de Maizière stand auf dem Höhepunkt seines Einflusses; vor seinen Generalen konnte er auf greifbare Erfolge verweisen, gerade da bei der Umsetzung der »flexiblen Reaktion« in der NATO wichtige Komponenten der deutschen Doktrin aufgenommen worden waren. Er hatte das seit Foertsch und Trettner entwickelte Nuklearkonzept der Verteidigung mitgetragen und zuletzt umgeformt. Zugleich hatte er spürbar die Rhetorik des nur massiven Nukleareinsatzes – »wo wir noch eifrig herumballerten mit allen möglichen Nuklearwaffen«[229] – gemäßigt. Als Offizier folgte de Maizière dem Satz von der Verhältnismäßigkeit der Mittel. Beispielsweise bemängelte er schon Ende der fünfziger Jahre die hohe Zahl der einzusetzenden Atomwaffen, die die zuständigen Generale in ihren Plänen festhielten.[230]

An diese inhaltlichen Berührungspunkte mit dem Generalinspekteur wollte Schmidt anknüpfen. Er wusste, dass de Maizière nicht zu den »Holzköpfen« aus der ersten Generation der Bundeswehr gehörte, die sich nur an den Vorbildern und Leitlinien der Vergangenheit orientierten. Schmidt war sicher, de Maizière habe einen »weiteren Horizont«, mit dem er die politische Dimension der nuklearen Verteidigung tiefer erfassen könne als bisher.[231] Beide waren Experten der Sicherheitspolitik, so dass Schmidt das besondere militärische Interesse verstehen konnte, das de Maizière leitete.

Schwieriger war es mit dem Primat der Politik. Grundsätzlich lag darin für de Maizière überhaupt kein Problem, der Primat gehörte unzweideutig in das Regelwerk des demokratischen Regierungssystems, in dem das Militär seinen Platz hatte. Aber dennoch hatte er sich seit seiner Ernennung zum Generalinspekteur in der NATO für die Absprachen zum frühzeitigen Einsatz von ADM eingesetzt. Hier, das war auch ihm klar, lag der Keim für Spannungen mit Schmidt. Dieser stand also am

Übergabe der Ernennungsurkunde an Herbert Laabs, 22. Dezember 1971

Anfang seiner Amtszeit, als er die strikte politische Kontrolle von Konflikten durch ein absicherndes Veto-Recht forderte, auf der Hardthöhe ziemlich einsam da. Direkt und offen konnte Schmidt diese Zielperspektive kaum in allen Beraterkreisen erörtern, in denen er ansonsten die Probleme des Ministeriums ansprach. Für dieses Thema eignete sich nur das neben der Abteilungsleiterkonferenz der Generale eingerichtete »zivile« Kollegium, die wöchentlichen Besprechungen mit den Staatssekretären Karl Wilhelm Berkhan und Johannes Birckholtz, zu denen sich ab Juli 1970 Ernst Wolf Mommsen gesellte.

Der vertrauliche Charakter dieser Runde bot die Chance, persönliche Einschätzungen abzugeben oder danach zu fragen, wie Aspekte einer Sache zu gewichten sind, aber auch mittelfristige Perspektiven und politische Schritte zu besprechen. Die politischen Lösungswege wurden »tatsächlich dort erörtert« und die »Kampagne gegen ADMs« wurde dort vorbereitet.[232] Wie der Protokoll führende Leiter des Ministerbüros,

Herbert Laabs, erklärte, gehörte es zu Schmidts Arbeitsprinzip, wenn die Atomfragen ausgiebig erörtert wurden, nichts schriftlich festzuhalten und keine Vorgänge anzulegen.[233] Etwa einmal monatlich wurde der Generalinspekteur in diese Runde des zivilen »Kleeblatts« geladen. Insofern war es ein glücklicher Zufall, eine vertrauenswürdige Person wie de Maizière als Generalinspekteur zu haben. Schmidt bestätigte: »de Maizière war ein absolut ehrlicher, vertrauenswürdiger Mensch. Er hätte es mit seinem Gewissen nicht verantworten können, wenn er mich nach Amtsantritt nicht voll ins Bild gesetzt hätte.«[234]

Die Atompolitik wurde sogleich Schmidts Hauptthema. Nur wenige Tage nach der Amtsübernahme besuchte der US-Heeresminister Stanley Resor Bonn; es kam zu einem abendlichen Vier-Augen-Gespräch in der Botschaft. Ganz oben auf die Gesprächsliste hatte ein Stab der Hardthöhe den Punkt gesetzt, auf eine weitere nukleare Ausstattung des Heeres zu drängen. Damit warf das Militär dem Minister den Fehdehandschuh hin. Gerade hatte Schmidt doch in seinem Buch geschrieben, nukleare Verteidigung sei nicht realistisch: »Eine effektive Verteidigung Westeuropas wäre nur kurze Zeit oder punktuell möglich, sie würde schnell zur Zerstörung Europas führen.« Natürlich unterstrich Schmidt, die nukleare NATO-Verteidigung enthalte auch »abschreckende Risiken«.[235] In der Sache forderte nun das Heer die weitere »atomare Ausrüstung« aller 11 Divisionen der Bundeswehr mit der »Panzerhaubitze 155 mm«; lakonisch wurde auf dem Blatt »eine Beschleunigung des Vorgangs« vorgeschlagen.[236] Schmidt wurde ausgetestet.

Die Hardthöhe beobachtete seine Reaktion. Alle kannten die Fakten über den Stand der nuklearen Abschreckungspotentiale. Derzeit hatten die USA in Europa immerhin etwa 7000 taktische Atomwaffen stationiert. Von diesem Arsenal waren für die Bundeswehr selbst (1965) 2215 Atomwaffen vorgesehen, davon für das Heer 975 und für die Luftwaffe

1240.[237] Ihre Sprengkraft reichte von den miniaturisierten ADMs über die gewaltigen 440 KT des Gefechtskopfes einer Pershingrakete bis zu den üblichen 200 KT für die Starfighter, von denen eine geringe Anzahl mit Bomben der ungeheuren Sprengkraft von 1,1 Megatonnen bestückt waren.[238] Schmidt begriff diesen Vorstoß, die Divisionen des Heeres weiter nuklear aufzurüsten, als ein unverhohlenes Warnsignal des Militärs. Die Duftmarken im Revier der Hardthöhe waren gesetzt.

Zwei Wochen später wurde es ernst. Nahe bei Washington trafen sich im Airlie-House, einem sicheren und abgelegenen Gästehaus des Pentagon, die NATO-Minister der Nuklearen Planungsgruppe zu ihrer 6. Sitzung. Im April 1967 hatte sich dieses Gremium mit den vier ständigen Mitgliedern aus den Vereinigten Staaten, Großbritannien, Italien und der Bundesrepublik Deutschland konstituiert, während vier weitere für jeweils 18 Monate vom Komitee für Nukleare Angelegenheiten (NDAC) gewählt wurden. Im Airlie-House waren daher am 11. und 12. November noch Belgien, Griechenland, die Türkei und Dänemark vertreten. Griechenland und die Türkei nahmen im Wechsel teil. Die NPG, mit den Geheimhaltungsgraden »Cosmic, Topsecret, Atomal«, kann als das vertraulichste politische NATO-Gremium bezeichnet werden, was nicht verwundert, hatte es doch die Aufgabe, die in den »Athener Richtlinien« angebotenen militärischen und politischen Kooperationen unter den vom Einsatz nuklearer Waffen direkt betroffenen Nationen in Richtlinien, Verfahren und Konzeptionen umzusetzen. Um die Entscheidungen vorzubereiten, war ein Studienprogramm in Arbeit, dessen Ergebnisse direkt zu Beschlüssen führen sollte.

Die erste grundlegende Richtlinie stand im November 1969 auf der Tagesordnung. Sie trug den aus der Sicht des neuen deutschen Vertreters verheißungsvollen Titel: »Vorläufige Politische

Richtlinien für den möglichen taktischen Ersteinsatz von Nuklearwaffen durch die NATO«. In Verbindung mit den vom Generalsekretär Manlio Brosio vorbereiteten »Allgemeinen Richtlinien für das nukleare Konsultationsverfahren beim Einsatz von nuklearen Waffen zur Verteidigung der NATO« war ein Etappenziel für die Mitsprache der Mitgliedsländer in der NATO erreicht. Brosio hatte in dem zweiten Grundlagendokument für die NPG die politischen Intentionen der nuklearen Verteidigung programmatisch dargelegt. Zwanzig Jahre nach Gründung des Bündnisses verzichteten die USA auf ihr Monopol gegenüber allen übrigen Mitgliedern, allein die Nuklearpolitik zu bestimmen. Natürlich unterstrich Schmidt die Botschaft, wie notwendig politische Konsultationen seien und dass die NATO nun erstmals übereingekommen sei, den Einsatz der Atomwaffen an die politische Verantwortung zu binden. Gleichwohl hielt er sich auffällig zurück und gab das Wort schnell an den britischen Kollegen Dennis Healey weiter.

Doch wer Schmidt kannte, nahm seine Hinweise ernst, diese Richtlinien seien ein erster Schritt und man werde Gelegenheiten finden, diese »vorläufigen« Formulierungen zu vervollständigen. Er durchschaute den Text besser, als die meisten ahnten. Er kannte Auszüge eines deutsch-englischen Entwurfs der Schröder-Healey-Arbeitsgruppe zu den »Vorläufigen Politischen Richtlinien«. Darin war die Idee der »flexiblen Reaktion« aufgenommen, Krieg in erster Linie als politisches Instrument zu begreifen und daher jegliche unkontrollierte Eskalation in Europa zu verhindern. Aber die Richtlinien hatten der Bundeswehr auch den Rahmen geboten, ausführliche »Terms of References«, Einzelregelungen der nuklearen Vorneverteidigung darin einzubauen. Man hatte dafür extra regional begrenzte Szenarien mit bis zu 150 ADMs der niedrigeren Detonationswerte erarbeitet und vorgelegt. Der Führungsstab rechnete sich als großen Erfolg an, in dem offiziellen NATO-

Dokument deutsche militärische Forderungen als verbindliche Regelungen nun bestätigt zu bekommen.

Schmidt hatte Bedenken. Die gewählten Verfahren und Abläufe gaben zu sehr die militärische Einsatzsprache wider. Ihm war klar, dass hier der jahrelang schwelende Gegensatz mit den USA wieder aufschien, die an ihrer Auffassung der »flexiblen Reaktion« festhielten, in begrenzten Konflikten Atomwaffen so spät wie möglich in die Verteidigung einzuplanen. Dagegen hatten die Deutschen in den militärischen Arbeitsgruppen der NPG so viel wie möglich von ihrem Konzept der »massiven« Vorneverteidigung retten wollen. Diesen Spagat des Entwurfkonzeptes wollten Schmidt und Laird nicht akzeptieren. Auch die sicherheitspolitischen Beratergremien in Washington lehnten das deutsche Anliegen ab, die atomare Schwelle zu senken, um gerade ADM unverzüglich und grenznah einzusetzen. In diese Kritik stimmten auch Nitze und Kissinger ein.

In jener Besprechung am 9. und 10. Juli hatten Schmidt und Laird den deutsch-britischen Entwurf analysiert, ihre Gegenposition zu den militärischen Forderungen offengelegt und sich »optimistisch über die Aussicht« geäußert, die im Entwurf der »Vorläufigen Politischen Richtlinien« enthaltene Etablierung eines militärischen Automatismus zu verhindern.[239] Damit war die Intervention von Kanzler Kiesinger vom Tisch, der zwei Wochen zuvor den CDU-Abgeordneten Birrenbach auf eine USA-Reise gesandt hatte, um für Unterstützung für den alten Entwurf der Richtlinien zu werben. Doch Laird hatte schon abgewinkt, wie der diplomatisch formulierten Beurteilung zu entnehmen ist: »Laird legte sich in dieser Frage nicht fest.«[240] Laird übernahm hingegen die Punkte von Schmidt und war bereit, in der NPG für »einen Kompromiss« einzutreten.[241] Schmidt hatte also indirekt – vermittelt durch Laird – auf die Ausformulierung dieser Richtlinien schon Einfluss genommen, als er noch den Vorsitz der Oppositionsfraktion innehatte.

Allerdings verband sie nun als Minister das Grundeinverständnis, handlungsfähig zu sein. Sie stellten sich der Herausforderung, die alten Verfahren und Konzepte aus der Zeit der »massiven Vergeltung« der NATO zu tilgen und, in den Worten von Laird, »alle Kräfte zu fördern, die die Wahrscheinlichkeit eines nuklearen Konfliktes verringerten«. Er wollte sich auf Europa und die NATO konzentrieren und dort für eine »realistische«, aber keine massive Abschreckung eintreten.[242] In Europa dürfe es »einen intensiven Einsatz von Nuklearwaffen im Kampfgebiet« nicht geben.[243] Auf amerikanischen Druck hin war die deutsch-britische Studie neu gefasst worden, deren Ausführungen in der Vorlage für die Sitzung der NPG im November 1969 die unterschiedliche Interessenlage, sowohl die politische Kontrolle als auch die militärische Einsatzdoktrin abzusichern, immer noch widerspiegelte.

Diese »Vorläufigen Politischen Richtlinien für den möglichen taktischen Ersteinsatz von Nuklearwaffen durch die NATO« hatten höchste Priorität. Laird hatte sich politisch sehr dafür eingesetzt, sie auf der Basis der »Athener Richtlinien« zu entwickeln. Zielstrebig hatte er daran gearbeitet, da Nixon ihrem Inhalt einen außerordentlich hohen Stellenwert beimaß. Ungewöhnlich dabei war, dass der amerikanische Präsident und der nationale Sicherheitsrat die Richtlinien gebilligt hatten. Ein Grund war wohl, dass die Ansichten jener NATO-Staaten, die am meisten betroffen waren, bei den Konsultationen besonders berücksichtigt werden sollten.[244] Dabei handelte es sich um Länder, auf deren Territorium Atomwaffen oder Trägersysteme stationiert waren, zu denen auch die Bundesrepublik gehörte. Die politischen Konsultationen sollten nach einem klaren Prozedere organisiert werden, damit sie in jeder Krise »so früh wie möglich« greifen könnten.

Schmidt gelang es, Laird davon zu überzeugen, den so wichtigen Zusatz einzufügen, die Haltung der Regierung, und nicht die des »Landes«, solle berücksichtigt werden. Damit sollte die Priorität der Politik unterstrichen werden, um zu verhindern, dass die Nation nur über die militärischen Kanäle vertreten werde. Doch am meisten fiel ihm die Generalklausel ins Auge, die den amerikanischen Vorbehalt festlegte, »die letzte Entscheidung wird in der Hand des Präsidenten bleiben«.[245] Trotz der fundamentalen amerikanischen Einschränkung, dass die Konsultationen nur stattfänden, wenn Zeit und Umstände es gestatten, trat Schmidt nachdrücklich für die »Vorläufigen Politischen Richtlinien« ein. So gelang die Zustimmung in der NPG. Schmidt konnte seinem Generalinspekteur zustimmen, der urteilte: »Damit hat die NPG sehr konkrete und befriedigende Ergebnisse gebracht.«[246] Schmidt aber hatte gegenüber den militärischen Regelungen der »Vorläufigen Politischen Richtlinien« einige Vorbehalte; an den Verfahren der politischen Konsultationen musste noch erheblich gearbeitet werden. Daher blieben seine Bedenken bestehen.

Schmidt erinnerte sich positiv an das Einvernehmen mit seinem amerikanischen Kollegen Laird. Immerhin hatte der schon bei dem Treffen im Juli den politischen Charakter jeder Verteidigung betont. Sie hatten mit Genugtuung festgestellt, dass sie die politische Rolle der Atomwaffen ähnlich beurteilten. In Laird hatte er einen starken und einflussreichen Mitstreiter gefunden. Nixon hatte für die NATO einen starken Mann gesucht, der ihm den Rücken für das komplizierte Problem einer Vietnam-Lösung freihielt. Er musste einen langen Atem und starke Nerven haben; er durfte die Interessen der Regierung niemals aus den Augen verlieren und »gerissen« sein – ohne solche Eigenschaften könne man im internationalen Pokerspiel, wie Nixon überzeugt war, keine Erfolge erzielen. Nixon schätzte all das an Laird.[247]

Für den Tag nach der NPG, für den 13. November, hatten sich Laird und Schmidt zu einem Vier-Augen-Gespräch verabredet.

Während dieser Tage hatten zwei Aspekte ihre Aufmerksamkeit gefesselt. Zum einen waren in den »Vorläufigen Politischen Richtlinien« einige Passagen über ADM zu eindeutig nur auf die breite Skala nuklearer Optionen und die eher operativen Einsatzmöglichkeiten ausgerichtet. Zum anderen hatten einige Generale die Kriterien der politischen Mitsprache in den »Vorläufigen Politischen Richtlinien« geradezu umgekehrt und betont: der ADM-Ersteinsatz erfolge, um danach Zeit für die politische Abklärung im Bündnis und für internationale Beratungen zu gewinnen. Darin sahen Schmidt und Laird einen eklatanten Widerspruch zu den Zielen der »Allgemeinen Konsultations-Richtlinien« von Brosio. Sie sahen sich doppelt herausgefordert, der Primat der Politik würde durch militärisch-pragmatische Planungen überrollt. Und beide hatten den vagen Verdacht, die Militärs würden sie – die Politiker – im Grunde nicht ernst nehmen.

Bis heute ist Laird diese Unterredung klar vor Augen. Schmidt, auf der Couch ihm gegenüber sitzend und reichlich seinen Mentholzigaretten zusprechend, habe gezögert, darüber zu sprechen, wie die Generale mit ihnen umgingen. Alle deutschen Militärs, aber ebenso die amerikanischen setzten auf den Einsatz von ADM, weil sie wie besessen daran festhielten, die Stationierung dieser nuklearen Sprengladungen würde sie vor der Vernichtung retten. So erklärte sich Laird die Stationierung entlang der Grenze. Es bedurfte aber einiger Anstrengungen von Schmidt, die gesamte Problematik einer auf Atomwaffen aufbauenden Verteidigung im eigenen Land, bevor der Gegner die Grenze überschritten hätte, zu illustrieren. Dabei legte er besonderen Wert auf den Schutz der Zivilbevölkerung und die Moral der Soldaten. Er stimmte mit Laird überein, in dieser Doktrin zeige sich die Macht des militärischen Denkens, die Sehnsucht nach dem Primat des Militärischen. Laird war »souverän« genug, den politischen Stellenwert der Verlegung der ADMs anzuerkennen.[248] Die Militärs hätten gemacht, was sie wollten; das werde sich ändern. »Aber wir entscheiden heute und hier«.[249] Da trafen zwei Machtansprüche aufeinander, die keiner vor dem anderen verbergen musste – ein »tatsächliches Einvernehmen zwischen diesem Amerikaner und diesem Germanen«, so Schmidt.[250] Sie wollten die Militärs und die Atomwaffen bändigen.

Laird war entschlossen »zu garantieren«, dass die amerikanischen ADM-Lager in Grenznähe unverzüglich geräumt und weit ins Hinterland verlegt würden. Damit war die erste Bedingung der militärischen Planungen der Bundeswehr und der NATO für den frühzeitigen Einsatz der ADMs erledigt. Sie sollten nicht in die Bohrlöcher kommen. Das Ende der vorbereiteten »Minengürtel« und Sperrzonen an der Grenze war eingeläutet. Laird lakonisch: »Ich erledige das.«[251] Die ADM-Depots nahe der Grenze zur DDR und zur Tschechoslowakei – wie eines bei Fulda – kamen in die amerikanisch gesicherte Zone in die Nähe der großen militärischen Zentren bei Stuttgart und Frankfurt, also nach Aschaffenburg, Darmstadt, Dexheim, Hanau, Eschborn, Ettlingen, Kornwestheim und Wildflecken. Es handelte sich um weit mehr als 200 ADMs.[252]

Vertrauen und Vertraulichkeit bildeten die Voraussetzung für ihre Übereinkunft, »diskret und ruhig« zu handeln. Sie verdeckten den Konsens nicht, machten ihn öffentlich. Schon zwei Wochen später, im Dezember 1969, erklärte Laird vor den NATO-Gremien in Brüssel, er danke Schmidt »für diesen Geist des Vertrauens in den wichtigen Beratungen«.[253] Und umgekehrt äußerte Schmidt seine Bewunderung für die ungewöhnliche Offenheit und die Fähigkeit, Lösungen für Probleme zu suchen und zu finden. Es wurde für die kommenden Sitzungen der Nuklearen Planungsgruppe geradezu ein Bedürfnis – ähnlich einem Ritual – der beiden Minister, vor allen anderen ihre beiderseitige Wertschätzung zu bekunden. Dabei unterließen sie es nicht, ihre »Pflicht« und die ureigenste

Aufgabe des Politikers zu betonen, Verantwortung für das Gemeinwesen zu übernehmen.

Schmidt war rundum zufrieden. Durch die geheime »Notoperation«, umgehend die gesamte ADM von der Grenze ins Hinterland zu transportieren, hatte zwar das bestehende System, mit militärischen Mitteln eine Krisensituation zu lösen, noch keine neue Struktur erhalten, aber es war erst einmal provisorisch ein Riegel vorgeschoben. Man kann auch heute noch etwas von der Genugtuung spüren, gezielt Einfluss ausgeübt und die automatische Eskalation vorläufig durchkreuzt zu haben. Als er anschließend im Dezember 1969 vor der Versammlung der Westeuropäischen Union aufzeigte, welchen »Markstein« in der Geschichte der Allianz (WEU) diese beiden Dokumente über politische Konsultationen bildeten, hob er den »Erfolg der freimütigen Diskussion in einer Allianz gleichberechtigter Mitglieder« hervor.[254] Er fügte aber auch vor diesem Gremium den Hinweis ein, die Regelungen über politische Konsultationen und die Mitentscheidung vor der Freigabe von Atomwaffen müssten kontinuierlich weiter ausgestaltet werden. Gegenüber den Medien spielten die neuen Konsultationsverfahren ebenfalls eine große Rolle. Aber als Journalisten Schmidt auf seine alte Forderung nach einem Veto-Recht gegen den Atomwaffeneinsatz »diesseits und jenseits der Demarkationslinie« ansprachen, gestand er ein, eine derartige Mitsprache sei im Augenblick nicht gewährt worden. Die jetzige Form der Zusammenarbeit in der NATO würde die »Ungleichartigkeit« zwischen der »großen Atommacht Amerika« und den nichtatomaren europäischen Teilnehmern »doch etwas einebnen«, wie er eigenartig dunkel orakelte.[255] Gleichwohl, ein erster Schritt war getan.

4. Die Notwendigkeit eines Handlungskonzepts

*Ich war ein gestandener Panzermann. Und ich hatte mindestens
so viel Kriegserfahrung wie alle diese Kerle – mit der Ausnahme
von Johannes Steinhoff – zusammen. Die andern hatten doch den
Krieg in den Generalstäben erlebt.*

*Nein – die hatten schon Respekt vor einem ehemaligen Solda-
ten. Die haben in mir nicht den Sozi gesehen, sondern den
Außenseiter, der anders denkt als sie. Der Sozi hat sie nicht ge-
stört, aber er dachte anders als sie. Das war gefährlich.*

*Die jüngeren Offiziere haben in mir vielleicht den Experten in
Sicherheitspolitik gesehen.*

Helmut Schmidt, 15. November 2007

Helmut Schmidt wusste, er hatte noch wichtige Aufgaben zu
erledigen, um die politische Mitsprache und den Einfluss auf
die nukleare Sicherheitspolitik abzusichern. Anlässlich der
NATO-Ratstagung im Dezember 1969 kursierte in den Medien wieder die Nachricht, in Brüssel seien »Sprengsätze aus
der nuklearen Planungsgruppe« beschlossen worden, die an
den Trettner'schen »Minengürtel« erinnerten.[256] Solchen
Druck brauchte Schmidt nicht, die Einweisung durch den Generalinspekteur und die Erfahrungen in der Nuklearen Planungsgruppe hatten ihn gelehrt, wie wichtig es war, dieses
Thema – Einsatz der Atomwaffen – in den Griff zu bekommen. Aus Washington war er mit dem festen Entschluss
zurückgekehrt, ein politisches Konzept zur Lösung der Atomfrage anzugehen. Das würde eine brisante Mission werden. Die
Dimension war klar, das bestehende Konzept der nuklear-kon-
ventionell integrierten Verteidigung war mangelhaft.

Die seit Jahren entwickelte Doktrin der nuklearen Vorneverteidigung ließ sich nicht mit dem politischen Verständnis

der »flexiblen Reaktion« vereinbaren. Sie hatte den Mangel, außenpolitische Kategorien und internationale Abstimmung auszuklammern. Der umfassende Politikbegriff in den »Athener Richtlinien« und im »Harmel-Bericht« war einseitig militärbezogen übernommen worden.

Man brauchte kein besonders gewiefter Beobachter der Bonner Szene zu sein, um sich vorzustellen, wie CDU und CSU den Verlust der Macht im Kanzleramt abwehrten. Politik und Militär wurden seit dem Kaiserreich als eine Art Domäne der Konservativen verstanden. Da die bürgerlichen Parteien sich und ihre Politik mit dem Staat selbst identifizierten, brach für sie eine Welt zusammen. Gerade wenn es um die Verteidigung ging, konnte aus konservativer Sicht ein sozialdemokratischer Politiker nicht akzeptiert werden, auch wenn diese Person Helmut Schmidt hieß. Dann trat er noch mit dem Anspruch an, die bessere Sicherheits- und Militärpolitik machen und die von Affären gezeichnete, konservativ geprägte Bundeswehr reformieren zu wollen.

Schmidt vertrat zwar eine Sicherheitspolitik, die im Einklang mit dem Bündnis stand, aber die Opposition tat diese als sozialdemokratische Interpretation einer falschen Friedens- und Entspannungspolitik ab. Es wirkte sich nachteilig aus, dass die CDU- und CSU-Minister die Entwicklung zur »flexiblen Reaktion« mit Argwohn verfolgt und deren Geltung abgeschwächt hatten. Das Beispiel der ADM-Geheimpolitik sprach Bände. Jeder Anstoß, die Doktrin der Vorneverteidigung neu auszurichten, stellte ein Politikum ersten Ranges dar. Schmidt stand im Kreuzfeuer der Opposition. Deren Auffassungen schwappten auch auf die Hardthöhe, die einen fühlten sich gelähmt, die anderen versuchten zu blockieren. Zu Beginn der Amtsjahre von Schmidt deuteten alle Zeichen auf Kärrnerarbeit und anhaltenden Kampf gegen Verweigerung und Widerstand. Aber Schmidts Ausdauer, Überzeugungskraft, Stärke und die Bereitschaft, auf fachlichen Rat zu hören und kompetente Mitarbeiter zu fördern, wurden unterschätzt.

Mit Kanzler Brandt war der Minister der Überzeugung, dass die beiden NATO-Richtlinien über Konsultationen und den Einsatz der Nuklearwaffen ein heißes Eisen in der innenpolitischen Diskussion werden könnten, zugleich aber von hoher Bedeutung für die Sicherheitspolitik selbst waren. Die Westbindung und Bündnisstabilität mussten gepflegt werden, sie waren nicht ohne Auswirkungen auf die Aussichten der Ost- und Entspannungspolitik. Sogar Laird betrachtete diese »Vision« voller Misstrauen, Schmidt durfte dies nicht unterschätzen. Brandt war schon grob informiert. Er hatte turnusgemäß einen Entwurf der NATO-Richtlinien – vor einem halben Jahr, er war Außenminister – auf dem Schreibtisch gehabt, ihn mit Stirnrunzeln zur Kenntnis genommen und bei Schmidt nachgefragt, was das alles bedeute. Nun stand dieses Thema in den Gremien der Allianz zur Debatte. Beiden war klar, eine gute Westpolitik konnte für die Verhandlungen mit den östlichen Nachbarstaaten und besonders mit der Sowjetunion nur nützlich sein. Die gesamte Außen- und Sicherheitspolitik musste vom Konsens der Regierung getragen werden.

Daher berief Brandt gleich nach der Regierungsbildung den Bundessicherheitsrat, ein Gremium verschiedener Ministerien, ein. Kaum eine Woche später, am 31. Oktober, wurde der Rat über die Beschlusslage vor der NPG-Sitzung unterrichtet; denn die Texte beider Dokumente waren allesamt bereits international abgeglichen, erweitert und zurechtgefeilt worden. Schmidt hätte einen erheblichen Eklat provoziert, wenn er diesem Prozedere, das bis auf marginale Feinheiten abgeschlossen war, nicht gefolgt wäre. Sein persönlicher Ruf und das Ansehen der neuen Regierung standen auf dem Spiel. Die Entscheidung wurde daher auf breitere Schultern verlagert, um trotz der dargelegten Bedenken Kontinuität zu wahren, wenn die Richtung insgesamt und mittelfristig geändert werden sollte. Die NPG-Sitzung und die im Dezember folgenden regulären Treffen in den NATO-Gremien in Brüssel hatten Schmidt endgültig herausgefordert, sich Klarheit über seinen Kurs zu verschaffen.

Auf dieser Basis also machte Schmidt eine persönliche Bestandsaufnahme. Ein mittelfristiges Konzept des Handelns musste her. Der Ansatz einer Agenda zeichnete sich bereits im Dezember 1969 ab. Er spannte den Rahmen weit. Wie konnte er die politische Kontrolle des Militärs absichern und die Mitbestimmung in der Nuklearfrage im Bündnis verwirklichen? Dafür waren weitere Ebenen zu berücksichtigen. Eine betraf das Klima auf der Hardthöhe. Die meisten Generale und Obersten in den Führungsstäben verstanden »Mitarbeit« eher passiv als Hinhalten oder Abwehren. Die »Reservatio mentalis«, eine freundlich umschriebene Form geringer Kooperationsbereitschaft, schien vielen das Gebot der Stunde, sie wagten wenig Neugier, sie verschlossen sich dem neuen Aufbruch oder gingen auf Distanz. In Besprechungen schlug Schmidt bedächtiges oder eisiges Schweigen entgegen; er wunderte sich, sie »saßen da und hörten sich alles an«[257]. Vielleicht war es nur ein Anzeichen dafür, dass die Generale überfordert und nicht gewohnt waren, ihre Chancen einer Mitsprache vor Entscheidungen wahrzunehmen; aber im Anschluss an die Besprechungen fanden sie ihre Sprache wieder und konnten sich »skeptisch äußern«.[258] Das enttäuschte Schmidt. Die Generale wollten Machtspiele.

Eine eigentlich harmlose Angelegenheit zeigte dies auch an. Schmidt wollte den Fahrer, der ihn wegen seiner Tätigkeit im Verteidigungsausschuss seit Jahren chauffierte, auch als Minister übernehmen. Die Versetzung dieses Marine-Unteroffiziers aus Kiel nach Bonn war klar, wurde angefordert, zugesagt, verzögerte sich, wurde überprüft, der Vorgang ging verloren, wurde erneut angeordnet, wieder wurde nachgehakt ... Über

Monate konnte der Minister nicht erreichen, dass dieses Verfahren korrekt abgeschlossen wurde. Die vom Apparat nicht erwünschte Maßnahme wurde gezielt durchkreuzt.

Allein, dieses bürokratische Verhalten spiegelte nicht nur die zwischenmenschliche Atmosphäre wider, hier zeigte sich ein eminent politischer Akt. Gerade hatte der im Sommer 1969 gewählte sozialdemokratische Bundespräsident Gustav Heinemann mit seinem Wort »Der Frieden ist der Ernstfall« Furore gemacht, das im Militär eine Welle der Empörung auslöste. Der Inspekteur des Heeres und alte Gebirgsjäger, Albert Schnez, hatte im Juni 1969 mit der gesamten obersten Generalität eine »Studie« abgestimmt, die Kiesinger und CDU-Minister Schröder alles in allem akzeptiert und ohne weiteres Aufhebens abgezeichnet hatte. Im Klima des gesellschaftlichen Aufbruchs der neuen Regierung Brandt stieß die »Schnez-Studie« jedoch auf heftige öffentliche Kritik. Schmidt arbeitete die Seiten intensiv durch. Seine Unterstreichungen und Bemerkungen verraten, dass ihm der hochpolitische Charakter bewusst war.[259] Nach dem Selbstverständnis der Verfasser wollte die »Studie« die Wende gegen die politische Wende bringen – eine Rolle rückwärts der Restauration. Die »Schnez-Studie«, dieses Dokument der Ewig-Gestrigen mit dem Anspruch, die Zukunft zu gestalten, versprach die ausdrückliche Rückbesinnung des Militärs auf alte Vorbilder aus Weimarer und Kaisers Zeiten. Demzufolge vertraten die Verfasser die Devise vom Primat des Militärischen. Eine Reform der Gesellschaft an »Haupt und Gliedern« nach militärischen Normen wurde eingefordert. Die »übertriebene parlamentarische Kontrolle« im Regierungssystem der Bonner Republik müsse zugunsten des »Militärischen« zurückgeschraubt werden.

SPD-Minister Schmidt ordnete eine Besprechung mit den Generalen der Hardthöhe über diese »Studie« an. Aber bevor sie stattfinden konnte, lancierten die Alten ein Nachfolgepapier.

Gegen den Regierungswechsel gingen sie direkt in die Offensive. Das Ziel war, die Ost- und Entspannungspolitik im Allgemeinen sowie die Militärreform des Ministers Schmidt im Besonderen zu verhindern. Auf der Hardthöhe hatten sich viele prominente Traditionalisten auch in der Generalität eingenistet. Grashey, auch ein ehemaliger Gebirgsjäger, hatte seine »Maske« der Inneren Führung »nun endlich« ablegen können. Heinz Karst, eloquentes Sprachrohr der Restauration, hatte die Formel vom Militär in der Demokratie leicht abgestreift und war der Meinung, dass »Freiheit und Demokratie (…) keine letzten Werte« sind.[260] Er, der General für Erziehung und Bildung im Heer, übernahm die Aufgabe, im neuen »Unna-Papier« »die Passagen, die die politischen Äußerungen beinhalten«, zu formulieren.[261]

Inhaltlich wurde geklotzt und – taktisch raffiniert – ein gröberer Aufguss der »Schnez-Studie« gefertigt. Eike Middeldorf, der Kommandeur der Division in Unna, brachte die praktischen Gesichtspunkte ein. Er hatte den Ruf, die Tradition deutscher Taktikschulung zu vertreten, was er schon 1956 in seinem Buch »Taktik im Russlandfeldzug« vorgeführt hatte. Dieser General gab im Kommandostab in Unna »seinen« Hauptleuten den Auftrag, als Offiziere der Panzertruppe eine Kritik der militärischen Praxis zu formulieren. Das »Unna-Papier« fokussierte diese verschiedenen Autoren und Interessen zu einem eminent politischen Entwurf, um gegen die »linke« Politik des gerade designierten Ministers Front zu machen.[262] Dabei wurde die Legalität der Regierung gegen die Legitimität der Praktiker gestellt. »Jedes Vertrauen« in die Politik sei geschwunden. Die sozialdemokratische Militärreform von Schmidt wurde in Seeckt'scher Manier einfach, grundsätzlich und rigoros als »Politisierung der Armee« abgelehnt. Die Ost- und Entspannungspolitik bilde »die Gefahr für Geist, Gefüge und Bestand der Armee«. Die Politik wurde nach dem Maßstab des Militärs abgekanzelt.

Schmidt als Minister und auch die Regierung waren gefordert. Nachdem schon die »Schnez-Studie« verlangt hatte, die Gesellschaft müsse nach den Werten des Militärs geformt werden, setzte das »Unna-Papier« noch eins drauf. Hier beanspruchte das Militär mehr Macht im Staate. Die schwersten Geschütze zielten gegen die Unterordnung des Militärs unter die Bundesorgane, unter Parlament und Politik. Die besondere »Verantwortung vor Staat und Auftrag« des Militärs begründe »das Eigengewicht militärischer Entscheidung« vor der Politik. Man knüpfte an die Weimarer Sonderstellung der Reichswehr an und forderte, den verfassungsrechtlichen Status des Militärs in Staat und Gesellschaft zu revidieren. Man wollte die Balance der Macht in der Bundesrepublik neu austarieren. Das Minimum war die politische Parität: ein »gleichberechtigter Dialog« zwischen Militär und Politik. Angelehnt an den ideologischen Fundus des Weimarer »Staat im Staate« sollte sogleich eine ganze Anzahl von Artikeln des Grundgesetzes geändert werden.

Als Sofortmaßnahme verlangten die Verantwortlichen des »Unna-Papiers« den Boykott der politischen Leitung im Ministerium. Kooperation mit dem neuen Minister, mit Schmidt, sei für die Generalität unzulässig. Man ging aufs Ganze: »Das Eigengewicht militärischer Entscheidung darf nicht durch opportunistische Haltung und eine zunehmend politische Hörigkeit militärischer Führer gefährdet werden ...«. Es ist lohnenswert, diese Worte aus der Feder von Generälen aufmerksam zu lesen. Blickt man auf solche der Kooperation verdächtigten Generäle, dann fällt auf die bedachtsame Loyalität des Generalinspekteurs de Maizière zum neuen Minister ein politisch helles, vergleichsweise historisches Licht. Sein Verhalten sei opportunistisch und hörig, schallte es ihm aus der Bundeswehr entgegen. Der Aufruf im »Unna-Papier«, die Zusammenarbeit mit der Politik zu verweigern, überschritt die Grenzen der

Rechtsstaatlichkeit. Er berührte den auf die Verfassung geleisteten Eid, der Bundesrepublik treu zu dienen und Recht und Freiheit zu verteidigen, und stellte den Primat der Politik infrage.[263]

Schmidt sah die Fakten: Die »Abneigung« einer Anzahl hoher Offiziere gegen die Politik der sozialliberalen Regierung mochte viele Ursachen haben, die mit den Erfahrungen aus dem traditionellen Korpsdenken der Generalstäbler und aus der Wehrmacht zu erklären waren, aber hier stand grundsätzlich anderes zur Debatte: die Verfassungstreue.[264] Am liebsten hätte de Maizière die Probleme individualisieren mögen, so dass das Schema von »Einzelfällen« – hier die Verantwortung allein des Generals Middeldorf – greifen konnte. Doch als er sich mit Graf Baudissin in einem Briefwechsel darüber austauschte, wurde der Bezug zum rechtslastigen Traditionalismus wieder hergestellt: »Die Schnez- und Karst-Saat blüht auf.« Damit meinte er das unreflektierte Anknüpfen an historische Vorbilder, in denen militaristische Wurzeln erkennbar seien: »Das Denken ist – wie einst bei den Deutsch-Nationalen – nach wie vor ›unpolitisch‹; ›militärische Erfordernisse‹ sollen Gesellschaft und Politik bestimmen.«[265]

Dieses Scheuklappen-Denken hatte sich in den fünfziger und sechziger Jahren in der Bundeswehr eingenistet. Es wurde durch die sozialdemokratische Politik herausgefordert. Die Lage war tatsächlich ernst und der Konflikt zwischen Politik und Militär grundsätzlicher Natur. Die Hardthöhe steuerte auf die größte Führungskrise seit ihrer Gründung zu. Ulrich de Maizière, der oberste General, bestätigte, der Bundeswehr hätte in diesen Monaten ein »Knickpunkt« ihrer Geschichte gedroht. Er meinte, die Traditionalisten hinter der »Schnez-Studie« und dem »Unna-Papier« hätten »sozusagen eine neue Reform präsentieren« wollen. Letztlich sei es um einen anderen Typ einer Armee gegangen. Er bezeichnete diese Krise zwischen Politik und militärischem Machtanspruch als »verhältnismäßig starke Konfrontation«. Er vermied, die Brisanz des Konzepts vom »Eigengewicht« des Militärs schärfer zu verurteilen, und suchte die unversehrte Geschlossenheit der Generalität zu schützen.[266] Bemüht, einen Skandal zu vermeiden, riet er Schmidt von einem »spektakulären Rausschmiss« ab, nahm aber dessen Bescheid über notwendige Entlassungen von Generalen zustimmend hin.[267]

Eine abendliche Sitzung auf der Hardthöhe, zu der Helmut Schmidt die politische Leitung, also die Staatssekretäre Karl-Wilhelm Berkhan und Johannes Birckholtz, sowie die militärische Führung, also die obersten Generale und die drei Korpskommandeure – Otto Uechtritz, Karl Wilhelm Thilo und Gerd Niepold – zur Besprechung der »Schnez-Studie« eingeladen hatte, brachte weitere Klärung. Die Generale hatten ja allesamt an diesem Text mitgewirkt und ihn ausdrücklich gebilligt. Sie solidarisierten sich sogleich, konnten mit der in der Öffentlichkeit erhobenen Kritik kaum umgehen. Erneut spürte Schmidt die Überlegenheit des »klugen de Maizière«, neben dem sich »die Drei-Sterne-Generale politisch sehr naiv« ausnahmen.[268] Schmidt bemerkte in der Besprechung, wie schnell sich die Generale Fragen der Tradition und des Selbstbildes des Militärs zuwandten, nachdem er »Falsches« in der »Studie« bemängelt hatte. Mit diesem Stichwort steuerte die Diskussion auf ein eigenartiges Phänomen zu. Mit einem Male war die Wehrmacht das Gesprächsthema. In der Sache, äußerten die Generale ihre Sorgen, würde die »militärische Vergangenheit« in der Bundeswehr und in der Gesellschaft nicht genügend geachtet; der Generalstab von 1914 und »die Generale der Hitlerzeit würden insgesamt verunglimpft« und wie in einem »Verbrecheralbum« geschildert; die jüngere Generation sei der Auffassung, »dass die Älteren überhaupt nichts getaugt hätten«. Aber, das seien doch keine »antidemokratischen« Tendenzen. Ein schwaches Bild gaben die Generale.

Sie verfolgten eigene Interessen in der Personalpolitik und betonten, die »Mentalität der Soldaten« verlange ein starkes Gewicht. Beispiele wurden gegeben: der Soldat sei »an konkrete und persönliche Führung gewöhnt«, die »Stabilität des Heeres« werde gefährdet, wenn die Kommandeure nicht »Ehrenschutz gegenüber der Truppe« erhielten. Kritik an der Generalität dürfe nicht dazu führen, ihren Rücktritt zu fordern. Man müsse alles gegen die »Ablösung« der inkriminierten Generale tun.[269] Noch heute ist man irritiert über die Furcht der Generale, ihre korporative Einheitlichkeit und Geschlossenheit – in aktueller und sogar in historischer Hinsicht – würde beschädigt. Ein Korpsdenken wird erkennbar, das einen sozialen und militärischen, einen operativen Zusammenhalt noch in der Bundeswehr begründete, obwohl es in dieser Weise historisch überholt war. Die Zeiten, die einen Korps- und Regimentsgeist der Kaiserzeit und der Weimarer Republik begründet hatten, waren vorbei.

Mit Sorge bemerkte Schmidt, dass es nach den »Studien« und »Papieren« der Generale »zutreffend« war, den aus der Militärgeschichte bekannten Faktor vom Primat des Militärischen auch in der Bundeswehr festzustellen. Das Militär suchte sich von Demokratie, Politik und Gesellschaft fernzuhalten und zugleich mit dem Anspruch eigener Werte (dem Sui-generis-Denken) über das Zivile zu stellen. Das aktuelle Erscheinungsbild der Bundeswehr war schwer belastet.[270] Assoziationen zu den Ergebnissen der Studien von Bracher und Sauer über antidemokratisches Denken am Ende der Weimarer Republik lagen nahe. Nachwirkungen aus der jungen Bonner Republik unter Kanzler Adenauer waren erkennbar. Schmidt fand erschreckend, dass Ende der sechziger Jahre dieser Virus noch eine solche Bedeutung hatte. Sein Fazit: »Das geht so nicht!«[271]

Die Bestandsaufnahme in den letzten Wochen des Jahres 1969 hatte Schmidt persönlich Anschauungsmaterial geliefert über Engen und Tiefen des militärischen Milieus. Er kannte, was Journalisten, Militärs, Historiker und Sozialwissenschaftler in zeitgenössischen Analysen aufbereitet und einhellig kritisiert hatten. Auch das Urteil, das höchste Generale, die nationalkonservativen Heusinger und Speidel sowie der Militärreformer Graf Baudissin gemeinsam in diesen Monaten gefällt hatten, sah er bestätigt: die Militärreform der fünfziger Jahre der Bonner Republik – mit dem Bild vom »Staatsbürger in Uniform« und dem Konzept der »Inneren Führung« – sei »gescheitert«.[272]

Schmidt hatte das gesamte Schrifttum der damaligen Zeit zu Militär und Bundeswehr in seiner Bibliothek gesammelt und intensiv studiert, wie der umfangreiche Bestand seiner Bücher dokumentiert. Es war klar, der Handlungsbedarf lag auf mehreren Ebenen. Vorrang hatte die Doktrin der nuklearen Vorneverteidigung, die er politisch gewissermaßen einfangen musste. Doch der Mythos der besonderen Soldatengemeinschaft wirkte in einem vielfältigen Geflecht an Beziehungen auf die militärstrategische Dimension; und die Vorstellung vom Militär als Hüter der nationalen Interessen folgte einer verdrehten und legendengleichen Tradition. Diese Art der Traditionsbildung wurzelte in dem Mythos der »zeitlosen« soldatischen Tugenden, die in der Gegenwart mit dem Kriegsbild der absoluten Macht der Atomwaffen identifiziert wurden. Daher war Schmidt mehr denn je entschlossen, »dem ambivalenten Prestige der atomaren Apokalypse« ein politisches Maß entgegenzusetzen.[273] Im Zentrum aller Überlegungen stand der Einsatz der taktischen Atomwaffen für das Gefechtsfeld, im Vordergrund die ADM. Sie waren zum entscheidenden Hebel der operativen Initiative der Bundeswehr geworden. Gelang es der Politik hier einzugreifen, wurde das gesamte Konzept des nuklearen Ersteinsatzes gekippt.

Schmidt ließ sich auf allen Kanälen unterrichten. Dabei kam

einiges deutlicher rüber als in den Formulierungen der Hardthöhe, die ja das Privileg des fachlichen Wissens nutzte, um mit
aller Kraft die Politik der nuklearen Verteidigung voranzutrei-
ben. Ein abschließender Bericht eines Offiziers und Wissen-
schaftlers aus der Stiftung in Ebenhausen zu den »Vorläufigen
Politischen Richtlinien« machte noch einmal die Ambivalenz
der Richtlinien der NPG klar: »Dem deutschen Wunsch«, taktische Nuklearwaffen »bei einer konventionellen Aggression
als erste einzusetzen, und diesen Einsatz zeitgerecht durchzuführen (und das heißt auf keinen Fall zu spät), und auch – wenn
notwendig – eine mögliche kontrollierte Eskalation durch
nukleare Einsätze gegen militärische Ziele in den Satelliten in
Kauf zu nehmen, wurde in dem Dokument Rechnung getragen.« Nukleare Sprengladungen sollten weit hinter die Grenze,
selbst aufs Territorium der mittel- und südosteuropäischen
Staaten, lanciert werden. Die dafür notwendigen Absprachen
und Einsatzverfahren wären längst geregelt. Nun wusste
Schmidt, was de Maizière »mit dem besonderen Gewicht« der
Bundeswehr in der NATO gemeint hatte und warum die
Militärs »sehr hart« für das Durchsetzen dieser Auffassung vor
allem gegen die Amerikaner gekämpft hatten. Aber noch mehr,
Schmidt war deutlich geworden, dass die militärische Führung
der Bundeswehr ihr Ziel hartnäckig verfolgt hatte, diese starke
Nuklearisierung der »flexiblen Reaktion« auf deutschem Bo-
den zu erreichen.

Da die Deutschen großen Einfluss ausgeübt hatten, so der
Bericht aus Ebenhausen, würde »die Atomschwelle zwangsläufig gesenkt« werden. In der Konsequenz ergab sich, dass gemäß
militärischer Expertise entschieden würde, »wann, wo und wie«
der Einsatz von Atomwaffen erfolgen solle. Die – in politischer
Hinsicht – »grundsätzliche Frage, ›ob‹ eingesetzt werden soll«,
war fein beiseite geschoben worden. Die Freigabeverfahren waren in weiteren »Terms of References« flexibler geregelt und

vereinfacht worden, so dass »unverzüglich nach Zweck und Umfang« entsprechende ADMs zum Einsatz verfügbar waren. Die aktuellen Kalkulationen und Optionen sähen einen schnellen Erstschlag vor, aber gegenwärtig käme »ja nur der Einsatz von einigen hundert Sprengköpfen in Frage«, einen »wiederholten Einsatz« von ADM plane man nicht. Der abschließende Punkt aber rührte bei Schmidt alte Überlegungen auf, die im Wesentlichen seine Veto-Forderungen vor Jahren schon getragen hatten, der Schutz der Bevölkerung. Die Politik der nuklearen Eskalation rechnete mit einer großen Zahl von Opfern des Atomkrieges. Beinah zynisch klingt: »Dabei findet auch die deutsche Vorstellung ihren Niederschlag, dass alle personellen Opfer ›sinnvoll‹ sein müssen, und dass diese – wenn notwendig – ›gemeinsam‹ getragen werden müssen.«[274]

Schmidt fasste es noch einmal zusammen: ADM war der Schlüssel für das Gelingen einer nuklearen Verteidigungsdoktrin, nach der in hohem Maße »personelle und materielle Opfer« einkalkuliert wurden. Die Bundeswehr hatte darum taktisch-operativ seit Jahren gerungen und das Konzept im November 1969 in der NATO militärpolitisch durchgesetzt. Sie wollte den frühzeitigen Ersteinsatz im Abwehrraum der Grenzzone und in der Verzögerungszone, um die Kampfführung zu stärken. Daher die grenznah errichteten ADM-Lager. Zugleich baute die Bundeswehr einen Eskalationsfaktor ein: »Es muss ein Junktim zwischen einer Intensivierung des Kampfes im eigenen Gebiet und einer <u>geographischen</u> Ausweitung der nuklearen Einsätze bestehen.«[275] Die Effizienz der ADMs wurde weiter optimiert, indem man bei ihrer Verlegung weiter Zeit einzusparen suchte. Handwerklich-technisch liefen dafür die Vorbereitungen, bereits im Frieden Sprengkammern anzulegen. Dieses »Prechambering« bedeutete, tiefe Bohrlöcher (bis zu 45 m) im freien Waldgelände, in Talengen oder Bergpässen anzulegen sowie spezielle Räume in Brücken,

Verkehrsknotenpunkten oder Wasserstraßen vorsorglich einzubauen. Eine Anzahl ADMs sollte oberirdisch, beziehungsweise nahe der Oberfläche, gezündet werden. Dem Militär
war es de facto gelungen, die Freigabeverfahren auf die ausschließlich militärinterne Kommunikation zwischen den Kommandeuren der Korps und dem Brüsseler Ansprechpartner zu
verkürzen und zu vereinfachen. Dies fand Schmidt am bedroh-
lichsten, weil sogar politische Konsultationen zu Beginn einer
Verteidigung ausdrücklich ausgeschlossen waren.

Eine ganze Serie von Dokumenten dieser Wochen im Winter
1969/70 verrät, wie der Minister sich die Fakten absicherte.
»GI«, Generalinspekteur, »erbitte mündlichen Vortrag«. Intensiv beriet er sich mit Theo Sommer, dem er vorerst die Leitung
des Planungsstabes übertragen hatte. Ganze Aktenberge, besonders aus der Zeit der Vorgängerregierung, wurden nach
weiteren Informationen durchforstet.[276] Schmidt suchte Einzelheiten und Grundsätze, die diese Doktrin, die vermutlich
eine totale Zerstörung des Landes einschloss, ändern könnten,
um Verteidigung wieder »verteidigungsfähig« zu machen.
Praktische Einschnitte boten sich an bei den laufenden und geplanten Vorbereitungen von Sprengkammern und Spreng-
schächten. Als Minister konnte Schmidt diese Planungen un-
terbinden, wie sein »Nein!« auf den Vorgängen erkennen lässt.
»Massierte Einsätze von ADM« in Mitteleuropa mussten verhindert werden. Als erste Sofortmaßnahme war die getroffene
Absprache mit Laird dienlich, dass die Lager ins Hinterland
verlegt worden waren und unter verstärkter politischer Wachsamkeit in Washington standen.

Die Aufgabe war gestellt, die ADMs aus der schnellen Ver-
fügbarkeit der Militärs herauszunehmen. Schmidt fand es in-
akzeptabel, für Beratungen der Politik keine Zeit vorzusehen.
In diesem Punkt hatten sich die Militärs in Bonn und Brüssel
abgestimmt. Da musste er ansetzen. Es war dringlicher als je

gedacht. Das alte Projekt des Veto-Rechts musste weiterent-
wickelt werden. Das Fazit: Die personellen Probleme in der
Führungsetage der Bundeswehr und die sachlichen in der Revision der Verteidigungsdoktrin waren massiv. Soweit der Ausgangspunkt. Als Schmidt seinen Gegenentwurf zu der Doktrin
vorbereitete, halfen ihm die Auffassungen der internationalen
strategischen Gemeinschaft, wie die Gruppe der Beratungs-
institutionen in Deutschland, Großbritannien und den USA
bezeichnet werden kann. Er hatte Kissinger, Sonnenfeldt, Osgood und viele andere gesprochen; die Administration der
amerikanischen Regierung war auch einhellig der Meinung:
»eine Senkung der Atomschwelle« käme überhaupt nicht in
Frage.[277] Theo Sommer überbrachte diese Zustimmung von
amerikanischer Seite. Es gab keine sicherheitspolitischen Bedenken. Eine kaum zu überschätzende Rolle nahm Melvin
Laird ein; sein Einverständnis und ihrer beider Einvernehmen
verbürgte überhaupt erst die ganze Handlungsfreiheit, zugleich auch gewährte es eine gewisse Zuversicht. Schmidt und
Laird konnten nicht einfach auseinanderdividiert werden. Sie
sahen wesentliche Ursachen der gegenwärtigen Probleme im
»nur-militärischen Denken«, in technokratischer Verkürzung
und im Überschwang eigener Machtfantasien der obersten Generalität. Laird meinte lakonisch, es war ein Konflikt zwischen
Militär und Politik, bei dem die Militärs, sowohl die deutschen
als auch die amerikanischen, gegen die politischen Vorgaben
handelten.[278]

Schmidt griff das Personalproblem sogleich auf. Es war unumgänglich, sich von einer Reihe von Generalen zu trennen.
Mit de Maizière wurde er einig, die obersten Repräsentanten
vorerst zu schonen, das galt sogar für Schnez, den Inspekteur
des Heeres. In der Sache, und um ein Zeichen zu setzen, entschied Schmidt, »einen Sack von Generälen vorzeitig in den
Ruhestand zu versetzen«.[279] Das Gesetz erlaubte dies ohne

Angaben von Gründen. Ideologische Vorreiter der Allzu-Gestrigen, Karst und Grashey, erhielten wegen ihrer Entgleisungen den Abschied. Die Angelegenheit insgesamt war brisant. Schmidt brauchte die Rückendeckung und die Abstimmung mit dem Bundeskanzler. Zur Jahreswende 1969/70 flog der Minister mit Staatssekretär Berkhan nach Djerba, wo Willy Brandt den Weihnachtsurlaub verbrachte. Nach außen wurde nur berichtet, sie hätten die Fragen zu beantworten gesucht, wie das Konzept der Ost- und Entspannungspolitik in das anstehende Weißbuch zur Sicherheit der Republik einzubeziehen und vor dem Bundestag und der Öffentlichkeit mit der »Schnez-Studie« umzugehen sei.

Es verletzte sein Selbstwertgefühl, dass seine standfeste kritische Haltung von links und rechts in Zweifel gezogen wurde und aus dem forschen »Schmidt-Schnauze« ein verballhornendes »Schmidt-Schneze« gedreht wurde.[280] Doch es ging ums Grundsätzliche, ums Ganze, um den »Sack von Generälen«. Der Kanzler stimmte den Personalentscheidungen zu, ihm war ebenso wie Schmidt klar, dass »in Wirklichkeit aus politischen Gründen« zu handeln war und nicht nur wegen ihrer Auffassungen zur Verteidigungsdoktrin, zur Inneren Führung und zur Demokratie. Die Spitzenstellen wurden geschont und durch eine offizielle, augenscheinlich vielsagende Erklärung vergattert: »an der Loyalität der Generäle zur rechtsstaatlichen Ordnung« und »an ihrem Gehorsamswillen gegenüber den Gesetzen« bestünden keine Zweifel.[281]

Das Interesse des Kanzlers galt der generellen Entwicklung der Sicherheitspolitik. Bei allen Details sowie der allgemeinen Bewertung vertraute er Schmidt uneingeschränkt. Auf ihn verließ sich Brandt. Dass die Regierungspolitik des Kabinetts Kiesinger geändert wurde mit dem Ziel, das nukleare »Teufelszeug«, wie sie es nannten, politisch zu bändigen, war auch das Anliegen des Kanzlers. Nun erfuhr er von Schmidts »Kam-

Helmut Schmidt während eines Manövers, 18. Juni 1971

pagne gegen die nukleare ADM-Planung«[282]. Die Agenda war entworfen, die Ziele für das Jahr 1970 festgelegt: Anfang Februar sollten Kabinett und Bundessicherheitsrat die Position in der Sicherheitspolitik untermauern; im April ging es nach der nationalen um die bilaterale Absprache mit US-Präsident Nixon. Aus diesem Anlass reiste der Kanzler mit einigen Ministern nach Washington; im Juni wollte Schmidt auf der nächsten NPG-Sitzung in Venedig die grundlegenden politischen Einschränkungen zum Ersteinsatz der ADM vorlegen. Dafür brauchte es solide Vorbereitungen. Das Gewicht des Bundeskanzlers war auf die deutsche Waagschale gelegt.

Schmidt zeigte bei der Vorbereitung der »Kampagne gegen die nukleare ADM-Planung« Vorsicht. Als er gleich nach der Weihnachtspause, am 14. Januar 1970, die anvisierte Agenda im zivilen Kollegium mit den Staatssekretären erörterte, gingen sie die Jahresplanung durch. Schmidt hatte ja die Erfahrung gemacht, an Zusagen oder Ausführungen der Militärs zweifeln zu müssen; er behielt sein »Misstrauen«.[283] Mit Bedacht baute er daher eine Kontrolle ein, um den Erfolg seiner »Kampagne gegen ADMs« in der nuklearen Verteidigung zu überprüfen. In einem Jahr würde eines der größten Manöver der Bundeswehr stattfinden, die Winterübung WINTEX 71. Da ließe sich das Ergebnis erkennen und der Erfolg seiner Politik dieses Jahres messen.[284]

Der Alltag forderte noch einmal seinen Tribut. Geheime amerikanische Zielplanungen für nukleare Bombenabwürfe in einem Ost-West-Krieg gerieten im Februar in die Presse. Der »Stern« berichtete als erster darüber. Zwei Titel verdeutlichen den Inhalt: »Atombomben auf Kiel« und »Rhein in Flammen«. Am Beispiel einer Karte von Schleswig-Holstein wurde verdeutlicht, dass nicht nur Städte wie Lübeck, Kiel, Schleswig oder Flensburg, sondern auch militärisch relevante Orte, beispielsweise Kappel, Rendsburg oder Brunsbüttelkoog im Fall der Verteidigung von NATO-Flugzeugen »atomar angegriffen werden, um den Sowjets deren Benutzung zu verwehren«.[285] Der Hinweis fehlte nicht, dass einige dieser Ziele, Hunderte allein auf dem Gebiet der Bundesrepublik, auch durch »Atom-Minen« abgedeckt würden. Die Öffentlichkeit reagierte auf das Thema aufgewühlt und verschreckt. Schmidt nahm es in der Sache gelassen, seine Strategie hatte er sich vorgezeichnet.

Ihn wunderte eigentlich kaum noch, dass führende Generale keine Zweifel an dem Sinn dieser Planung äußerten, sondern davon ablenkend nur darauf drängten, den Geheimnisverrat bürokratisch zu ahnden, weil »bei groben Verstößen gegen die Amtsverschwiegenheit zur Abschreckung Ermittlungen einzuleiten« seien.[286] Es musste gehandelt werden.

III. Schmidt:
Kampagne gegen die Atomplanung

1. Die politischen Vorbereitungen 1970

Und ich bin zu Willy Brandt gegangen, meinem Bundeskanzler.
Es kann zu einem Aufstand im Militär führen. Es ist ein gewis-
ses Risiko. Es kann auch dazu führen, dass es in der öffentlichen
Meinung einen Aufstand gibt, weil sie dieses Datum füttern mit
irgendwelchen Argumenten. Ich musste wissen, ob der Kanzler
das mitträgt oder nicht.
Getan hab' ich's dann…

Helmut Schmidt, 15. November 2007

Das Personalproblem hatte seit Jahresbeginn Vorrang. Erstaunt
und erschreckt hatte Schmidt die Erfahrung gemacht, wie weit
die Offiziere im Generalstabsdienst der Zeit hinterherhinkten.
Bildung und Ausbildung ließen nicht nur zu wünschen übrig,
sie boten alle Anzeichen eines Anachronismus. Die Generalstabsausbildung an der Führungsakademie, aus der sich Rückschlüsse auf die Professionalität und das Berufsverständnis
ergaben, stand ganz oben auf der Prioritätenliste der Bildungsreform. Nur ein äußerliches Zeichen waren die von Schmidt
monierten Defizite, sich militärpolitisch zu artikulieren und zu
debattieren; er bemerkte auch, dass sich in dem mangelhaften
Bildungssystem das uralte Eigenbild eines überkommenen militärischen Ideals zeigte. Führen – die wichtigste Leistung des
Soldaten – sei eine natürliche, angeborene Eigenschaft, die man
nicht lernen könne, glaubten die Traditionalisten.

Mit dem Auftrag an Thomas Ellwein, ein obligatorisches

universitäres Studium für alle Offiziere zu entwickeln, rüttelte Schmidt folglich an hergebrachten Grundfesten des Traditionalismus: »Die Generalität war natürlich absolut dagegen.« Welches Unternehmen würde es wagen, seine Führungs- und Manageretage ausdrücklich ohne Akademiker zu besetzen? Das aber verlangte die Generalität. »Links und rechts 'ne Scheuklappe«, war das Resultat. Schmidt benutzte gesprächsweise gerne den Vergleich, die Generalität könne ihre Nachfolgegeneration »nicht auf das Volk loslassen wie anno Reichswehr und mit einer geringeren Bildung als die deutsche Volksschullehrerin in Neumünster, die Acht- und Zehnjährige unterrichtet«.[287] Dieser Vergleich sollte provozieren. Doch ein Widerspruch auf derartiger Grundlage fiel in sich selbst zusammen.

Noch problematischer waren die Auffassungen über Bildung, die sich deutlicher auf ein militärisches Milieu sui generis, auf ein Militär mit vermeintlich ewigen und unveränderlichen Werten bezogen, das Orientierung in einer Vergangenheit suchte, die mit Republik und Demokratie wenig im Sinn hatte. Die Skandale und »Studien« aus der Generalität hatten dafür genügend negatives Anschauungsmaterial geliefert. Auch daher gab es Handlungsbedarf. Das Ministerium hatte dies längst empirisch untermauert. In den fünfziger Jahren hatte man bei der Rekrutierung des Führungspersonals bewusst und einseitig an die Wehrmacht angeknüpft, wie eine geheime umfassende personalpolitische Analyse über Herkunft und Bildung der Generale der Bundeswehr bestätigte, die im Dezember 1966 fertiggestellt wurde.[288] Alle 44 Generale und Admirale, ebenso 100 Oberste des Jahres 1957 waren bereits in der Wehrmacht ernannt worden; nicht das allein war der Punkt, sondern die Kriterien der Auswahl aus einer Gruppe von etwa 3000 Generalen. Qualität wurde aus »Ostfeldzug« und »Bendlerstraße« abgeleitet. Entsprechend schien es auch gerechtfertigt, etwa

300 Offiziere aus dem Führerkorps der Waffen-SS einzustellen, von denen einige zu Generalen befördert worden waren.

Schmidt merkte an, sie wären »gute Nachfolger von Erwin Rommel geworden«.[289] Auch eine Anzahl von prominenten militärischen »Führern« der Wehrmacht, darunter Generaloberst Franz Halder und Generalfeldmarschall Erich von Manstein hatten in der Frühphase der Planungszeit mitgewirkt. Sie beeinflussten mit ihrem Anspruch den Aufbau im Amt Blank und auf der Hardthöhe. Andere kennzeichnete eine ausgesprochene Nähe zum Nationalsozialismus; dazu zählten die Generale Hermann Foertsch, der den Eid auf den »Führer« formuliert hatte, oder Reinhard Gehlen mit seinem Geheimdienst. Heusinger und Speidel, die beide maßgeblich die geheime Planung der Bundeswehr in Himmerod 1950 mitkonzipiert hatten, entstammten als Generalstäbler der Reichswehr und wurden Generalleutnante in den vierziger Jahren: Heusinger, der bekannte Chef der Operationsabteilung im Oberkommando des Heeres, fast täglich in Tuchfühlung mit Hitler; Speidel, Stabschef des V. Armeekorps und der Armeeabteilung Lanz; beide in hoher Verantwortung für die Kriegführung im Osten. Sie standen – symbolisch gesprochen – neben Hitler am Kartentisch im Führerhauptquartier. Die Beteiligung an der Kriegführung im Osten verlangte, auch nach dem Anteil am Vernichtungskrieg, an Kriegsverbrechen oder am Holocaust zu fragen – zunächst verborgen hinter der einfachen Frage, ob man davon gewusst habe.

Führende Offiziere – hier seien nur wenige unter den Inspekteuren genannt: Josef Kammhuber, Friedrich Foertsch, Friedrich Ruge oder Heinz Trettner – wurden beschuldigt, von Kriegs- und NS-Verbrechen gewusst oder an ihnen mitgewirkt zu haben.[290] Kammhuber war ein Alt-Nazi, der schon am Hitler-Putsch 1923 an der Feldherrnhalle in München beteiligt war. Mit dem Namen Trettner, als letzter General der Wehrmacht im September 2006 verstorben, wurde diese Problematik aufgewirbelt. Geboren 1907 wurde er 1929 Leutnant, ging zur Luftwaffe, leistete als Staffelkapitän der Legion Condor seinen Beitrag im spanischen Bürgerkrieg, wurde Stabschef von Kurt Student, zeichnete sich während der Kämpfe um Kreta 1941 aus und operierte mit der 4. Fallschirmjägerdivision in Italien. In der Bundeswehr ging es steil voran: 1960 Kommandierender General des I. Korps; ab Januar 1964 Generalinspekteur. Sein Werdegang – Legion Condor oder Kreta – ist mit Stichworten bezeichnet, die eigentlich nicht in der geschichtlichen Tradition der Bundeswehr liegen. Dieses Beispiel spricht für ein soldatisches Selbstbild, in dem weniger von einer Stunde Null des Neuanfangs, umso mehr von der Kontinuität der Eigenwelt des Militärischen zu spüren ist.

Ein neuer Abschnitt der Geschichte der Bundeswehr benötigte anderes Personal. Das Militärgeschichtliche Forschungsamt fasste das Ergebnis seiner Studien zusammen: Die Gründergeneration der Bundeswehr hätte sich »in erster Linie an ihren Kriegserfahrungen und an den bekannten Strukturen der Wehrmacht« orientiert; das empfand auch Schmidt und kam zu dem Schluss, dass nach zwanzig Jahren ein Neuanfang überfällig und eine fortschrittliche Entwicklung voranzubringen war.[291] Das personelle Revirement unter der Generalität nach 1970 verlangte Entscheidungen in hoch komplexen Angelegenheiten. Bescheidenen Ansprüchen musste er häufig bei den Beförderungen folgen und war schon froh, wenn er gute Technokraten fand. Einige als unverbesserliche Ideologen ausgewiesene Generale mussten früh den Gang in den Ruhestand antreten, obwohl sie noch nicht das übliche Alter erreicht hatten, um verabschiedet zu werden. Schmidt sah sie als rückwärtsgewandte, wenn auch »zum Teil sehr intelligente Holzköpfe« an.[292] Das erste Dutzend zum 1. April war schnell gefunden, zum Herbst sollte es die doppelte Anzahl werden. Seine Liste wurde sehr lang. Die »Löwen-Liste« des Ministers für den Nachwuchs der kommenden Generalität wurde gefüllt, um frischen Wind auf der Hardthöhe wehen zu lassen; aufgeschlossen und geistig jung sollten sie sein und ein gewandeltes Verständnis der Verteidigung zeigen.[293] Jedes Ideal leuchtet so hell, wie die Wirklichkeit schwach ist. Und dieses Ideal glänzte. Allein – es musste gehandelt werden.

Der Besuch in Washington Anfang April wurde ein, von beachtlichem Erfolg gekröntes Ereignis. Schmidt bereitete den Besuch des Kanzlers vor, reiste eine Woche früher über den Atlantik. Die »Washington Post« gab das Signal: »Die Deutschen sind eindeutig der Schlüssel zur Verteidigung Europas.«[294] Konnte das Gewicht der deutschen Delegation besser umschrieben werden als mit dieser Aussage? Was blieb dann noch von der Forderung des Senators Mike Mansfield, amerikanische Truppen aus Europa abzuziehen und Devisenausgleich einzufordern? Schmidt griff, auch um seinen Kollegen Laird zu unterstützen, in diese inneramerikanische Debatte mit dem Argument ein, amerikanische Truppen in Europa seien ein Beitrag zur eigenen Sicherheit Amerikas. Die USA hätten die Wahl, sich an der Elbe oder an ihrer eigenen Ostküste zu verteidigen, die militärische Präsenz in der alten Welt sei »keine Frage der Wohltätigkeit gegenüber den Europäern, sondern eine Angelegenheit der eigenen Interessen«. Die Stationierung selbst müsse flexibel sein. Das illustrierte er an einem Beispiel, wie es die dortigen Medien liebten. Er gehöre, gab Schmidt an, nicht zu denen, die zusammenzuckten, wenn das Pentagon das Küchenpersonal eines Offizierskasinos in Heidelberg reduziere.[295] »Der Verlust Westeuropas würde die Welt für Amerikaner zu einem recht unwirtlichen Platz machen«, schrieb er vorab am 2. April für amerikanische Zeitungen.

Das Kernthema der Schmidt-Laird-Besprechungen wurde

angepackt: »Die westdeutschen aktiven Truppen werden umstrukturiert, um dem Konzept der flexiblen Reaktion zu entsprechen.«[296] Mit dem Wort Umstrukturierung wurde umschrieben, worum die Gespräche mit Laird kreisten, vor allem wie die nukleare Komponente der Verteidigungskonzeption sicherheits- und militärpolitisch umzusetzen sei. Zunächst musste Schmidt aber über die angestrebten Reformen im Innern der Bundeswehr aufklären, also über die Personalpolitik der obersten Führung, die Umgliederung des Ministeriums selbst, die Wehrpflicht, die Innere Führung sowie die Ausbildungs- und Bildungsreform. Die Proteste der Opposition im Bundestag und in den Medien hatten Wirkung gezeigt. Das Material, das aus diplomatischen, militärischen und anderen Kanälen gespeist im Pentagon gelandet war, war umfangreich und ungeordnet. Doch hier konnte Schmidt leicht gegenhalten, die meisten Punkte hatte er bereits ein Jahr zuvor Laird als politische Perspektive und als durchgreifendes, wenn auch schmerzhaftes Programm der Bonner Regierung vorgestellt.

Dann ging es um die Kernfrage. Wie sollte mit der nuklearen Ausstattung der Bundeswehr verfahren werden; wie konnte durchgesetzt werden, dass die Luftwaffe der seit vielen Jahren wiederholt gestellten amerikanischen Forderung nachkam, ihre Flugzeuge auch bifunktional auszustatten, damit sie überhaupt fähig waren, konventionelle Waffen an Bord nehmen zu können – und nicht ausschließlich Atombomben. Und was sollte aus der »flexiblen Reaktion« beim Heer werden? Das war für beide das zentrale Anliegen. Laird betonte diese Gemeinsamkeit ausdrücklich.[297] Die benötigten sie auch, wenn sie das Rad weiterdrehen wollten. Wesentlich war zudem der Austausch darüber, wie sie mit verteilten Rollen auf der nächsten Sitzung der Nuklearen Planungsgruppe in Venedig auftreten würden. Inhaltlich beschieden sie Schmidts Konzept als gut, die deutsche Doktrin der Vorneverteidigung mit dem nuklearen Erstschlag mittels ADM gewissermaßen auf dem NATO-Verordnungsweg durch einzelne Maßnahmen zu blockieren und den nuklearen Eskalationsautomatismus auszuhebeln. Diese Maßnahmen sollten als nationale Vorbehalte der Bundesrepublik vorgestellt und von der NPG angenommen werden. Die militärische Planung sollte mit ihren eigenen Mitteln sich selbst aufheben, das hieß, die »Sachzwänge« militärischer Effizienz, diese Atomwaffen unverzüglich innerhalb weniger Stunden einsetzen zu können, mussten aufgehoben werden.

Jeder fand in dieser Sache die Zustimmung des anderen, nachdem sie sich ausgiebig Zeit genommen hatten, die Argumente abzuwägen und sie als überzeugend zu empfinden; vor allem einte sie das Ziel, dass die Verteidigungs- und Militärpolitik eine gesicherte politische Kontrolle benötige; doch es gab noch eine schwierige Debatte um einen Nebenaspekt: Wie sollte man damit an die Öffentlichkeit gehen? Was würde es bedeuten, einen Wandel in der Sicherheitspolitik der Bonner Regierung zu verkünden? Wer alles würde Zweifel an der Bündnissolidarität der Deutschen streuen! Die alten Geheimplanungen konnte man ebenfalls nicht offenlegen. Auch dürften, so das Ergebnis der Überlegungen, das Bündnis, die Bundeswehr und ihre Führung keinen Schaden leiden. Schließlich setzten Laird und Schmidt aus Gründen der internationalen Glaubwürdigkeit auf eine Politik der absoluten Vertraulichkeit.

Das Tableau für die vertrauliche Tagung der Nuklearen Planungsgruppe in Venedig war bereitet. Nun konnte der Bundeskanzler mit dem amerikanischen Präsidenten in Washington zusammentreffen. Willy Brandt hatte die Lektion aus jener Episode gelernt, die sich im November des Vorjahres am Rande der Sitzung der NPG im Airlie-House ereignet hatte. Während eines offiziellen Frühstücks mit diesen Mitgliedern äußerte Manlio Brosio sein Missfallen über die dürftigen Begrüßungsworte des Präsidenten. »Da stand dieser auf, steckte eine Hand in die Hosentasche und redete 40 Minuten ohne einen Zettel.«[298] Schmidt war von dieser aus dem Stegreif gehaltenen substantiellen Rede zu Strategie und Weltpolitik so beeindruckt, dass er, zurück in Bonn, augenblicklich Brandt mahnte, sich für seinen Besuch bei Nixon ernsthaft vorzubereiten, »der amerikanische Präsident verstehe sein Geschäft«.[299]

Brandt nahm diese Vorbereitungen für den Besuch in den USA vom 4. bis 10. April 1970 in Kauf. Er wollte mit Richard Nixon auf einer direkten persönlichen Ebene und auf Augenhöhe verhandeln können, insbesondere aber den militärischen nuklearen Vorplanungen einen Riegel vorschieben. Da bot ihm der Harmel-Bericht, an dem er als Außenminister mitgewirkt hatte, eine gesicherte Basis, die amerikanische Unruhe angesichts seiner Ost- und Entspannungspolitik zu beschwichtigen. Denn neben Rüstung galt seitdem in der NATO die Entspannungspolitik als zweite Säule der Sicherheit. Dennoch wusste Brandt, was in dieser Angelegenheit auf ihn zukam. Gerade Henry Kissinger vertrat die skeptische Besorgnis, ob die Deutschen den politischen Prozess unter Kontrolle halten und ob sie der Gefahr widerstehen könnten, aus dem westlichen Bündnis »abzudriften«.[300] Im Hinblick auf diese ernsten Fragen konnte Brandt auf eine doppelte politische Rückendeckung vertrauen, den Argwohn abzuschwächen. Neben dem Hinweis auf das NATO-Dokument half ihm die enge Abstimmung der beiden Verteidigungsminister Laird und Schmidt. Beides sicherte eine feste transatlantische Beziehung. Der Bundeskanzler ging so weit, sich amerikanische Militärtechnologie vorführen zu lassen, und war beeindruckt von der Raketenschule in Fort Bliss.

Dann konnte Brandt dieses »Teufelszeug« ansprechen. Der politische Charakter der »Vorläufigen politischen Richtlinien für den taktischen Einsatz von Atomwaffen« vom Dezember

Bundeskanzler Willy Brandt am Rednerpult im National Press Club, ganz rechts Helmut Schmidt, April 1970

1969 entsprach seiner ureigensten Auffassung. Ganz im Einklang mit den Regierungen der NATO waren sich Brandt und Nixon einig, die Atomwaffen dienten im Rahmen der »flexiblen Reaktion« der Abschreckung. Aber zur Strategie gehörten die Bedingungen, die Eskalation unter politischer Kontrolle zu halten, die Schäden zu begrenzen und Gelegenheit zu Beratungen mit den Verbündeten zu bieten. Da auch die NPG davon ausging, »jedem Land, auf dessen oder von dessen Territorium Atomwaffen eingesetzt würden, ein besonderes Gewicht einzuräumen«, wurde dieses »besondere Gewicht« als Primat der Politik begriffen.[301] Zugleich bedeutete dies, dem »besonderen Gewicht« der deutschen Militärs einen anderen Stellenwert zuzuweisen. Galt dies im Grundsatz, so auch konkret. Die Amerikaner wollten »das, was sie da hatten, aufgeben und beseitigen.« In der Besprechung war »eine befriedigende Lösung gefunden worden«, wie mit den ADM zu verfahren sei. Schmidt und Laird hatten gut vorgearbeitet.

150

Auf dem Rückflug von Washington, so berichtete Herbert Laabs, habe sich der Kanzler in Anwesenheit von Schmidts Staatssekretär Berkhan befriedigt darüber geäußert, dass nun endlich dieser ganze »Atom-Minengürtel« nicht mehr aktuell sei. Nixon habe uneingeschränkt das deutsche Votum nach dem Primat der Politik in der NATO akzeptiert und zugestimmt, es in der praktischen Politik umzusetzen. Es habe im Flugzeug eine große Debatte darüber gegeben, »was die Militärs sich alles vorgenommen hatten«.[302] Die Ziele von Laird und Schmidt waren auf der obersten politischen Ebene allgemein bestätigt und für anstehende Konflikte in Bonn und Brüssel abgesichert worden, wenn es konkret darum gehen würde, das »besondere Gewicht« der Macht neu zu verteilen; vorerst war alles zur Zufriedenheit gelungen.

Auf der Sitzung der Abteilungsleiter am 16. April informierte Schmidt die führenden Generale der Hardthöhe über die allgemeinen Ergebnisse der Ministertreffen dieser US-Reise. Es sei in freundlicher, guter Atmosphäre in mehreren Runden über Truppenabzug, Devisenausgleich und die Bundeswehrreformen gesprochen worden, natürlich auch über die Entwicklung der Strategie. Erst am nächsten Tag, im vertraulicheren Kollegium, wurden die Staatssekretäre in die Grundzüge der Absprachen eingeweiht, die Laird und Schmidt über das weitere Prozedere zur nuklearen ADM-Doktrin getroffen hatten.[303] Die Einzelheiten dieser von Nixon und Brandt befürworteten, mündlichen Übereinkunft der Minister Schmidt und Laird wurden anschließend in Form eines inoffiziellen Schreibens, einem so genannten »Non-Paper« von Ulrich Sahm vom Kanzleramt festgehalten. Es sollte Laird, um alle Gesichtspunkte noch einmal zu bestätigen, innerhalb der nächsten 14 Tagen übermittelt werden.

2. Das Sonderproblem der Prädelegation

Ich bin ganz sicher, dass ich vor Ende des Jahres 1969 voll infor-
miert war und genau gewusst habe, was die Pläne waren, und
dass ich sie für hirnverbrannt gehalten habe.

Helmut Schmidt, 31. Mai 2007

Nachdem der Minister sich einen ersten Überblick über sein neues Aufgabengebiet verschafft hatte, drang er langsam in den Kernbereich der Verteidigungspolitik vor. Noch kurz vor dem Treffen der Nuklearen Planungsgruppe im November 1969 wurde Schmidt über einen Geheimkomplex informiert, der ihn intensiv beschäftigen und in den folgenden Monaten bis zu Anfang des Jahres 1970 noch ungeahnte diplomatische Turbulenzen erzeugen sollte. Der im wahrsten Sinne des Wortes Kulminationspunkt der Einweisung durch den Generalinspekteur war, dass die nukleare Vorneverteidigung durch eine bilaterale, streng geheime Vereinbarung mit den USA weiter ausgestaltet und modifiziert worden war. Unter der Überschrift »US-FRG Nuclear Consultation Arrangments« hatten Bonn und Washington spezielle Regelungen für den Einsatz von nuklearen Gefechtsfeldwaffen getroffen.[304] Sie betrafen den Einsatz, genauer gesagt: Konsultationen über den »selektiven Gebrauch« von taktischen Atomwaffen und damit den Ersteinsatz der ADMs.

Zunächst konnte Schmidt diese Sensation kaum fassen. Wann war die Vereinbarung abgeschlossen worden? Brandt war in den letzten Jahren Außenminister gewesen, hatte aber davon nie etwas angedeutet, und was war der Kern dieser Vereinbarung? Die Vorgeschichte lässt sich folgendermaßen darstellen. Am 18. September 1968 hatte Kanzler Kiesinger in einem Briefwechsel mit dem amerikanischen Präsidenten die Vereinbarung über den »selektiven Gebrauch nuklearer Waffen in Deutschland« bestätigt. Unter Verantwortung von Katzenbach und Nitze im Pentagon ausgearbeitet, war der amerikanische Brief am 9. September 1968 von Präsident Johnson unterzeichnet worden. Ein Sonderkurier hatte das Schreiben nach Bonn gebracht, wo der US-Botschafter es persönlich dem Kanzler übergab, der wiederum die »Arrangements« in einem zweiten Schreiben anerkannte.[305]

Anlässlich der Sitzung der Nuklearen Planungsgruppe am 18./19. April 1967 in Den Haag hatten die Verteidigungsminister Schröder und McNamara den bilateralen, zuvor von militärischen Stäben aufbereiteten Themenkomplex übernommen und die Umrisse einer solchen Vereinbarung konzipiert. Danach kamen beide Regierungen überein, sie würden sich vor einem »selektiven Einsatz« von Nuklearwaffen »direkt miteinander beraten«.[306] Ein Memorandum über »Einsatzentscheidungen für nukleare Waffen« wurde aufgesetzt, das die Staatssekretäre, vom Bonner Verteidigungsministerium Karl Carstens und vom Pentagon Paul Nitze, am 28. November 1967 weiter erörtert hatten.[307]

In dem Memorandum wurden mehrere »Arrangements« festgehalten: (1.) Die Amerikaner sichern der Bundesrepublik eine »vertiefte Teilhabe an der Formulierung und Veränderung der nuklearen Pläne der NATO« zu. (2.) SACEUR, in der Person des Generals Lemnitzer, bestätigt gegenüber dem US-Präsidenten die »selektive Freigabe von nuklearen Waffen zum Einsatz von deutschem Boden aus oder auf deutsches Territorium« und (3.) macht die Bonner Regierung die Zusage, dass »Befehle über einen selektiven Gebrauch taktischer Atomwaffen für die Bundeswehr« gegeben werden können.[308] Dem Inhalt dieses Memorandums hatte der US-Präsident am 16. März 1968 zugestimmt, damit die Vereinbarungen ausgefertigt und in dem Briefwechsel bestätigt werden konnten.

Nachdem auf deutsch-amerikanischer Stabsebene weitere Abklärungen erfolgt waren, einigten sich am 24. Juli McNamara und Johnson endgültig, wegen des »Gegenstandes von solcher Bedeutung« einen »Briefwechsel auf höchster Ebene« zwischen Bonn und Washington vorzusehen. Anschließend wurde Schröder bei seinem Besuch in Washington von der Entscheidung über das gewählte diplomatische Verfahren in Kenntnis gesetzt. Diese bilateralen Vereinbarungen zwischen Bonn und Washington bezogen sich auf den »selektiven Einsatz« und betrafen ausdrücklich nicht die anderen möglichen Fälle des Einsatzes und der Freigabe der Atomwaffen für die Verteidigung; deshalb seien spezielle Vereinbarungen über andere »bilaterale Konsultationen«, so die amerikanische Seite, »nicht wünschenswert«.[309]

Wie sind diese »Arrangements« im Rahmen der allgemeinen deutschen Mitsprache und Mitentscheidung in der NATO zu verstehen? Welches materielle Recht war damit verbunden? Ein deutsches Veto hatte nicht zur Debatte gestanden, auch besagten die Formulierungen, eine Konsultation in allen Fragen und Formen des Einsatzes von Atomwaffen sei nicht erwünscht, angesprochen wurde der »selektive Einsatz«.

Die am 16. Januar 1968 verabschiedete amtliche Strategie der NATO der »flexiblen Reaktion« legte einzelne Schritte der Eskalation fest und ordnete sie einer nuklearen Systematik zu, ohne ein festes Schema und ohne diese Schritte voneinander abzugrenzen. Ein Blick in diesen Text hilft nicht wirklich weiter. Der Terminus »selektive Gebrauch« von Atomwaffen hat zwar einen festen Platz in dieser Strategie, ist aber nicht eindeutig festgelegt. In der Kategorie der »direkten Verteidigung«, auf der untersten Stufe der Verteidigung, würde ein Waffeneinsatz bevorzugt, der durch den Angriff des Feindes vorbestimmt war. Die Abwehr würde konventionell erfolgen, dann würde mit der nuklearen Antwort gedroht. Der »selektive Einsatz« betraf die deutsche Vorneverteidigung und schloss auch den Ersteinsatz der ADM ein.

Auf der nächsten Stufe der »flexiblen Reaktion«, in der Kategorie der »bewussten Eskalation«, hatte der »selektive Einsatz« von Atomwaffen die Funktion, einen Konflikt geographisch auszuweiten oder zu intensivieren. Die nächste Eskalationsstufe mit weiteren Gefechtsfeldwaffen wäre dann der »Normalfall« eines nuklearen Krieges. Erst danach sollte der »selektive Einsatz gegen militärisch-taktische Ziele« und gegen »andere geeignete militärische Ziele« außerhalb des engeren Frontverlaufs erfolgen. Der »selektive Einsatz« lag unterhalb des umfassenden, allgemeinen Nuklearkrieges, der die Spitze der Steigerung bildete, genannt: die »ultimative Abschreckung«, d.h. der allgemeine Krieg mit massiven nuklearen Angriffen gegen militärische und städtisch-industrielle Ziele.[310]

Vielleicht hatten die Amerikaner gegenüber den Deutschen ein Votum des Vertrauens und ein Zeichen besonderer Beziehungen abgeben wollen, als die Verhandlungen über den NPT-Vertrag liefen. Eine Art Kompensation; vielleicht auch mochten sich die Deutschen im Kreise der Verbündeten ausgezeichnet fühlen. Mit der Vereinbarung von 1968 über deutsch-amerikanische Konsultationen war jedenfalls kein Veto gemeint. Das sah auch Schmidt. Die Ausgangsfrage ist: Was bewog die Amerikaner, eine Sonderregelung mit der Bonner Regierung abzuschließen und die taktischen Atomwaffen den Regularien von SACEUR zu unterwerfen? Es war doch völlig klar, dass niemand anderer als der oberste amerikanische General in Brüssel die Befehlsgewalt hatte, ADM an die Bundeswehr zu übergeben. Das ergab sich notwendig aus der NATO-Struktur. Da seit vielen Jahren die Bundeswehr auf die Doktrin eingeschworen war, »von Beginn der Feindseligkeiten an« mit ADM zu reagieren, sowie für diesen Fall kein »besonderes politisches Kontrollorgan« zu fordern, war die Frage berechtigt, was wirklich verabredet worden war.[311] War dieser Kern der Doktrin konstant geblieben? Was steckte dahinter?

Die inhaltliche Klärung der bilateralen Vereinbarung von 1968 ist nicht einfach, da die betreffenden Dokumente bis heute strengster Geheimhaltung unterliegen. Ich mache trotz aller Unsicherheiten diesen Versuch, auch auf die Gefahr hin, den Sachverhalt nur ungefähr zu treffen. Doch mehrere Einzelpunkte lassen eine Deutung zu.

Erster Punkt: Seit 1998 ist ein bilaterales Geheimabkommen zwischen den USA und Kanada bekannt, das US-Präsident Johnson mit dem kanadischen Premierminister, Lester B. Pearson, getroffen hatte, und das Rückschlüsse auf die besagten Vereinbarungen zwischen Johnson und Kiesinger zulässt. Kanada hatte erst im Dezember 1963 Atomwaffen erhalten.[312] Sie wurden für Raketen (Honest John) und den Starfighter in Nordamerika und in Deutschland stationiert. Auch in Kanada war über all die Jahrzehnte die Auffassung offiziell vertreten worden, jeder Einsatz von Atomwaffen unterliege der politischen Kontrolle des US-Präsidenten. Dennoch beschlossen die beiden Regierungen, vorzeitig, also im Frieden, die Entscheidung über den »selektiven Einsatz« dieser Atomwaffen zunächst an das zentrale Hauptquartier zu delegieren, in Nordamerika. Das Abkommen wurde am 17. September 1967 unterzeichnet. Der US-Präsident und der Premier hatten diese »Konsultationen« aufgenommen, um die Oberbefehlshaber zu »autorisieren«, in bestimmten Fällen Atomwaffen freizugeben. Die formelle Ähnlichkeit mit den deutsch-amerikanischen Vereinbarungen, was »Gegenstand vorheriger Konsultationen« sei, ist frappierend.[313] Diese amerikanisch-kanadischen Vereinbarungen über die Prädelegation wurden vor den übrigen NATO-Regierungen geheim gehalten.

Zweiter Punkt: In politischen Verlautbarungen war immer unstrittig, dass die politische Kontrolle der Atomwaffen in der

NATO in allen Fällen vom US-Präsidenten wahrgenommen werde. Das schien in der Sicherheitspolitik eindeutig. Ein klarer Fakt. Doch es gab, wenn auch weithin unbekannt, eine Ausnahmemöglichkeit. Schon in der letzten Phase der Strategie der »massiven Vergeltung« hatte der amerikanische Präsident Dwight D. Eisenhower den Automatismus der Eskalation aufgehoben. Es sollte regional differenzierte Reaktionen geben. Für die Verteidigung in Europa ist ein Dokument des Nationalen Sicherheitsrates vom 15. März 1956 relevant. Um den großen strategischen Atomkrieg zu vermeiden, sollte ein Krieg »nur« mit taktischen Atomwaffen geführt werden können. Es heißt wörtlich: »Atomwaffen werden in einem allgemeinen Krieg und in militärischen Operationen unterhalb dieser Schwelle nach Genehmigung durch den Präsidenten eingesetzt werden. Eine solche Autorisierung kann auch vorab im Ermessen des Präsidenten gegeben werden.«[314] Der amerikanische Präsident war also befugt, für festgelegte Umstände von Krisen und militärische Szenarien an SACEUR die Kompetenz abzutreten, taktische Atomwaffen einzusetzen. Prädelegation war das Mittel, Autorisierung der offizielle Begriff. Diese Rechtslage des Präsidenten bestand am Ende der sechziger Jahre noch und wurde erst 1973 mit dem »War Powers Act« neu bestimmt.[315]

Dritter Punkt: In allen einschlägigen Dokumenten der Hardthöhe aus den sechziger Jahren wird der frühzeitige Einsatz der Atomwaffen, insbesondere von ADM für den Ersteinsatz gefordert – und das innerhalb von wenigen Stunden. Die berühmte Studie des Generals Graf Kielmansegg über den Zeitfaktor kam nach empirischer Überprüfung der Kommunikation auf militärischer Ebene zu dem Ergebnis, die Zeitspanne zwischen der Anforderung von Atomwaffen und der Freigabe müsse verkürzt werden. Auch in vielen anderen Dokumenten der Hardthöhe wird immer darauf gepocht, diesen

Vorgang von etwa fünf bis sechs Stunden deutlich zu verkürzen, um Effizienz zu erzielen. An dieser Stelle tritt die entscheidende Diskrepanz auf. Die üblichen Annahmen über den Kommunikationsablauf zum US-Präsidenten gehen von einem Zeitaufwand von einem Tag oder mehr aus; etwa dieser Zeitansatz lag auch entsprechenden NATO-Übungen im Falle des »Strike« in einem umfassenden Krieg in Europa zugrunde. Im Fall der ADM ist die Lage anders, hier ist nur von wenigen Stunden die Rede. Bereits die Studie des Grafen Kielmansegg lässt den Schluss zu, dass sie besondere interne Regelungen der politischen Autorisierung voraussetzte, also die Prädelegation an SACEUR.

Ein vierter Punkt: Die Vertreter der Hardthöhe klagten seit dem Ende der sechziger Jahre nicht mehr über mangelnde Gleichberechtigung in der NATO. Das alte Wort von der Diskriminierung verschwand. Im Gegenteil, neuerdings habe Deutschland im Bündnis ein »besonderes Gewicht« erhalten, stellte auch de Maizière heraus. »Militärischer« Erfolg war gleich »nationaler« Erfolg gesetzt worden. Das Drängen, im Frieden Szenarien für regionale Bedrohungen in einer Art Katalog festzuhalten und damit die Bedingungen für die Autorisierung durch den US-Präsidenten zu erfüllen, hatte Erfolg. SACEUR und die Korpskommandeure kannten den Katalog, der von Washington gebilligt worden war; trat in einer Krise ein dort aufgeführter Fall ein, war SACEUR autorisiert zu handeln. Allenthalben werden entsprechende »Terms of References« erwähnt.

Der fünfte Punkt betrifft Helmut Schmidts weiteres Verhalten als Minister. Seit 1969 fällt in seinen Reden ein neuer Begriff auf: die Prädelegation. Mit Bedacht wandte er sich gegen jede Prädelegation oder »Bedingte Autorisierung« der Freigabe von Atomwaffen an den amerikanischen Oberbefehlshaber in Brüssel, d.h. an eine militärische Instanz. Die Autorisierung eines

Generals, in bestimmten Konfliktlagen autonom – ohne eine weitere politische Konsultation der von den Folgen eines Atomwaffeneinsatzes am meisten betroffenen Regierung – zu entscheiden, stieß auf seinen härtesten Widerspruch. Schmidt wollte stattdessen diese Kompetenz ausschließlich an die politisch Verantwortlichen zurückführen. Er setzte sein »No!« dagegen.

Nimmt man diese fünf Indikatoren zusammen und überträgt sie auf die Verhältnisse zwischen Bonn und Brüssel, liegt die Folgerung nahe, dass es – zumindest de facto – Regelungen über eine Prädelegation gab. Es erscheint plausibel, von einer Autorisierung SACEURs auszugehen. Der amerikanische Präsident hatte nach dem Beschluss des Nationalen Sicherheitsrates das Recht, für Krisen- und Konfliktfälle seinen regionalen Oberbefehlshabern die Befugnis zu übertragen, eine an Bedingungen geknüpfte, begrenzte Freigabe von taktischen Atomwaffen vorzunehmen. Nach den deutschen Einsatzoptionen zählten erstrangig die ADM dazu. Daher rechneten die deutschen Militärs nur mit einem Zeitfaktor von wenigen Stunden und daher wandte Schmidt sich strikt gegen die Prädelegation. Diese Vereinbarung vom September 1968 brachte auf der obersten politischen Ebene zwischen Bonn und Washington zusammen, was die Militärs zuvor in mehreren »Terms of References«, also in besprochenen und zum Teil über Jahre ausgetesteten Regelungen, festgelegt hatten.

Schmidt suchte sich Klarheit zu verschaffen und wandte sich vertrauensvoll an Dennis Healey mit der Frage, was er von dieser Vereinbarung halte. Natürlich kannte Healey die deutsch-amerikanischen »Arrangements« nicht und fragte stattdessen, selbst ein wenig verwirrt, bei den Amerikanern nach, um weitere Einzelheiten zur Lösung des Rätsels zu erfahren. In Washington jedoch entstanden erhebliche Irritationen über diese »Schmidt Indiskretion«.[316] Einen Dritten darüber zu

informieren, hatte vermieden werden sollen. Staatssekretär
Georg F. Duckwitz vom Auswärtigen Amt konnte den Bonner
Botschafter, Kenneth Rush, in dieser Angelegenheit beruhigen, das Gespräch mit Healey habe unter Zeitdruck gestanden, Schmidt habe das erste Briefing erst drei Tage vor der
NPG-Sitzung in Washington erhalten und sei noch nicht voll
informiert gewesen. Die deutsche Seite wolle diese Vereinbarung strikt bilateral vertraulich halten und das Wissen darüber auf eine kleine Anzahl von Beamten beschränken. Einer
von ihnen war Ulrich Sahm aus dem Kanzleramt, der dort für
Verteidigungs- und NATO-Fragen zuständig war und mit dem
Schmidt mehrfach Kontakt hatte.[317] Am 21. Januar 1970
schließlich bestätigte Schmidt dem amerikanischen Botschafter, er wahre die Vertraulichkeit der Konsultations-Verein-
barung ohne Einschränkung. Daran dürfe es keine Zweifel
geben.

Gegenstand der Telegrammwechsel zwischen Washington
und der US-Botschaft in Bonn während dieser Monate aber
war außerdem die Frage, ob nach dem Regierungswechsel im
Oktober 1969 eine förmliche Bestätigung dieser Vereinbarungen durch die Brandt-Regierung erforderlich sei. Zunächst
ging Rush davon aus, die Vereinbarung bliebe ohne weiteres
vollständig in Kraft; aber dann erinnerte jemand daran, dass
immerhin Präsident Nixon seinerseits nach seinem Amtsantritt diese Vereinbarung Kiesinger gegenüber ausdrücklich
bestätigt hatte.[318] In Vorbereitung des Washington-Besuchs
von Brandt im April 1970 musste die Antwort gefunden werden. Brandt und Schmidt schätzten diese Vereinbarungen als
hoch problematisch ein. Sie kamen überein, es sei das Beste,
vorerst am formalen Verfahren überhaupt nicht zu rühren. Auf
diese Weise habe Schmidt die größte Handlungsfreiheit und
könne die weiteren politischen Schritte in den Sitzungen der
Nuklearen Planungsgruppe ohne größere Einschränkungen

vorbereiten. So erklärte Schmidt Botschafter Rush, in dieser Angelegenheit seien keine weiteren Schritte erforderlich.[319] Schmidt hatte an seiner Agenda für die Nukleare Planungsgruppe in Venedig zu arbeiten.

3. Die politischen Sperren gegen die Atomstrategie

Der Generalinspekteur war im Gegensatz zu den meisten damaligen Generalen ein Mann mit einem weiteren Horizont. Und ein Mann, der auch aufnehmen konnte – nicht nur durch Gespräche mit mir; er hat wahrscheinlich auch vorher eine ganze Menge aufgenommen im Gegensatz zu der Masse seiner Jahrgangskameraden.

Helmut Schmidt, 15. November 2007

Die Sitzung der Nuklearen Planungsgruppe in Venedig fand am 8. und 9. Juni 1970 statt. Neben den festen amerikanischen, britischen, italienischen und deutschen Mitgliedern traten nun für drei Sitzungen die Minister aus Kanada, den Niederlanden, Norwegen und Griechenland hinzu. Die Vorbereitungen in Bonn liefen auf Hochtouren. Damit das Konzept zum ADM-Einsatz abgerundet werden konnte, waren zuvor noch einige Stolperdrähte aus dem Weg zu räumen, da es sich als ziemlich schwierig erwies, die Sachlage zu klären. Es hatte vieler Besprechungen zwischen de Maizière und Schmidt bedurft, bis all die Verzahnungen von Bündnis und Doktrin, Kommunikation und Korpsstruktur, von militärischer Bürokratie, Planung und Technik offenlagen und verständlich vorgetragen waren. Schmidt ließ nicht locker, bis er die Gründe für die über Jahre vorbereiteten und vorgesehenen Regelungen des Nuklearkonzepts verstanden hatte. Der Generalinspekteur stand vor einem Dilemma: Er konnte nicht dem Drängen seiner Stäbe nach Unnachgiebigkeit gerecht werden und zugleich dem politischen Ansatz seines Ministers Folge leisten. Er musste zwischen beiden Seiten wählen und sich entscheiden, verstehen konnte er beide nur zu gut. Im Frühjahr 1970 wurde ihm sehr deutlich, dass dieser Minister im Unterschied zu seinen Vorgängern die bestehenden militärischen Planungen nicht mittragen, sondern tatsächlich in wesentlichen Teilen umwerfen würde.

Der aktuelle Sachstand in der NPG zeigte, dass die Militärs der betroffenen Nationen sich weitgehend abgestimmt hatten. Es hatten ja bereits je eine türkische, italienische, griechische und eine Anzahl deutscher ADM-Studien im Verlauf der NPG-Sitzungen vorgelegen. Ihre Anforderungen waren noch durch die Zeitfaktorenstudie untermauert worden.[320] Zusammengefasst gab es vier voneinander abhängige Faktoren, um größtmögliche Effizienz zu gewährleisten: Erstens, »sehr weit vorn an der Grenze« schwerpunktmäßig Sperren und Sperrzonen von ADM anzulegen; zweitens, ein vorzeitiges, »verzugsloses Freigabeverfahren« durch SACEUR beziehungsweise die uneingeschränkte Prädelegation einzuführen; drittens, »Rücksichtnahme« auf zivile Objekte und die Bevölkerung in Ballungsgebieten beachten; viertens, Einsatzräume und -ziele bereits im Frieden durch Sprengkammern oder Bohrlöcher vorbereiten. Fazit: Die Bundeswehr hatte erfolgreich für militärspezifische organisatorisch-technische Bedingungen geworben. Die »notwendige Verkürzung des Zeitbedarfs für Einsatz von ADM« für Sperren und für die operative Kampfführung war mit der Johnson-Kiesinger-Vereinbarung erreicht. Auch war immer wieder die Meinung vorgetragen worden, ein ADM-Erstschlag bedeute »keine Erhöhung der Eskalationsgefahr«.[321] Dieses Konzept der vier Faktoren sollte 1970 beschlossen werden, der Entwurf, die »Besonderen Politischen Richtlinien für den möglichen Taktischen Ersteinsatz von Atomwaffen (ADM)«, stand auf der Tagesordnung der 7. Sitzung der Nuklearen Planungsgruppe in Venedig und sollte im darauf folgenden Herbst beschlossen werden.

Um seine Gegenposition erneut deutlich zu machen, fasste Schmidt die generelle Linie seines Konzepts der nuklearen Verteidigung in einem Beitrag für die renommierte Zeitschrift »Foreign Affairs« zusammen. Die Strategie der »flexiblen Reaktion« sei vernünftig und glaubwürdig. Zu ihr gebe es keine Alternative. Eine Rückkehr zu einer massiven nuklearen Vergeltung allerdings wäre ebenso unglaubwürdig wie ein Rückfall auf eine taktisch-nukleare Verteidigung – das erste sei unvorstellbar für die Amerikaner, das letzte für die Europäer. Die Strategie verbinde eine glaubwürdige effektive Abschreckung mit nicht selbstmordverdächtiger Verteidigung.[322] So machte Schmidt seine Haltung öffentlich. Die alte deutsche Ausrichtung nannte er nukleare und selbstmordverdächtige Verteidigung. Er beabsichtigte, diese Praxis zu verändern und die militärische Funktion und die Vorplanung mit ADM im Verteidigungsfall umzuwerfen.

Es versteht sich, dass zwischen Schmidt und de Maizière viele zeitlich aufwendige Gespräche geführt wurden, die beide belasteten, da seit 1965 viele Einzelheiten der Doktrin von der Hardthöhe weitergetrieben, angepasst und modernisiert worden waren. Zwar waren die Detonationswerte und die Anzahl verplanter ADM reduziert worden, aber die Grundlagen des Konzepts und seine Annahmen waren kaum, die gesamte Anlage nicht wesentlich verändert worden. Auch schienen eine ganze Reihe der zuständigen Referate Fäden in geheimer Regie zu ziehen, um dem Minister zu zeigen, was die Mehrheit im Hause für richtig hielt. Sie legten ihre alten Papiere nun erst recht vor, als hätte man sich abgesprochen, den Minister mit der Macht des Ministeriums zu konfrontieren.[323] Die Situation war nahezu unübersichtlich. Über Jahre war das Projekt ADM entwickelt und im Konsens der Führung getragen worden; mit Mühe waren in bilateralen Besprechungen die amerikanischen Verbündeten überzeugt worden. Jetzt im Frühjahr 1970 stand die Bundeswehr direkt vor ihrem großen Erfolg: Die NATO würde die wesentlichen Forderungen der deutschen Bundeswehr in die ADM-Richtlinie übernehmen. Auf der Ebene der internationalen Arbeitsgruppen hatte man sich bereits geeinigt.

Was hätten die Referate des Ministeriums in dieser Situation anderes machen können, als ihr altes Konzept zu verteidigen? Wenn sie vor den Amerikanern und der NATO glaubwürdig sein wollten, mussten sie den neuen Minister überzeugen und ihm die Zustimmung zur Vorneverteidigung mit nuklearen Sprengladungen abringen. Schmidt wurde in alle technischen und militärpolitischen Einzelheiten eingeweiht, weil sie anschließend in der NPG angesprochen wurden. Die Politik des Militärs stand gegen die Politik des Ministers. De Maizière spürte die Grenzen seiner Vermittlungsfähigkeit. Er konnte nicht verhindern, dass die Gegensätze hart aufeinanderprallten. Schmidt ließ sich nicht beirren, blieb klar und ruhig bei seinem definitiven »Nein!« gegenüber solchen Plänen. Er unterstrich seine Entscheidung im Vorfeld der Venedig-Tagung, indem er die neueste ADM-Studie der Bundeswehr, die für die 7. NPG-Sitzung angefertigt worden war, nicht an die NATO weiterleitete. Wie ein Lauffeuer verbreitete sich diese Nachricht.[324]

Aber auch in der NPG entwickelte sich Widerspruch, der Schmidts Position untermauerte. Für den Führungsstab kam er ganz ungelegen. Die bekannte Kritik der kleinen, nicht-nuklearen Nationen an den ADM-Planungen zeigte Wirkung. Über Jahre hatten verschiedene Nationen in der NATO den potentiellen Nutzen des Einsatzes von ADM bezweifelt. Dabei fand sich die Bundeswehr unversehens mit einer ganzen Liste an Bedenken konfrontiert. Die Deutschen hatten in früheren Papieren vorgesehen, ADM auch in größerer Zahl notfalls oberflächlich zu zünden. Sie wollten mit solchen Szenarien die Notwendigkeit begründen, Bohrlöcher bereits im Frieden vorzubereiten, um so den Zeitfaktor zu unterstreichen, wie Graf Kielmansegg betonte.[325] Bei den oberflächlichen Zündungen wäre eine große Menge Fallout mit den zusätzlichen Folgen von Windbruch und Waldbränden erzeugt worden, was sich wohl auch auf die Kampfmoral ausgewirkt hätte. Schließlich erhoben andere kleinere NATO-Nationen Einspruch dagegen, dass die Deutschen die alte Funktion von ADM, diese präzise an einem Ort stationär einzusetzen, erweiterten und sie auch für die operative Kampfführung einplanten. Ein solches Einsatzkonzept entspreche nicht der Funktion von ADM als Sprengmittel für Sperren.

Schmidt teilte diese Bedenken, die aufgeworfenen Probleme waren ihm allesamt nicht fremd. Die Fakten bestätigten seine Ansicht, wie krampfhaft das Militär den ADM-Einsatz regeln wollte. Brüssel hatte sich auf die Funktion der ADM als schnell verfügbare nukleare Sprengköpfe eingelassen. Das Ziel der Sitzung in Venedig war, die Voraussetzungen für »kommende Entscheidungen« auf der 8. Sitzung der NPG in Ottawa zu schaffen. Dieses Treffen in Venedig selbst, berichtete de Maizière auf der Hardthöhe, war hauptsächlich vorbereitet worden, um den allgemeinen Konsens über diese Richtlinien abzustimmen, aber noch nicht die »grundlegenden Entscheidungen zu fällen«[326].

Die Brisanz der 7. Sitzung der Nuklearen Planungsgruppe in Venedig war demnach offenkundig. Bemerkenswert ist, welche Taktik Schmidt wählte. Er fuhr mit den verantwortlichen Generalen der Bundeswehr nach Venedig und war bereit, auf dem ureigensten Gebiet der obersten Militärführung, der Gestaltung der Doktrin, einen grundsätzlichen Konflikt zu wagen. Nachdem er seinen sicherheitspolitischen Ansatz der

»flexiblen Reaktion« auf der Hardthöhe zur Diskussion gestellt, aber kaum Resonanz erhalten hatte, handelte er konsequent. Da sich die schweigende Mehrheit der Generale an das alte Konzept klammerte, nahm er den Leiter der zuständigen Stabsabteilung auf der Hardthöhe und knallharten Verfechter des »massiven« Verständnisses der Vorneverteidigung, Brigadegeneral Franz-Joseph Schulze, mit.[327] So löste er die Kontroverse auf seine Weise: De Maizière und Schulze mussten in Venedig die an das deutsche Militär und an das NATO-Militär gerichteten Entscheidungen zur Kenntnis nehmen.

Schmidt hatte die Gesprächstaktik mit Laird abgesprochen. Dieser hatte Schmidt im April noch bestärkt, all dies innerhalb der NPG »mit klaren Worten öffentlich zu machen«.[328] Für die Grundsätze seiner Position hatte Schmidt seit langem innerhalb der Bundeswehr und vor den Bürgerinnen und Bürgern geworben. Er fasste zusammen, was er seit einem Jahrzehnt über die Verteidigung vorgetragen und veröffentlicht hatte. Nun trat er NATO-intern auf und benannte die offiziellen Auflagen und Bedingungen der Bundesrepublik, wann und wie Atomwaffen eingesetzt werden könnten. Was bisher als persönliche Bedenken des Ministers gegenüber den militärischen Planungen abgetan werden konnte, gewann nun die Qualität deutscher politischer Auflagen, nach denen der Einsatz taktischer Atomwaffen, insbesondere der ADMs, möglich oder nicht möglich sein konnte.

Als unverrückbaren Grundsatz stellte Schmidt heraus: der Primat der Politik stehe vor und über jedem militärischen Einsatz. Das entsprach im Kern den Zielen der NPG, die sie auf ihrer 6. Sitzung bei Washington in den »Vorläufigen Politischen Richtlinien« festgelegt hatte. Dort war man übereingekommen, wenn es um die »um Leben und Tod gehende Frage der nuklearen Strategie« gehe, könnten die von einem Nukleareinsatz am meisten betroffenen Staaten eigene »nationale Auf-

Während der Tagung der Nuklearen Planungsgruppe in Venedig vom 7. bis 10. Juni 1970

lagen« festlegen. In diesem Sinne erklärte Schmidt, die deutsche Regierung beanspruche, den Ersteinsatz von Atomwaffen zu kontrollieren. Da die NATO dafür nur ADM vorgesehen habe, fielen sie unter die Zustimmung und strikte politische Kontrolle des am meisten betroffenen Staates. Darauf hatte sich Schmidt bezogen, als er wenige Wochen vor dem Besuch des Bundeskanzlers in Washington im April, in der »Washington Post« geschrieben hatte, die militärische »Mitbeteiligung an nuklearen Waffen« verpflichte zur politischen »Mitbestimmung über ihren Einsatz«.[329] Die politische Verantwortung verlange daher Einschränkungen der Militärplanungen.

Konkret machte Schmidt – entsprechend der im militärischen Konzept enthaltenen Bedingungen – eine vierfache Reihung auf:

(1.) Eine grenznahe Stationierung für einzelne Sperrpunkte und damit verbundene Sperrzonen fand keine Billigung. Dies und »ADM-Gürtel« seien »nicht vorgesehen«, bestätigte Schmidt dem Kanzler nach der Tagung. Er konnte den Einsatz auch nur einer geringen Anzahl von ADMs grundsätzlich »nicht mehr als sinnvollen Einsatz« auf deutschem Boden werten.[330] Auch würde die Bundeswehr keine Pläne mehr verfolgen, ADM für die Kampfführung vorzusehen.

(2.) Die Prädelegation an SACEUR, um politisch die verzugslose Freigabe zu ermöglichen, werde nicht akzeptiert. So wurden die »NATO-Kommando-Behörden (…) angewiesen«, ihre Einsatzpläne gemäß dieser Auflage »abzustimmen«.[331]

Der (3.) Punkt, wichtige Objekte und die Zivilbevölkerung nicht zu gefährden, sondern vor Zerstörung und Verstrahlung durch ADM-Explosionen zu schützen, war für Schmidt eine der Grundvoraussetzungen jeglicher Verteidigung: Sie habe das zu schützen, was es zu verteidigen gelte. Insbesondere den Zweck, unpassierbare Sperren auf deutschem Gebiet in einer breiten Zone entlang der Grenze zu errichten, bevor der Angreifer diese Orte überhaupt erreichte, konnte Schmidt nicht billigen.[332]

Der (4.) Punkt schließlich, ADM-Sprengschächte und -Bohrlöcher schon in Friedenszeiten an vorbedachten Zielorten anzubringen, fiel ebenfalls unter die politischen Vorbehalte. Das erfuhr der Kanzler: Der »Bau von ADM-Schächten im Frieden« wurde nun auch für die NATO untersagt.

Diese vier Punkte waren vier politische Vetos gegenüber militärischen Einzelregelungen: »4 No's«, wie sie genannt wurden. Sie griffen massiv in die bestehende militärische Verteidigungsplanung ein, die in der Bundeswehr und in der NATO bislang verabredet oder bereits beschlossen war. Sie sollten die praktische Funktion der ADMs als unterste Stufe der taktischen nuklearen Gefechtsfeldwaffen in der Kriegführung verändern. Nach diesen vier Auflagen mussten einige Prinzipien, die für die Kriegführungsfähigkeit mit Atomwaffen unerläss-

lich schienen, aus der Liste der militärischen Vorplanungen gestrichen werden. Alle Bedingungen, die die ADMs aus der
Sicht des Militärs für den Ersteinsatz ausgezeichnet hatten,
wurden verwässert beziehungsweise ausdrücklich untersagt.
Die Intervention Schmidts hatte zum Ziel, politische Sperren
zu errichten, um den nahezu automatischen Gebrauch der
Atomwaffen und eine nukleare Kriegslage in Mitteleuropa zu
verhindern.

Im Ergebnis veränderten diese vier deutschen politischen
Auflagen den Charakter der nuklear konzipierten Vorneverteidigung. Deren ursprünglicher Zweck, einen frühestmöglichen
Ersteinsatz grenznah zu organisieren und einen Eskalations-
verbund herbeizuführen, war aufgehoben – wenn diese politischen Maßnahmen griffen. Das im Frühjahr 1970 noch bestehende alte Ziel dieser Doktrin, die »Intensivierung des
nuklearen Einsatzes in dem eigenen Kampfgebiet, nachdem
der Ersteinsatz nicht den gewünschten Erfolg gehabt hat«, war
in seinem automatischen Charakter tatsächlich infrage gestellt.[333] Das hoffte Schmidt. Daher forderte er auf der Sitzung
in Venedig, den vorliegenden Entwurf der »Besonderen Politischen Richtlinien (ADM)« nicht zu verabschieden, sondern
bis zu nächsten Sitzung in Ottawa zu überarbeiten. Die vier
Auflagen müssten als offizielle »national constraints« in die
endgültigen NATO-Richtlinien aufgenommen werden – für
die Bundeswehr fest »verankert« und »ausdrücklich festgelegt«.[334]

Schmidt wich nicht von seinem obersten Ziel ab, die strikte
politische Kontrolle über das Militär durchzusetzen und das
Mitentscheidungsrecht der deutschen Regierung zu verwirklichen. Als Kenner durchschaute er das System. Die automatischen Abläufe der militärischen Planung waren durchkreuzt.
Einige Ecksteine des fiktiven Sicherheitsgebäudes waren herausgebrochen.

4. Der Erfolg der vier nationalen Auflagen

Das war eine positive Überraschung, eine große Erleichterung, dass sie alle – bei Manlio Brosio, dem Generalsekretär der NATO, angefangen – innerlich eingestellt waren auf Verhinderung eines Krieges durch die Androhung der nuklearen Vergeltung. Das war die innere Einstellung aller Leute, die da in der Nuklearen Planungsgruppe versammelt waren.

Helmut Schmidt, 31. Mai 2007

Voller Genugtuung blickten Melvin Laird und Helmut Schmidt auf die Besprechungen der Nuklearen Planungsgruppe in Venedig zurück. Ihre vertrauliche Verabredung zuvor und ihr Einverständnis hinter den Kulissen hatten reibungslos geklappt. Sie hatten sich die Argumente wie Bälle zugespielt. Laird drückte seine Zufriedenheit über »die so produktiven und lohnenden Erfahrungen« aus; er dankte Schmidt, dass seine Ausführungen während der Sitzung zu »klareren Auffassungen von den Erfordernissen der Sicherheit der Allianz in Mitteleuropa« geführt und überzeugt hatten.[335] Augenzwinkernd, erleichtert konnten sie die die Konferenz abschließende Rundreise per Schiff auf die Glasbläser-Inseln Murano, Burano und Torcello genießen. Dann flogen beide am 10. Juni 1970 nach Brüssel zur Bestandsaufnahme mit allen NATO-Staaten im Militärkomitee (MC). Dort sprach Schmidt die vertrauensvolle Kooperation mit den USA an, die Bestimmungen der besonderen Richtlinie zur politischen Kontrolle der ADM weiterzuentwickeln.

Eine Woche war erfolgreich abgeschlossen worden. Vor mehr als einem halben Jahr hatte Schmidt dafür die Agenda entworfen und mit Akribie und Entschlossenheit durchgezogen. Zurück auf der Hardthöhe, setzte er persönlich die füh-

Schmidt und Laird in Grafenwöhr, 15. Juni 1970

renden Generale der Hardthöhe in Kenntnis.[336] Die Bundeswehr war gehalten, diese politischen Vorgaben aus Brüssel als verbindliche Richtdaten in die Einsatzplanung einzuarbeiten. Das traf die Hardthöhe; sie war zunächst schockiert – nun musste man sehen, wie man damit umgehen würde. Die Generale hatten erkannt, dass sie in diesem Minister einen starken Gegenpart gefunden hatten. Aber einfach aufgeben wollten sie nicht. Das hatten sie vor der Venedig-Sitzung noch einmal zu erkennen gegeben.

Im Bundestag hatten sie ihre alten Beziehungen zur CDU aktiviert und eine Anfrage stellen lassen, ob für die Verteidigung nicht »eine niedrigere nukleare Schwelle« erforderlich sei, da das Bündnis frühzeitig »von nuklearen Waffen Gebrauch« machen müsse. Sie hatten sich allerdings getäuscht, wenn sie angenommen hatten, damit Schmidt in Bedrängnis bringen zu können. Er nutzte hingegen die Gelegenheit im Plenum, die »tragenden sicherheitspolitischen Prinzipien« vorzutragen. Im Allgemeinen zählten dazu die Vorneverteidigung und das internationale Gleichgewicht. Ohne die Sitzung der NPG in Venedig selbst zu erwähnen, stellte er »ganz konkret für den

171

Alltag« der Bundeswehr heraus, die »Abschreckungsfunktion von Streitkräften im Zeitalter der modernen Massenvernichtungsmittel« verlange den »Grundsatz der betonten Zurückhaltung in der Planung des Gebrauchs nuklearer Waffen durch die Allianz«. Dies sei die Auffassung der Bundesregierung.[337]

Die Opposition ließ nicht locker. Drei Tage später, direkt vor dem Abflug nach Venedig wollte sie Schmidt noch einmal stellen. Sie betonte erneut die Notwendigkeit des frühzeitigen nuklearen Einsatzes, denn sie konnte davon ausgehen, dass Schmidt in Venedig weitere Restriktionen fordern würde, um die Atomschwelle zu heben. Er ließ sich nicht beirren: »Es kann keine Rede davon sein«, sagte er wörtlich, »dass wir indirekt oder direkt, dass wir stillschweigend oder erklärterweise einer – ich benutze ihren Sprachgebrauch – Herabsetzung der nuklearen Schwelle zustimmen würden oder ihr in die Hände arbeiten würden.«[338] Schmidt kämpfte mit offenem Visier. Für die Öffentlichkeit etwas entschärft – es wurde weder von ADM noch von grenznaher Stationierung gesprochen –, hatte Schmidt die Richtung der Sicherheitspolitik beibehalten, die in der NPG verhandelt werden würde. Das Konzept war eindeutig, eine »Rückkehr zur massiven nuklearen Vergeltung« kam sowieso nicht mehr infrage.

Nachdem in Venedig die Weichen neu gestellt worden waren, sollte das Ergebnis in Ottawa offiziell beschlossen werden. Vor dieser Sitzung im Herbst untermauerte Schmidt noch einmal seine Politik: »ein Rückfall in die rein ›taktische‹ nukleare Verteidigung« sei nicht mehr möglich. Sein Name stehe für eine wirksame Abschreckung, aber nicht für eine »selbstmörderische Verteidigung«.[339] Das war die deutliche Botschaft vor der Öffentlichkeit und an die Adresse der Hardthöhe. Der Erfolg, mit den »4 No's« den militärischen Gebrauch des frühzeitigen Einsatzes von ADM einzuhegen und der politischen Kontrolle zu unterwerfen, schien wirklich groß.

Kaum ein Jahr im Amt, konnte Schmidt auf der 8. Sitzung der Nuklearen Planungsgruppe in Ottawa (29./30. Oktober 1970), seiner dritten, die Ernte seiner zielstrebigen politischen Maxime in der Sicherheitspolitik einholen. Mit Melvin Laird war bereits in Venedig vertraulich besprochen worden, die zentrale Frage näher zu prüfen, wie die politische Kontrolle abgesichert werden könne. Am Vorabend der Sitzung in Kanada, am 28. Oktober, trafen sich beide zu einem Vier-Augen-Gespräch. Laird brachte die wichtige Botschaft mit, Präsident Nixon habe zugesagt, eine neue bilaterale Vereinbarung über Konsultationen mit der Bundesregierung vor dem Ersteinsatz von Atomwaffen (ADM) zu schließen.[340] Warren Nutter, ein herausgehobener Experte des Pentagon, hatte darüber ein Memorandum angefertigt. Die Aufgabe war angefasst, das Dach der internationalen politischen Kontrolle zu errichten. Der Prädelegation wurde der Boden entzogen.

Während der offiziellen Sitzung betonte Laird in Art einer Lobrede, die amerikanischen Interessen einer politisch begriffenen »flexiblen Reaktion«, wie sie ein Jahr zuvor in den »Vorläufigen Politischen Richtlinien« der NATO angenommen wurden, hätten mit der Übertragung auf den Ersteinsatz von Atomwaffen eine konkrete Bestätigung erfahren. Ein Markstein der Kooperation in der NPG sei erreicht, indem es gelungen sei, die militärische Funktion der ADMs in Übereinstimmung mit der politischen Kontrolle zu bringen. In einem spezifischen und zugleich komplexen Bereich der Verteidigung habe man ein sicherheitspolitisches Konzept verwirklicht, das von allen Nationen getragen würde; er hob dabei einzelne Initiativen hervor, nationale Auflagen festzulegen.

Laird war sehr zufrieden und sogar »so weit gegangen«, die Sitzung in Ottawa mit den anschließenden Treffen in Brüssel als die »beste NATO-Sitzung in den letzten 10–12 Jahren zu bezeichnen«.[341] Auch wenn Schmidt seinen Dank an alle

Beteiligten aussprach, konnten Eingeweihte spüren, dass Laird unter den angesprochenen »Freunden« seinen eigenen, herausgehobenen Platz hatte. Schmidt gab auch in der Bundeswehr seinen Eindruck weiter, die Kooperation in der Allianz habe einen »lang nicht gekannten Höhepunkt erreicht«, der so wohl kaum aufrechterhalten werden könne. Seine besondere Beziehung deutete er an, ohne den Namen Laird zu erwähnen: »Ein solches Ausmaß an positiver Zusammenarbeit ist vielleicht einer Reihe von glücklichen Zufällen, von Anstrengungen verschiedener Herren, Länder und Regierungen zu verdanken.«[342]

Viele Freundlichkeiten wurden in Ottawa von allen Seiten geäußert, wie es bei großen Erfolgen bekanntermaßen mancherlei Väter des Erfolges zu feiern gibt. Die bilateralen und multilateralen Verhandlungen hätten Einverständnis gebracht; ein neuer Geist der Solidarität beseele das Bündnis; das Menetekel einer unausweichlichen nuklearen Auseinandersetzung sei getilgt; die Bereitschaft zu Kooperation und Kompromiss habe zum Gelingen beigetragen; die Atomschwelle sei markant erhöht worden, ohne die Abschreckung zu schwächen. Die Erinnerungen an Ottawa spiegeln die beinahe euphorische Atmosphäre wider. Die politischen Gemeinsamkeiten schienen alle zu genießen. Die miteinander errungenen Erfolge stärkten das Band der persönlichen Freundschaft.

Bei all dem Jubel wurde der Hauptanlass des Treffens, der ja eigentlich den Anlass zur Freude geliefert hatte, nicht vergessen: die Verabschiedung der »Besonderen Politischen Richtlinien für den möglichen Taktischen Einsatz von ADM«. Laird und Schmidt hatten ihren »nicht zu übersehenden Beitrag« geleistet, den Text abschließend zu formulieren, wie de Maizière die deutsch-amerikanische Kooperation herausstellte.[343] Aber die Frage blieb, wie die Richtlinie umgesetzt würde. Auf das Militär kam viel Arbeit zu. Auf Seiten der NATO waren – in der Verantwortung von SACEUR – die bis dato verabredeten

Planungen zu ändern und neue Absprachen zwischen den Beteiligten, neue »Terms of References« auszuhandeln, denn die auf »höchster militärpolitischer Ebene« verabschiedeten vier Punkte – »4 No's« – verlangten eine »stark defensive« Ausrichtung der Doktrin.

Das Militärkomitee der NATO (MC) verabschiedete am 2. Dezember 1970 offiziell die »Besonderen Politischen Richtlinien (ADM)« und gaben ihr damit die notwendige formale Geltung. SACEUR erhielt ausdrücklich den Wink, sie und die nationalen Auflagen vollständig zu berücksichtigen.[344] In diesen Vorgang war der Deutsche Militärische Beauftragte bei der NATO, Generalleutnant Peter von Butler, der 1967 der Nachfolger von Graf Baudissin geworden war, eingeschaltet. Seine Aufgabe war es, die Hardthöhe zu unterrichten, dass und wie die deutschen Anliegen und Bedenken in der Bündnisorganisation umgesetzt wurden. Er war froh, dass die Nukleardoktrin verändert wurde und der »verdunkelte Himmel sich aufhellte«.[345]

Die, man hat fast Anlass zu sagen, Überwachung der Militärpolitik, um die alte Verteidigungsplanung zu korrigieren, wurde auch auf die nationale Ebene verlagert. Die Reaktion auf die neuen Aufgaben war innerhalb der Führungsstäbe des Heeres und der Bundeswehr völlig gespalten. Zwar waren in den »Besonderen Politischen Richtlinien (ADM)« viele direkte Forderungen der Bundeswehr erhalten geblieben, aber sie waren durch die vier Auflagen eingeschränkt und ihr Wert neu gewichtet worden. Die Forderungen seien ausgehebelt worden, mutmaßten die einen auf der Hardthöhe, man könne sie in der Sache ignorieren, hofften die anderen. Für sie gewann das Argument große Bedeutung, mit diesen Richtlinien sei ADM offiziell im Spektrum taktischer nuklearer Gefechtsfeldwaffen akzeptiert. Dennoch waren diese vierfachen Auflagen nicht wegzudiskutieren. Sie hatten Priorität.

Die vier Auflagen griffen dennoch grundlegend in die bestehende Planung ein. Sie wirkten wie vier Vetos. Daher wurden sie als die »4 No's« bekannt. Während die übrigen, in der NATO-Sprache als Gastländer bezeichneten Staaten – also Italien, Griechenland und die Türkei – für ADM nur geringfügige nationale Beschränkungen einforderten, brachte der deutsche Katalog weitreichende Konsequenzen mit sich. Es bürgerte sich schnell ein, die Einzelmaßnahmen enumerativ aufzulisten:

1. kein durchgehender ADM-Gürtel und keine Verwendung im Kampfeinsatz;

2. keine Prädelegation der (politischen) Befugnis zur Freigabe an eine militärische Behörde (SACEUR);

3. keine unzumutbare Gefährdung der Bevölkerung durch Fall-out;

4. keine Vorbereitung von Sprengkammern oder -schächten im Frieden.[346]

Dieser Katalog führte dazu, das Kürzel – »4 No's« – in der NATO und in der Bundeswehr zu verbreiten. Die »4 No's« wurden als verbindliche »Weisung« in der zuständigen Stabsabteilung des Führungsstabs entgegengenommen, um sie gegen erheblichen Widerstand in anderen Bereichen der Hardthöhe durchzusetzen. »Es hat Differenzen gegeben, auch heftige Diskussionen«, um die Einsatzpläne des Heeres neu abzustimmen, bestätigte Altenburg. Da der Generalinspekteur sich »voll der Schmidt'schen Gedankenführung anpasste« und einige Stabsabteilungsleiter jener Jahre, vor allem Vizeadmiral Herbert Trebesch und General Jürgen Brandt, ein »ausgesprochen ausgeprägtes Gespür für die militärpolitischen Zusammenhänge« der »flexiblen Reaktion« hatten, gewann Schmidt profilierte Verfechter der politische Einbindung von Atomwaffen.[347] Man war dem Ziel näher gekommen, das Brosio in den »Vorläufigen Politischen Richtlinien« vorgeschlagen hatte, den grundlegenden Wandel des Krieges zu beachten. Daher dürfe der fundamentale politische Zweck der Atomwaffen niemals verloren gehen.

Helmut Schmidt hatte erfolgreich gekämpft. Das so lange angestrebte politische Veto-Recht beim Einsatz von Atomwaffen auf deutschem Boden oder von deutschem Boden aus hatte nun seine Form gefunden. Die militärischen Intentionen des frühzeitigen nuklearen Ersteinsatzes von ADM im Verteidigungsfall waren aufgehoben. Nukleare Waffen konnten in Mitteleuropa nicht mehr ohne ausdrückliche politische Billigung eingesetzt werden. Alte Ziele der Friedenssicherung waren verwirklicht. Die »4 No's« verkörperten den Primat der Politik. Voller Befriedigung stellte Schmidt am 3. November 1970 auf der Führungsetage der Generalität fest, in Deutschland würde die NATO keine Atomwaffen einsetzen, ohne dass zuvor zwischen den Vereinigten Staaten und der Bundesrepublik Einvernehmen hergestellt worden wäre: »Die Konsultationen mit der Bundesregierung sind gesichert.«[348] Das Bild des Einvernehmens wurde abgerundet, als de Maizière in seinem Bericht aus Brüssel betonte, die Verteidigungs- und Außenminister der Allianz hätten »in allen entscheidenden Fragen« übereingestimmt.[349] Alles schien wohl geregelt, so der Eindruck am 8. Dezember 1970.

IV. Machtanspruch des Militärs
und Entscheidung der Politik

1. Der fehlgeschlagene Test 1971

Die Generale hatten zweierlei Erfahrung, sie hatten eine Erfah-rung mit dem Frieden und eine Erfahrung mit dem Krieg. Die Erfahrung mit dem Frieden war die Erfahrung mit der Weimarer Generalstabsausbildung. Für die alte Reichswehr war es selbst-verständlich, dass die Politik nichts zu sagen haben würde. Das gründete sich auf Hans von Seeckt und ging bis Paul von Hin-denburg und Erich Ludendorff mit dem totalen Krieg.

Und die Erfahrung während des Krieges war, dass die politi-sche Führung nicht taugte, und die Militärs mussten die Siege er-fechten. Und die Politik versaute das Ganze.

Helmut Schmidt, 31. Mai 2007

Die Weichen in der nuklearen Frage waren gestellt. Nun muss-ten alle Entscheidungen umgesetzt werden. Doch nur einen Tag später, am 9. Dezember 1970, holte der Alltag den Minister ein. Eine ADM, genauer gesagt, die Bauplanung für einen ADM-Schacht, sorgte für Aufregung. Die politische Leitung des Mini-steriums trat zusammen. In Düsseldorf sollte eine Rheinbrücke, die »Kniebrücke«, erstellt werden. Auf der Hardthöhe schrillten die Alarmsirenen. Der Oberbürgermeister, Willi Becker (SPD), hatte sich geweigert, Kammern für nukleare Sprengladungen an-bringen zu lassen. Wer von den Passanten, die heutzutage auf die Willi-Becker-Allee hinter dem Düsseldorfer Hauptbahnhof stoßen, achtet auf diesen Namen und weiß mit ihm einen star-ken Gegner des atomaren Wettrüstens zu verbinden?

Becker hatte die Courage, gegen all die dienstlichen Vorgaben des geheimen Verwaltungshandelns zu verstoßen und seine Weigerung zum öffentlichen Protest zu machen. In den Besprechungen auf der Hardthöhe verlangte de Maizière – noch ganz dem alten ADM-Planungsdenken verhaftet –, die militärischen Interessen zu berücksichtigen und sie umgehend beim Bau der Brücke durchzusetzen. Er brachte »Bedenken wegen Bündnisverpflichtungen« vor. Dies wäre die erste Rheinbrücke ohne Sprengkammern. Staatssekretär Birckholtz hingegen empfahl, vorerst auf die »zwangsweise Durchsetzung« von Bundesrecht zu verzichten.[350] Schmidt war irritiert. Die alten Planungen der nuklearen Verteidigung liefen weiter, obwohl er es ausdrücklich untersagt und die NATO mittlerweile entschieden hatte, im Frieden keine ADM-Schächte vorzubereiten. Nun, dies mochte ein Fall des Übergangs sein.

Die sofort eingeleitete Bestandsaufnahme ließ Schmidt erschrecken. Die Rheinbrücke war kein Einzelfall. Die ADM-Vorbereitungen waren auch während seiner Ministerzeit weiter gelaufen und nicht abgebrochen worden. Er konnte es kaum fassen: Entsprechende Maßnahmen waren an mehreren Orten in der Bundesrepublik im Gange. Der Elbe-Seitenkanal hatte bereits Aufsehen erregt. Die sehr umfänglichen Planungen für das berüchtigte Fulda-Dreieck waren weit fortgeschritten. In beiden Fällen konnte, stellte Schmidt fest, möglicherweise mit dem Argument, die vorgesehenen Kosten von 30 Millionen D-Mark allein für Fulda würden überschritten, eingegriffen werden. Die angedachte Sicherung des Main-Donau-Kanals und die Planung vorsorglicher ADM-Einrichtungen in der Umgebung von Lüneburg ließ Schmidt umgehend abbrechen. Der Fall der Düsseldorfer Rheinbrücke veranlasste ihn, sich über das bestehende und ausgebaute System an nuklearen Sperrzonen und Sperrpunkten informieren zu lassen. Er wollte den »Sperrplan des Kabinett Kiesinger kennenlernen«.[351] Es überraschte ihn, wie flächendeckend in der Norddeutschen Tiefebene sowie in den Tälern und Knotenpunkten der Mittelgebirgszonen bis an die österreichische Grenze Sprengkammern und Bohrlöcher angefertigt worden waren.

Seit mehr als fünf Jahren, seit im Dezember 1964 General Trettner und Minister von Hassel erklärt hatten, es gäbe in Deutschland keine realen oder geplanten »Atom-Minen« oder »Minengürtel«, war die Bundeswehr tätig gewesen. ADM-Sprengkammern wurden nicht nur auf dem Papier der Führungsstäbe der Hardthöhe ersonnen, sondern waren bereits – vereinbart zwischen Bonn und Brüssel – vor Ort gebaut worden. Die Praxis des Militärs eilte der Politik des Militärs voraus. Während Trettner noch für das deutsche, »massiv« ausgerichtete ADM-Kriegsbild warb, hatten die Militärs längst Fakten geschaffen. Im Herbst 1965 waren die Sprengkammern an den Elbbrücken fertig. Lauenburg beispielsweise war von allen vier Himmelsrichtungen von ADMs eingekesselt, da man alle Straßen unterminiert hatte, auch in Richtung Hamburg. Damals hatte das Heer noch nukleare »Trichtersprengungen« bevorzugt, die nur wenige Meter unter der Bodenoberfläche gezündet wurden und zu beträchtlichen radioaktiven Kollateralschäden geführt hätten.[352]

Schmidt reagierte rational, suchte Lücken in seiner Agenda, bestand auf Effizienz der Brüsseler Entscheidungen. Die »4 No's« mussten mit höchstem Nachdruck durchgesetzt werden. Die Informationen über den ADM-Sperrenplan aber alarmierten ihn und stärkten seine Entschiedenheit. Doch er wollte noch etwas abwarten. Die ernsthafte Überprüfung erfolgte Ende Januar 1971, während der NATO-Übung WINTEX 71.[353] Als er vor einem Jahr seine Agenda für die Kampagne gegen den Ersteinsatz von ADM entworfen hatte, war dieser Termin, an dem der Erfolg gemessen werden sollte, fixiert worden.

Schmidt ließ sich zuvor in der Runde seiner führenden Generale auf der Hardthöhe einen Überblick über Übungszweck, Art und Ablauf der vorgesehenen Szenarien geben. Er unterstrich sein Interesse an WINTEX, indem er die beiden Staatssekretäre Berkhan und Birckholtz in die »Gefechtsstände« der Regierungsbunkeranlagen in der Eifel entsandte. Die Informationen über den militärpolitischen Stellenwert dieser Großübung ließen Schmidt bereits im Vorfeld nach dem Sinn der »atomaren Kriegführung« fragen. Daher wies er »auf die verheerenden psychologischen Auswirkungen des ständigen Spielens eines atomaren Krieges vor allem auf die zivilen Teilnehmer hin«.[354] Mehr noch, Schmidt ging ins Grundsätzliche. Angeregt durch die Gespräche im Hause der Gräfin Dönhoff und seine Kontakte zur jungen Friedensforschung, hatte er Kenntnis von Analysen zur nuklearen Verteidigung. Unter Leitung von Carl Friedrich von Weizsäcker war eine solche Studie am Starnberger Max-Planck-Institut zur Erforschung der Lebensbedingungen der wissenschaftlich-technischen Welt angefertigt worden, die die NATO mit ihrer Rüstung und Strategie ernst nahm.[355] Ausgewiesene Sicherheitsexperten und Naturwissenschaftler rechneten in mehreren Modellen die nuklearen Vernichtungspotentiale durch und fragten: Wie viele Atombomben verträgt Deutschland, wenn es unter den Bedingungen einer komplexen Industriegesellschaft überleben will?

Die Analyse der nuklearen Kriegsfolgen ließ keine Zweifel aufkommen. Nur wenige Dutzend Atomexplosionen würden, ob auf Helgoland oder in den Alpen gezündet, die Lebensmöglichkeiten für Generationen auslöschen. Deutschland wäre mit nuklearen Waffen nicht zu verteidigen, es sei denn man kalkuliere die gesicherte Selbstvernichtung ein.[356] Die von Militärs geplante Größenordnung der Atomwaffeneinsätze müsse nicht erreicht werden, um die Voraussetzungen des Überlebens in Mitteleuropa zusammenbrechen zu lassen. In Abwandlung eines Wortes von Strauß – Stromerzeugung aus

Atomkraftwerken sei erforderlich, wollte man Deutschland nicht ins Steinzeitalter zurückversetzen – ließ sich das Ergebnis so fassen: Die Bundeswehr würde Deutschland ins Steinzeitalter zurückbomben.

Diese Ergebnisse präsentierte Schmidt seinen überraschten Generalen bei der Vorbesprechung von WINTEX 71 und bat, notierte de Maizière verblüfft, um »Auswertung« der Weizsäcker-Studie.[357] Damit erhoffte sich Schmidt eine offene Erörterung aller Fragen der Verteidigungs- und Sicherheitspolitik, der konventionellen oder nuklearen Doktrinen, des Gleichgewichts, der Glaubwürdigkeit und Hinlänglichkeit der Rüstungen, aber vor allem der Konfliktlösung und Kriegsverhinderung. Dachte er wirklich, mit diesen Anstößen den Glauben der Militärs an die Atomstrategie erschüttern zu können?

WINTEX war eine mehrtägige Übung, die von Mitte der sechziger Jahre bis zum Ende des Kalten Krieges in jedem zweiten Winter einen militärisch ausgetragenen Ost-West-Konflikt in Europa simulierte. Die Krise begann »regelmäßig« an der Peripherie Mitteleuropas, entweder auf dem Balkan und in der Türkei oder in Skandinavien.[358] So auch 1971. Ein Großangriff vom Kap bis zum Kaukasus wurde schließlich nach einigen Tagen mit einem Einsatz von ADM und anderen taktischen Atomwaffen beantwortet, um gegnerische Durchbrüche zum Stillstand zu bringen. Auch wenn solche Übungen nur, wie betont wurde, bestehende Verfahren prüfen und austesten sollten, geben sie doch Aufschluss darüber, wie Doktrinen übertragen und militärpolitische Probleme in einem Modell gelöst werden. Auf jeden Fall wird deutlich, welchen Stellenwert die Politik in den Abläufen hat. Hinsichtlich der Konsultations-Richtlinie, der »Vorläufigen Politischen Richtlinie« sowie der »Besonderen Politischen Richtlinie (ADM)« war also zu erkennen, wie das Militär die alten Verfahren verändert und was sie bewirkt hatten. Von der Übungsleitung wurde noch betont, der deutsche Einfluss in den Brüsseler Institutionen wäre sichergestellt; das Gewicht der Bundesrepublik als besonders betroffenes Land sei gewahrt; der Botschafter bei der NATO werde in die Konsultationen einbezogen. Die Bilanz klang ähnlich positiv wie bei WINTEX 75, als man nach dem Einsatz von etwa 250 Atomsprengkörpern erklärt hatte, die Behörden würden arbeitsfähig bleiben: »Die Erfüllung des Auftrags sei weiterhin sichergestellt«.[359]

Kaum war WINTEX 71 beendet, traf die Stellungnahme eines Generals im Ministerbüro ein, der an der Winterübung beteiligt war. Es handelte sich um einen der ranghöchsten, den Kommandierenden General des II. Korps, Generalmajor Franz Pöschl. Er kritisierte die »wahnwitzige und stupide Form militärischer Führung« im Gesamtrahmen von WINTEX 71:

»Unter dem Vorwand des Dogmas der Vorwärtsverteidigung« habe man die selektive Freigabe von Atomsprengkörpern »auf breiter Front« vorgenommen. Am meisten empörte ihn, dass man seine im Übungsstab geäußerten Bedenken ohne weitere Begründung einfach unter den Tisch fallen ließ. Aus mehreren Gründen fand er die Übung »makaber«. Der Übungsleitung warf er vor, mit dem frühen Atomwaffeneinsatz »im Endeffekt den Krieg zum atomaren Schlagabtausch eskaliert zu haben«, bevor die berühmte Denkpause für politische Verhandlungen überhaupt eintreten konnte. WINTEX 71 entspreche in dieser Anlage nicht der Strategie der »flexiblen Reaktion«. Beispielsweise sei »etwa ein halbes Hundert eigener« nuklearer Sprengkörper auf einem kleinen Gebiet eingesetzt worden, das von der Truppe hätte geschützt werden sollen. Die Folgen seien verheerend: zum einen die »zwangsläufig destruktiven psychischen Auswirkungen auf die Truppe« und zum anderen der »sichere Tod« der Bevölkerung und »die totale Verwüstung ihrer Heimat«.

WINTEX 71 rief bei Pöschl Erinnerungen an das Ende des Weltkrieges wach, als er den »törichten Glauben« der

Wehrmachtführung erlebt hatte, auf ähnliche Weise – »so unbeschwert und bedenkenlos schneidig« – der eigenen Truppe »imponieren« zu müssen. Er konnte dieses Urteil abgeben, hatte er doch als Major im Gebirgsjägerregiment 100 im Februar 1944 das Ritterkreuz verliehen bekommen. Pöschl distanzierte sich von einem derartigen Bild des Soldaten, das dem Ideal eines »stur agierenden Kriegsfunktionärs und -Handwerkers« folge und keine Spur vom Ideal des »Staatsbürgers in Uniform« erkennen lasse. Sein Urteil hatte Gewicht. WINTEX 71, lautete kurz und knapp sein Fazit, dokumentiere die »Fragwürdigkeit dieses schillernden Bildes von Schein und Sein«.[360] Schmidt war von der Courage dieses Generals, seiner aktuellen Analyse ebenso wie von seinen Äußerungen zur deutschen Militärgeschichte sehr beeindruckt. Er sagte Pöschl, dass er in vielen Dingen mit seinen Beobachtungen übereinstimme, und bat ihn um eine Besprechung.[361]

Schmidt nahm sich eine Auszeit, um über WINTEX nachzudenken. Er musste die Teile wie bei einem Puzzle neu ordnen. Mehr als einen Monat ließ er verstreichen, bevor er WINTEX 71 mit den Inspekteuren und den die Stabsabteilungen leitenden Generalen der Hardthöhe besprach. Er nutzte die Zeit, die diversen Perspektiven und Berichte, Auskünfte und Analysen heranzuziehen und die Konsequenzen abzuwägen. Drei Kritikbereiche schälten sich heraus.

(1.) Anzahl und Umfang der eingesetzten taktischen Atomwaffen standen in einem eklatanten Widerspruch zur NATO-Strategie. Die militärischen Vorgaben wurden weit überschritten. Als ob sie die Politik herausfordern wollten, hatten die Militärs die selbst definierte Ratio der militärischen Effizienz gesprengt. Der vortragende General bestätigte: »Der taktische Nukleareinsatz erfolgte wesentlich intensiver als nach den ›Politischen Richtlinien‹ angemessen.« Da die »oberste Bundeswehr-Führung wesentliche exekutive Aufgaben« bei der operativen Auslegung wahrgenommen hatte, trug sie dafür die Verantwortung, vermerkt das Protokoll.[362]

Die politische Mitsprache war (2.) nach der Auffassung des Ministers in inakzeptabler Weise vernachlässigt worden. Die Kommandierenden Generale hatten Atomwaffen nur über den militärischen Draht in Brüssel angefordert. Das entsprach nicht dem Willen der Politik, wie er in den »4 No's« und den NATO-Richtlinien festgehalten war. Die Übung hätte auf jeden Fall politische Kontakte einschalten und deren Entscheidungen berücksichtigen müssen. Die Militärs planten die militärische Eskalation allein, ohne politische Einflussnahme. Der Minister »äußerte seine erheblichen Vorbehalte«. Es sei nicht die Lösung eines Konflikts, ihn mehr oder weniger in einen »allgemeinen nuklearen Krieg« münden zu lassen, wie er in Brüssel vor dem Verteidigungsplanungskomitee (DPC) der NATO noch einmal ausdrücklich wiederholte.[363]

(3.) überstieg schließlich die Dimension, Atomwaffen breitflächig einzusetzen, jedes Maß. Die angenommenen Verluste unter der Bevölkerung und die Zerstörungen des Landes waren zum Vorteil der nuklearen Effizienz hingenommen worden. Schmidt verwarf den Gesamtansatz: »Er stellt fest, dass durch die weitere Anlage derartiger Übungen der Verteidigungswille Westeuropas zerstört wird.« Der Grundsatz der Verteidigung schien überhaupt nicht gewahrt, da das Überleben der Bevölkerung kaum beachtet worden sei und daher »katastrophale psychologische Folgen« für das Vertrauen in die Politik entstehen würden. De Maizière hielt die »starke Kritik« des Ministers am »nuklearen Krieg« in seinem Tagebuch fest.[364] WINTEX 71 war durchgeführt worden, als hätte es die »4 No's« nie gegeben.

Schmidt beließ es nicht bei der internen Kritik auf der Hardthöhe. Vor dem Militärkomitee der NATO präsentierte er in seinem Vortrag im Mai 1971 ausführlich, wie die politische Bestimmung der Strategie der »flexiblen Reaktion« nach den neueren Richtlinien zu verstehen sei. Militärische Übungen wie WINTEX hätten einen Strukturdefekt, denn sie vermittelten den Eindruck, »die konventionelle Verteidigung sei ohne Relevanz« und entsprechende militärische Anstrengungen »wertlos«. Im Gegensatz dazu müssten NATO und nationale Regierungen mehr Wert auf Krisenmanagement und Konfliktkontrolle legen und auf allen Stufen der Eskalation »zivile Politiker« einschalten. Ihre Beteiligung sei unerlässlich. Jede Vorstellung eines Krieges in Mitteleuropa, der zum allgemeinen nuklearen Krieg führe, sei unvernünftig und nicht zu verantworten: Das Äußerste sei ein »selektiver taktischer Einsatz nuklearer Waffen«, allerdings nur in Übereinstimmung mit den »Vorläufigen Politischen Richtlinien«, die zwingend die internen Beratungen unter den Regierungen vorsähen. Der politische Wille habe Vorrang vor dem Expertenwissen der Militärs und müsse notwendigerweise den Rahmen der NATO-Übungen und der Verteidigungsplanung bilden.[365]

Das Urteil der politischen Leitung über WINTEX 71 war niederschmetternd. Wohl hatte die Strategie der »flexiblen Reaktion« im Sprachgebrauch der Militärs gewisse oberflächliche Spuren hinterlassen, aber in der Umsetzung haperte es beträchtlich. WINTEX 71 konnte als Demonstration der »massiven« nuklearen Verteidigungsdoktrin verstanden werden. Obwohl seit der Verabschiedung der »Athener Richtlinien« nahezu ein ganzes Jahrzehnt vergangen war, wurde im militärischen Sektor der Hardthöhe an den alten Prinzipien festgehalten und die Einführung der neuen Militärpolitik verhindert. Alle Richtlinien der NATO seit der NPG-Sitzung in Venedig 1969 wurden in der Konzeption von WINTEX 71 ganz eindeutig übergangen. Das Militär zeigte sich von den Vorgaben aus Bonn und der NATO wenig beeindruckt.

Was trieb die Generale zu derartigem Handeln, von dem sie wussten, dass es im klaren Gegensatz zur Politik des Ministers, der Regierung und des Bündnisses stand? Die Bundeswehr hinkte der Entwicklung von Politik und Strategie gewaltig hinterher, so Schmidts Urteil. Auch Axel Gablik, ein mit den strategischen Feinheiten der Zeit vertrauter Experte, bezeichnete es als ein charakteristisches »Manko« der Bundeswehr, faktisch ein ganzes Jahrzehnt benötigt zu haben, um den grundlegenden Strategiewechsel der »Athener Richtlinien« nachzuvollziehen.[366] Die militärische Führung war schwer einzuschätzen. Offiziell galt die Meinung, sie würde die Politik nur beraten und ihr Primat nicht missachten. Dennoch waren die militärischen Prinzipien so gewichtet worden, die Kategorie des Politischen hintanzustellen, wenn es um die letzte Entscheidung ging. Bemerkenswert ist, dass in der Führungselite der Bundeswehr dieser mehrheitliche Konsens über die Jahre konstant blieb. Das Denken der militärischen Profession war ambivalent geprägt und getragen von dem spezifisch traditionalistischen militärischen Milieu. Einen zu mächtigen Primat des Politischen lehnten die Militärs als Eingriff in die eigene Kompetenz ab.

Schmidt blickte zurück. Fast anderthalb Jahre hatte er sich für den Wandel der Sicherheitspolitik eingesetzt. Die Reformen im Innern der Bundeswehr waren vorangekommen. Liberale, zumindest pluralistische Entwicklungen zeigten sich. Aber die Reform auf internationaler Ebene, mit der die Verfahren und Regelungen der Sicherheitspolitik geändert werden sollten, um die Zuständigkeit der Politik abzusichern, hatten nicht gegriffen. Obwohl er die Realität der militärischen Planungen früh erkannte und schon 1969 seine Agenda entworfen hatte, war der hinhaltende Widerstand der Militärs zur unüberwindbaren Barriere geworden. Auch de Maizière hatte auf ›seiner‹ Hardthöhe wenig erreichen können. Die Abläufe der WINTEX-Übung 1971 bewiesen, dass die politischen Grundsätze der

NATO von der verantwortlichen Militärelite mehrheitlich nicht angenommen wurden. Die Politik war in eine Sackgasse geraten. Schmidt war entschlossen, den militärischen »Scheuklappen« die Macht zu nehmen und durch politische Einsicht und Übersicht zu ersetzen.

2. Der Entschluss: Geheimdiplomatie

Melvin Laird und ich haben natürlich viel miteinander telefoniert, wohl wissend, dass alle möglichen Leute abhören … Wahrscheinlich ist, dass ich irgendwann gesagt habe, im Ernstfall brauchen wir eine Leitung, die nicht abgehört werden kann. So wird es wohl gewesen sein. In meiner Erinnerung ist das fest verankert, dass ich es verlangt habe und Laird hat es durchgesetzt.

Habe ich Willy Brandt über die nukleare Frage genau unterrichtet? Es gab Schwierigkeiten …, der Hofstaat war undicht. Manche waren unzuverlässig, was Verschwiegenheit angeht. Deshalb habe ich immer gezögert, wichtige Dinge zur Kenntnis des Personals des Bundeskanzleramtes zu bringen. Briefe an Brandt, das wissend, werden vorsichtig formuliert gewesen sein.

Helmut Schmidt, 15. November 2007

Die Gelegenheit zu handeln ergab sich fast von selbst. Die kommende Sitzung der Nuklearen Planungsgruppe sollte am 25. und 26. Mai 1971 in Mittenwald stattfinden. Also – ein Heimspiel? So waren die Umstände kaum zu nennen. Für einen erfolgreichen Tagungsverlauf mussten umfangreiche Vorbereitungen getroffen werden. Neben den anderen drei Ständigen Mitgliedern aus den Vereinigten Staaten, Großbritannien und Italien waren Kanada, die Niederlande, Norwegen und Griechenland zum letzten Mal eingeladen, da ihr zeitweiliger

Turnus in der Mitte des Jahres endete. Diese Besetzung schien Schmidt günstig, hatten doch alle Teilnehmer die Richtlinien der politischen Einbindung mit erörtert und beschlossen und waren an der militärischen Verteidigung in Mitteleuropa, an den nördlichen und südöstlichen Flanken des Bündnisgebietes beteiligt. Außerdem waren sie alle zutiefst betroffen von der Hauptentwicklung dieser Jahre, der deutschen Ost- und Entspannungspolitik. Sie verband sich ganz besonders mit der deutschen Bundesregierung und namentlich der Person des Kanzlers Willy Brandt, den die Vision einer spannungsfreieren Friedensordnung in Europa vorantrieb. Es gab Aufbrüche und Rückschläge – ebenso viel Hoffnung wie Misstrauen.

Der Kniefall Willy Brandts vor dem Ehrenmal des Warschauer Ghettos gehört wie kaum ein anderes Ereignis ins kollektive Gedächtnis dieser Zeit. Seine Geste am 7. Dezember 1970 – nach der Unterzeichnung des deutsch-polnischen Freundschaftsvertrages – wurde als Sinnbild dafür verstanden, dass die Deutschen den Verlust der Ostgebiete als Ergebnis des von ihnen zu verantwortenden Weltkrieges annahmen. Zeitgleich wurde über eine Berlin-Regelung verhandelt, die – ungewöhnlich kompliziert – eine Verhandlung der vier Mächte der Siegerallianz des Krieges war, aber zugleich nur mit Zustimmung der beiden deutschen Staaten gelingen konnte. Auf verdeckten Kanälen hatten die deutschen und amerikanischen Chefunterhändler, Egon Bahr und Henry Kissinger, verhandelt, um gegenüber dem Osten zu Ergebnissen zu gelangen. So knüpfte Bahr Kontakte zu dem von Minister Andrej A. Gromyko beauftragten Valentin Falin. Doch aufgrund dieser Vertraulichkeit hatten die Probleme begonnen, da die Nixon-Administration von der Sorge getrieben wurde, die Ostkontakte könnten zu einem Riss im westlichen Bündnis führen. Hatten nicht schon in der Weimarer Republik die Deutschen eine zu selbständige Ostpolitik verfolgt? Jedenfalls ging zeitweilig in Washington das Gespenst um, Bonn könne außer Kontrolle geraten und sich unkalkulierbar nach Osten wenden. Nichts durfte das vorrangige Interesse stören, das seit Jahren die internationalen Beziehungen bestimmte: den koordinierten Abzug der amerikanischen Truppen aus Vietnam und die Begrenzung der strategischen Atomwaffen.

Es war allerhand in Bewegung, um die internationale Nachkriegsordnung neu zu gewichten. Schmidt bezog sich direkt darauf, als er die Absprache mit Brandt suchte. Anknüpfend an den letzten Kanzlerbesuch in Washington im April 1970 unterstrich er erneut die Notwendigkeit der Präsenz amerikanischer Truppen in Westeuropa. Diese Stationierung läge auch im ureigensten Interesse der USA, da sie »in Europa auch sich selbst« verteidigten, zugleich sei sie für die »Wirksamkeit der Abschreckung« und die Glaubwürdigkeit der Strategie der »flexiblen Reaktion« im Ost-West-Konflikt unverzichtbar.

Er hatte ein Grundsatzpapier über die »Bedeutung der amerikanischen Truppen in Europa« für das Bundeskabinett verfasst. Dabei stellte er heraus, das internationale Gleichgewicht in Mitteleuropa dürfe nicht gefährdet werden. »Es darf nicht zu Ungunsten des Westens modifiziert werden«, lautete ein Kernsatz. Um kein Missverständnis aufkommen zu lassen, formulierte er abschließend, die deutsche Entspannungspolitik sei fest in die NATO »eingebettet«: »Erosionserscheinungen im Bündnis würden dieser Politik den Rückhalt nehmen.«[367] Für das Gelingen der internationalen Verhandlungen benötige Brandt den zweifellosen Rückhalt nach Westen, unterstrich Schmidt und bat um seine Zustimmung für dieses Grundsatzpapier.

Schmidt holte Brandt an Bord. Er sollte zur Sitzung der Nuklearen Planungsgruppe in Mittenwald kommen. Als er ihn über das große Thema der politischen Kontrolle der Atomwaffen informierte, verband er das mit dem Hinweis auf die kon-

kreten Sorgen der Amerikaner, die Deutschen könnten unge-
wollt außenpolitische Unzuverlässigkeit zeigen. Sie befürchte-
ten, die Bonner Regierung befinde sich »an der Schwelle eines
Gesinnungswandels«, sogar Minister Laird »attackierte in diesem Zusammenhang die deutsche Ostpolitik«.[368]

Sachliche Aufklärung und ein Zeichen des Vertrauens gegenüber dem Bündnispartner sollten zum Erfolg in Mittenwald
beitragen und sich keinesfalls auf symbolisches Handeln beschränken. Die Vereinigten Staaten und Deutschland sollten geschlossen für eine gemeinsame Politik eintreten. Indem Brandt
dem Westen seine Loyalität versicherte, konnte er daraus die
Gewissheit ableiten, nach Osten hin handlungsfähig zu bleiben,
und würde zugleich der deutschen Sache damit dienen, Laird
und die amerikanische Delegation zu beruhigen und schließlich
die Verhandlungsposition von Schmidt auf der NPG zu stärken. In mehreren Vier-Augen-Gesprächen fanden Brandt und
Schmidt die Antwort, welche Lektion aus WINTEX 71 zu lernen sei. Auch der Kanzler müsse in der NATO für den Primat
der Politik gegenüber dem Militär Flagge zeigen.

Brandt verschloss sich dem Drängen von Schmidt nicht, im
Gegenteil: er akzeptierte im Februar 1971 einen mit weiteren
Ministerien und der Parteiführung der Sozialdemokratie abge-
stimmten »Aufklärungsplan für die USA«.[369] Natürlich fiel das
Bündnis in den Aufgabenbereich des Ministers. Der Kanzler
solle in Mittenwald dennoch eine »politisch sehr wirksame Geste« zeigen und im Zusammenhang der offiziellen Sitzung
»einige politische Worte« über die internationale Lage, besonders über die Westbindung als Voraussetzung der Entspannung, in einer abendlichen politischen »after-dinner-speech«
an die Gäste richten – wie es in Washington Brauch war.[370]

Schmidt inszenierte das Rahmenprogramm der Sitzung geradezu als Event. Die Delegationen der einzelnen Nationen
umfassten – neben den Damen der prominenten Generale,

Botschafter und Minister – bis zu 15 Personen, die unterhalten und versorgt sein wollten. Für die Begleitpersonen wurden Besichtigungen auf der Zugspitze, im bayerischen Werdenfelser Heimatmuseum, bei Geigenbauern und Holzschnitzern (»You know the famous Bavarian art?«) und im Kloster Ettal vorbereitet – ganz im Sinne Schmidts, der eingangs und zu den Exkursionen lächelnd versprochen hatte, die NPG, die Nukleare Planungsgruppe, als wahre »NATO Pleasure Group« zu verstehen.[371] Da brauchte es kaum noch die abendlichen Aufführungen der Heereskapelle in historischen Uniformen, die mit ihrer Tanzmusik Beifallsstürme hervorrief. Bei den zum Abschied gesungenen Lied »La Montanara« konnte sich sogar der ebenfalls ins Kurhaus von Garmisch-Partenkirchen eingeladene bayerische Experte in Sachen Sicherheitspolitik, Franz Josef Strauß, nicht der breit lächelnden Zustimmung erwehren. Als dann Elitesoldaten der bayerischen Gebirgsjäger im Dammkar-Gebirge ihren hohen Leistungsstand vorführten, sich kühn von hohen felsigen Bergspitzen abseilten und tiefe Hangabgründe überwanden, waren die Sitzungsteilnehmer begeistert. Die Höhe und Weite der Alpenwelt beeindruckte ebenso wie die Mobilität der Truppe, die in der abenteuerlich anmutenden Gebirgswelt soldatische Professionalität zeigte.[372]

Der Ernst der Lage spiegelte sich in den intensiven Kontakten, die Schmidt mit dem holländischen Kollegen Wim den Toom und mit Londons Lord Carrington in den vergangenen Wochen eingefädelt hatte. Auch Brosio, dessen Tätigkeit als Generalsekretär bald ablief, war mit einbezogen worden, zumal seine Konsultations-Richtlinien als zukunftsweisend akzeptiert und bereits jetzt als dessen »Testament« gefeiert wurden. Nicht zuletzt war mit Laird der Faden der Verständigung aufgenommen worden. Dieser fasste WINTEX 71 als eine Lehre auf; auch ihn empörte, dass die bestehenden nationalen Auflagen von Schmidt – jene »4 No's« – von den Generalen der NATO, gleich ob amerikanische oder deutsche, übergangen worden waren.[373] Gerade hatten beide ihre Vorgehensweise abgesprochen, da erkrankte Laird ernsthaft.[374] Doch er konnte nach Mittenwald kommen.

Traditionsgemäß oblag dem amerikanischen Minister die Eröffnungsrede der Tagung. Hatte sie ansonsten immer eine Einschätzung der strategischen amerikanisch-sowjetischen Kräfteverhältnisse zum Gegenstand gehabt, so konzentrierte sich Laird diesmal auf die jüngste Fortentwicklung der Nixon-Doktrin in der Sicherheitspolitik, die er mit dem Begriff der »realistischen Abschreckung« charakterisierte. Er griff die Wendungen auf, die er am 9. März bereits in seiner Haushaltsrede vor dem Kongress vorgelegt hatte. Ein zentraler Punkt dieses »Realismus« war, eine ernsthafte konventionelle Option aufzubauen, um jegliche Konflikte auf möglichst niedriger Ebene halten und glaubwürdig lösen zu können. Laird sprach die Zweifel der Militärs direkt an und bestätigte, militärische Sicherheit und nukleare Abschreckung würden erhalten bleiben, nur auf dem neu austarierten Niveau. Dieses Konzept begründe die Partnerschaft zwischen den USA und den einzelnen Verbündeten.[375]

Gleich danach sprach Schmidt das Leitthema WINTEX 71 an. Wer dachte, er suche die einfache Konfrontation, hatte sich geirrt. Taktisch geschickt setzte er auf Sachlichkeit und Überzeugung. Dem Thema näherte er sich nicht, indem er über die Effizienz oder Doktrinen des nuklearen Einsatzes stritt, sondern auf die weiche, die menschliche Seite des modernen Krieges einging. Er hob den psychologischen Faktor hervor, der sich aus WINTEX ergäbe. Das nukleare Konzept demonstriere (1.) die völlige Ausweglosigkeit. Nach den militärischen Krisen-Abläufen werde mehr oder weniger schnell die Eskalation zum allgemeinen nuklearen Krieg vorangetrieben, um danach den Friedenszustand zu erzwingen. Das sei absolut unrealistisch. Es belaste die Soldaten unsäglich, habe auf die Bevölkerung die negativsten Auswirkungen und übergehe (2.) die Regierungen und die politischen Gremien. Man müsse davon ausgehen können, dass alle Beteiligten große Anstrengungen unternähmen, Konflikte zu lösen und zu beenden.

Wie schon vor den Bundeswehr-Generalen verlangte Schmidt für künftige Übungen die Berücksichtigung der NATO-Politik, um die Handlungsfähigkeit der Politik zu zeigen. Im Übrigen, fügte er an, müssten die nationalen Auflagen, die »4 No's«, beachtet werden. Zusammenfassend forderte er, für künftige WINTEX-Übungen die konventionellen Teile, die »eigentlichen Übungsteile«, und den »Teil, in dem nur atomare Verfahrensabläufe geübt werden«, voneinander zu trennen.[376] Im Vordergrund stehe die politische Konfliktlösung.

Laird und Schmidt übten sich im Lob über die »Vorläufigen Politischen Richtlinien« und die Konsultations-Richtlinien von Brosio. Wie selbstverständlich verlangten sie, schnelle, zuverlässige und abhörsichere Fernmelde-Verbindungen nach Brüssel, aber vor allem zwischen Bonn und Washington als »unerlässliche Voraussetzungen« für die Konsultationen zwischen den Regierungen zu schaffen.[377] Am Rande sei angemerkt, dass das Militär zögerte, diesen Auftrag umgehend zu erfüllen, und noch mehrfach ermahnt werden musste, bis dann schließlich gegen Ende 1972 ein System sicherer Telefon-Verbindungen eingerichtet worden war.[378]

Der Wandel im Umgang miteinander war als epochal zu bewerten. Während zu Zeiten der »massiven Vergeltung« die Vereinigten Staaten in jeder Hinsicht dominierten und die Verbündeten über die Freigabe der Atomwaffen durch den US-Präsidenten nur informierten, vertrat Schmidt einen gänzlich anderen Ansatz. Er begriff Politik in einer internationalen Krise als direkte und gleichberechtigte Mit- und Aussprache unter den verantwortlichen Regierungen. Damit wurde vieles innerhalb der NATO verändert: die Funktion der Gremien, die früher die politische Abstimmung unter den Mitgliedern vornahmen, oder die Stellung der nationalen Vertreter bei der NATO, die den Rang bevollmächtigter Botschafter hatten. Gleichermaßen berührte dieser Wandel die Kompetenzen des Militärs in der NATO-Zentrale. Das Militär hatte in der früheren Phase der Geschichte des Bündnisses Verfahren entwickelt, mit Washington besonders weitreichende Entscheidungen zu treffen. Die politisch-militärische Kooperation in Brüssel war neu zu ordnen, davon war auch der politische Vertreter – also der Botschafter – betroffen. Seine Aufgabe, im Namen der Bonner Regierung zu handeln oder über militärische Abläufe zu unterrichten, unterlag den Forderungen der »4 No's«.

All das galt es zu regeln. Nach den Erörterungen zu WINTEX 71 standen weitere Fallstudien auf der Tagesordnung, in denen das Militär regionale Fälle einer Verteidigung durchgespielt hatte. Eine solche wurde von einem für den Norden der Bundesrepublik zuständigen NATO-Stab mit der Auflage vorgestellt, nur konventionell zu verteidigen. Der gegnerische Durchbruch gelang, auf der militärischen Schiene wurde vom Kommandierenden General die Freigabe für einen selektiven Einsatz von ADM angefordert – und der Ersteinsatz erfolgte, schnell und frühzeitig, wie gewohnt. Der Grund war einfach: Da die vorbesprochenen Bedingungen einer Bedrohung griffen, konnte SACEUR quasi automatisch die Atomwaffen an Truppen mitten in Deutschland, weit von einer Grenze entfernt, übergeben. Trotz der Richtlinien von 1969 und 1970 beachtete das Militär nicht die Pflicht zur politischen Konsultation und zum Vorrang der nationalen Regierungen. Nach der vorgetragenen Lage fanden die politischen Konsultationen auf Regierungsebene nicht statt, es wurde nur der in Brüssel residierende Repräsentant, der Botschafter, eingeschaltet. Dieses Verfahren, so rechtfertigten sich die Militärs in der Diskussion, sei wegen der Effizienz und der »Glaubwürdigkeit der Abschreckung« notwendig.[379] Das beeindruckte Schmidt so nicht.

Die vorgetragene Fallstudie, erinnerte sich Altenburg, hatte aus zwei Gründen bei den anwesenden Ministern »ein so verheerendes Ergebnis gebracht«. Zum einen »im Blick auf die Auswirkungen auf die Zivilbevölkerung«. Hier war offenkundig, die militärischen Stäbe hatten die deutschen, von Schmidt vor einem Jahr eingebrachten nationalen Auflagen, also die »4 No's«, und die einschlägigen NATO-Beschränkungen, nicht berücksichtigt. Und zum anderen: »all dies konkret geplant, mit der Automatik des Einsatzes auf dem Gefechtsfeld und mit dem [Wunsch nach, D. B.] immer mehr Prädelegation« der Atomwaffen. Das brachte das Fass zum Überlaufen. Zwar war das Wort Prädelegation aus dem Vokabular gestrichen worden, aber aus praktischen Gründen hatten die Militärs findig den alten Verfahren entsprechende »Terms of References« für den »selektiven Einsatz« entworfen. Sie wollten die Autorisierung. Das »verheerende Ergebnis« war, dass – nach WINTEX – auch in der NPG die von den Ministern und den obersten Generalen selbst verabschiedeten Prinzipien der politischen Kontrolle missachtet wurden.

Schmidt hat stattdessen »in Mittenwald deutlich gemacht: Wir wollen hier ein völlig anderes Denken haben. Wir dürfen nicht mal in die Gefahr kommen, dass das Gefechtsfeld die Ursache für den nuklearen Erstschlag sein kann.«[380] Daher brachte er konkrete Änderungswünsche »über die künftige Verfahrensweise« ein, die in Übungen erprobt und in der NATO verwirklicht werden müssten.[381] Die 9. Sitzung der Nuklearen Planungsgruppe in Mittenwald im Mai 1971 dokumentiert ein gewandeltes politisches Bewusstsein der Verteidigungsminister. Eine neue Ära zeichnete sich ab, welche die *politische* Verantwortung im nuklearen Zeitalter herausstellte. Andrew I. Goodpaster, der oberste amerikanische General und SACEUR, hatte bislang geglaubt, die politischen Forderungen

*Nach der Sitzung der Nuklearen Planungsgruppe in Mittenwald,
25. Mai 1971, von rechts: Laird, Schmidt, Brandt, General Johannes Steinhoff*

des deutschen Ministers als singuläres Aufbegehren abtun zu
können. Es würde wohl ausreichen, wenn er ihnen in der Praxis
der NATO-Organisation irgendwie entsprach. Denn, wer
könne schon wissen, wie lange sich diese deutsche Regierung
halten würde; die konservative parlamentarische Opposition in
Bonn versprach doch deren baldiges Ende. Das war eine verbreitete Meinung in den Brüsseler Stäben.[382] Der Verlauf der
Sitzung in Mittenwald aber hatte mehr als deutlich gemacht,
dass die Politik absolute Geltung beanspruchte. Ihre Forderungen hatten Gewicht, da auch die amerikanische Seite sie
vertrat. Das wurde auch den Generalen auf der Hardthöhe klar,
als Schmidt sie nach dem Treffen von Mittenwald zur »sorgfäl-
tigen Auswertung« der Ergebnisse aufforderte.[383]

Vor allem aber gewann Mittenwald seinen historischen Stellenwert durch ein schon länger vor dieser Sitzung verabrede-
tes Vier-Augen-Gespräch zwischen Laird und Schmidt. Hier

wollten sie abschließend das Fazit aus zwei Jahren politischen Wirkens ziehen, seit sie erstmals im Sommer 1969 über die politische Kontrolle des Einsatzes von Atomwaffen in Washington beraten hatten. WINTEX 71 und die derzeitige Sitzung brachten allerdings die aktuelle Version der Probleme ans Licht. Beiden Ministern war die Koalition der Militärs unabhängig von ihrer Nationalität deutlich geworden. Gerade deutsche und amerikanische Offiziere schienen einhellig eine Position zu vertreten, so dass sie, sich gegenseitig stützend, Widerstand gegenüber dem artikulierten politischen Willen aufbauten. Ganz offensichtlich hatten Generale diese Entwicklung zugelassen – oder hatten diese sie gar, fragten sich Laird und Schmidt, provoziert? Die Machtfrage war gestellt.[384]

Schmidt hatte in Abstimmung mit Laird ein Modell entworfen, das die Priorität der politischen Verantwortung endgültig herstellen sollte. Ein wirklich großes Problem, über das Schmidt intensiv mit Laird gerungen hatte, war zu lösen, ohne die internationalen Abläufe und die Rechte des amerikanischen Präsidenten aus den Augen zu verlieren. Wenn diese Voraussetzung erfüllt war, konnten sie das eigentliche Ziel angehen, die planerischen Vorbereitungen und die nahezu automatisch ablaufenden Absprachen der militärischen Stäbe in der NATO zu durchbrechen und in den politischen Griff zu bekommen. Nachdem Schmidt mit eindringlichen Worten über Wochen gedrängt hatte, war es Laird gelungen, in Grundzügen bemerkenswerte Konzessionen auf amerikanischer Seite zu erreichen. Generalstab und Pentagon fügten sich, die etablierten Wege ihrer Weisungsgewalt an SACEUR sollten modifiziert werden.

Schmidt hatte für Laird ein Schriftstück nach Mittenwald mitgebracht.[385] Er hatte dabei in Übereinstimmung mit den bereits verabschiedeten nationalen Auflagen, den »4 No's«, noch einmal deren wichtigste Punkte notiert: kein Minengürtel, keine Prädelegation, keine Vorbereitungen der Sprengschächte in Friedenszeiten und keine Verluste unter der Zivilbevölkerung beziehungsweise Schonung lebenswichtiger Einrichtungen. Gerade diesen letzten Punkt hat Schmidt »sehr ernst« genommen und mit detaillierten Auflagen versehen. Am Schutz der Menschen vor nuklearer Verstrahlung in ganz Deutschland lag ihm besonders.[386] Nachdrücklich wurde betont und definitiv festgelegt, dass jede Vorbereitung für ADM-Einsätze untersagt wurde, nicht nur in Friedenszeiten. Auch in der Krise, in Spannungszeiten und nach dem Auslösen der ersten Alarmstufe hatten die Kommandierenden Generale und SACEUR keinen Zugriff auf vorbereitete »Terms of References«.[387]

Der Begriff der »4 No's« war in der NATO in vielen Dokumenten seit 1970 verbreitet. Um hier nicht zu verwirren, wird er weiter verwendet. Dieses Dokument vom Mai 1971 aus Mittenwald steht in Kontinuität zu den »4 No's«; es enthält im Wesentlichen diese vier Grundsätze, ergänzt sie aber durch ausführliche Formulierungen, um die politischen Vorbehalte und den Primat der Politik in klaren Verfahren abzusichern. Daher wird nunmehr, wenn das Mittenwald-Dokument gemeint ist, von den »4 German No's« gesprochen.

Wie stellte Schmidt sich vor, den Primat der Politik sichern zu können? Da die allgemeine Forderung nach politischer Konsultation, die den »4 No's« zugrunde lag, einfach von den Militärs übergangen worden war, griff Schmidt auf die besagte Erfahrung aus dem Jahr 1970 zurück, dass das militärische Denken so angelegt ist, alles in Verfahren regeln zu wollen. Also musste der Primat der Politik sich in verbindlichen Verfahrensregeln niederschlagen.

Die »4 German No's« forderten, dass vor dem Einsatz von Atomwaffen die ausdrückliche Zustimmung der Bundesregierung vorliegen müsse. Entsprechend hatte SACEUR, bevor auch nur der Einsatz der Atomwaffen vorbereitet werden konnte, einen Antrag an den Bundesminister der Verteidigung zu richten. Allein, der Minister war nicht befugt, zum Beispiel dem Antrag, Bohrlöcher anzubringen, stattzugeben. Die Genehmigung selbst wurde ausdrücklich an das gesonderte Votum der Bundesregierung gebunden. Die Regierungsentscheidung wurde weiter differenziert. Der erste Antrag von SACEUR betraf nur die Vorbereitungen für den Bau von ADM-Sprengschächten. Danach erst, auf einer zweiten Stufe, konnte SACEUR von der Bundesregierung autorisiert werden, weitere Schritte für den Einsatz von ADM einzuleiten.

Schmidt wählte dieses umständliche Verfahren der Einzelanträge, da er absolut sicher gehen wollte, dass bei derartig überlebenswichtigen Fragen auch ein zeitlicher Abstand gewahrt werde, um der Hektik der Ereignisse in einer Krise Rechnung zu tragen. Auch war nach diesem Verfahren noch keine Freigabe der Atomwaffen selbst impliziert: Das Prozedere betraf ausschließlich die Stufen militärtechnisch vorbereitender Maßnahmen, die der Freigabe-Zustimmung vorausgehen mussten. Das Dokument – die »4 German No's«, in dem das Konzept festgehalten wurde – hatte Schmidt persönlich entworfen: »Ich nehme an, ich hab' es alleine gemacht« und niemand »aus dem Ministerium, weder von der zivilen noch von der militärischen Seite«, sei daran beteiligt gewesen oder darüber in Kenntnis gesetzt worden.[388]

Dieses Dokument – ganz geprägt von Schmidts persönlichem Sprachduktus und nicht im Amtsdeutsch verfasst – übergab er Laird. Es wurde wörtlich so übernommen und als bilaterale deutsch-amerikanische Vereinbarung in Kraft gesetzt. Noch strenger als sonst in Angelegenheiten der Atomwaffen, wurden die »4 German No's« unter dem Mantel der Geheimhaltung verborgen. Diese schien geboten, damit der mögliche Gegner keinen falschen Anlass hätte, am festen Verteidigungswillen von Bundeswehr oder NATO zu zweifeln; dieses Problem bereitete Schmidt besonders Sorgen.[389]

Viele Einrichtungen waren zu beteiligen, und die amerikani-

> Auf der 8. NPG-Sitzung wurden spezielle Richtlinien
> für den ADM-Einsatz abschließend behandelt und am
> 10.12.1970 vom DPC verabschiedet. Diese Richtlinien
> berücksichtigen besondere deutsche Vorbehalte (kein
> Gürtel; keine Anlagen von Sprengschächten im
> Frieden; keine unannehmbaren Folgeschäden; keine
> Prädelegation)[Diese und die daraus resultierenden

4 German No's, handschriftliche Einfügung und Unterstreichung von Helmut Schmidt, Oktober 1971

schen Kommunikationsstränge nach Brüssel zu SACEUR diesen Inhalten entsprechend anzupassen, war eine komplizierte und langwierige Angelegenheit. Diese Aufgabe übertrug Laird in seinem engsten Mitarbeiterstab dem erfahrenen Paul Nitze, zu dem beide Minister Vertrauen hatten.[390] Nitze hatte die Aufgabe, nach den inneramerikanischen Absprachen zwischen Pentagon, Weißem Haus und dem Generalstab diese »4 German No's« als verbindliche Direktive für SACEUR einzubringen und durchzusetzen. Mit den geheimen »4 German No's« waren die deutschen politischen Sicherheitsinteressen ausreichend und erstmals in diesem Ausmaß gegenüber den Vereinigten Staaten gewahrt. Auch war die deutsche politische Mitsprache im Ernstfall gesichert: die Generale hatten den nuklearen »Druckknopf unter ihrer Befehlsgewalt« verloren.[391] Mittenwald war ein Ereignis geworden.

Diese neue politische Konstruktion respektierte gleichwohl die allerletzte Kompetenz des US-Präsidenten, als oberste Instanz den Einsatzbefehl für Atomwaffen auszuüben. Es traf sich, dass in dem sehr begrenzten Kreis der darüber Informierten auf der Hardthöhe Admiral Trebesch und Oberst Altenburg mit Schmidt über diesen Grenzfall letzter Entscheidung sprachen und ihre Bedenken erörterten, tatsächlich den Einsatz von Atomwaffen in Deutschland verantworten zu können. Der Minister erwiderte darauf, man könne nunmehr, da die »4 German No's« greifen würden, fest damit rechnen, dass die deutsche Regierung sowohl im Rahmen der NATO-Richtlinien als auch bilateral konsultiert werde. Er sei überzeugt, dass der US-Präsident in seiner ungeschmälerten Verantwortung die Entscheidung der deutschen Regierung respektieren und dass er sich niemals, sollte Bonn gegen die Freigabe von Atomwaffen votieren, darüber hinwegsetzen werde. Ob er nicht doch zweifeln müsse? »Daraufhin sagte Schmidt etwa sinngemäß: Ich kann mir nicht vorstellen, dass wir dann noch Bündnispartner wären … Was er damit sagen wollte: Dann gilt für uns der Bündnisfall.«[392]

Im Sommer 1971 reiste Helmut Schmidt für eine Woche in die USA, nahm in Colorado Springs an amerikanischen militärischen Übungen teil und konnte entspannt und privat die Begegnung mit Melvin Laird in dessen Zuhause genießen.[393] Noch aber waren die »4 German No's«, das neue bilaterale Geheimabkommen, in der NATO nicht in Kraft.

3. Die schwierige Umsetzung

Ich habe fast nie andere Leute gebraucht. Ich habe immer andere Leute gebraucht, um mich zu informieren, aber nicht, um meine eigenen Gedanken aufzuschreiben.

Ich war sicherlich zunächst überrascht, in Melvin Laird einen Mitspieler zu finden. Das war eine positive Überraschung, eine große Erleichterung gleichwohl. Er war weiß Gott kein Feigling.

Helmut Schmidt, 31. Mai 2007

Seit Mittenwald firmierte die Nukleare Planungsgruppe als das vertraulichste Gremium der NATO für offene Dialoge und freien Meinungsaustausch. Hatte man bislang eher formell und zuvor abgesprochene Bemerkungen vorgetragen und freundlich in Arbeitsgruppen abgeklärt und, wenn nötig, glatt geschliffene Anmerkungen ausgetauscht, erfolgte mit einem Male eine breite, fast befreiende Aussprache. Die Debatten über nationale Positionen und Interessen wanderten gewissermaßen aus den verschlossenen Hinterzimmern der Mitarbeiter und dem vertraulichen Vorraum der Stäbe ins Plenum der Minister und Generale. Die Fassaden gerieten ins Wanken. Erstaunt notierte de Maizière: »Die Offenheit der Sprache der Minister nimmt zu.«[394]

Das in international besetzten Gremien unerhörte Phänomen des direkten Dialogs verwirrte die Stäbe. Die sicherheitspolitisch versierten Minister unter Führung von Schmidt und Laird setzten sich auf der 10. Sitzung der NPG in Brüssel (Oktober 1971) und auf der 11. in Kopenhagen (Mai 1972) ohne Vorabsprache mit den beteiligten Militärs für Änderungen in den Vorlagen und Entwürfen von Dokumenten ein. Ihre politisch motivierten Anträge wurden angenommen, auch, wenn festgehalten wurde – wie berichtet wird –, gegen den Widerspruch oder erheblichen Widerstand der Militärs, die allerdings gar nicht stimmberechtigt waren. Goodpaster klagte, die Militärs könnten sich dagegen nicht behaupten, sie würden überfahren und verstünden zu wenig von der eigentlichen nuklearen Sicherheitspolitik. Er kam zu dem Schluss: Sie hätten »im Grunde genommen relativ wenig Ahnung von Strategie«.[395] Wie leicht zu verstehen ist, reagierten sie auf ihre Weise – taktisch, mit Verzögern und Vertagen.

Die Kontroversen aber nahmen zu. Stück für Stück sicherten sich die Minister in der Militärpolitik ihren Einfluss und suchten überall da, wo Schaltstellen in der NATO betroffen waren, die bestimmende Mitsprache. Gegenstand der konfrontativen Gegenüberstellung waren im Kern die »Vorläufigen Politischen Richtlinien« sowie die in der Zielrichtung damit übereinstimmenden Konsultations-Richtlinien von Brosio.

Hatte man auf militärischer Seite in Venedig 1969 noch den Erfolg gefeiert, in diesen Dokumenten die eigenen Erstschlagsinteressen anerkannt und auch bestätigt zu erhalten, erkannte man nun, dass die Richtlinien gleichermaßen politische Prioritäten setzten, die in den entwickelten Verfahren vernachlässigt wurden. Die erschienen, da sie unter dem Einfluss der »massiven« Vorwärtsverteidigung erarbeitet worden waren, als unzuverlässig und gefährlich, weil sie starr und schematisch auf den frühzeitigen Nukleareinsatz ausgelegt waren. Der Streit in den NPG-Sitzungen, in dem um die Stationierung und Freigabe der ADM gerungen wurde, war nicht ein einfaches SACEUR-Problem, wie die Richtlinien umzusetzen seien, sondern ein grundsätzlicher Konflikt um den Primat der Politik in Bundeswehr und NATO. Dahinter verbarg sich ein gewandeltes Verständnis der Sicherheitspolitik und ihrer Parameter – Glaubwürdigkeit und Abschreckung.

Der Konflikt in der NPG übertrug sich auf die nationalen Militärstäbe. Auch die Hardthöhe blieb von derartigen Auseinandersetzungen um das richtige Verständnis nicht verschont. Erstmals handelte es sich nicht mehr um die fast schematische Gegenüberstellung von Politik und Militär. Eine jüngere Generation von Generalstabsoffizieren besetzte wichtige Posten; sie unterstützte den Ansatz des Ministers und wurde von ihm gefördert. Ein Beispiel kann diesen Wandel verdeutlichen. Wenn General Schulze in der Stabsabteilung »Militärpolitik« noch 1970 bestrebt war, die massive Version der nuklearen Vorneverteidigung mit SACEUR abzusichern und General Goodpaster gewonnen hatte, sich offen gegen Schmidt und Laird zu stellen, dann gab es schon 1971 in Bonn eine andere Konstellation. Der personelle Wechsel in Führungspositionen zu Admiral Trebesch und Mitarbeitern wie Wolfgang Altenburg, Jürgen Brandt, Rolf Steinhaus oder Hans-Henning von Sandrart zeigt den Wandel an.[396]

Die große Mehrheit der Offiziere in den Stäben kämpfte noch um den Erhalt des Alten. Sie spürte den Macht- und Prestigeverlust und beklagte bitter, deutschen Kommandeuren würde vom Minister das Recht entzogen, in eigener Zuständigkeit ADM in Brüssel zu beantragen; es sei doch unerhört, dass er sogar von SACEUR verlange, vor der Freigabe von Atomwaffen ausdrücklich die Zustimmung der Bundesregierung herbeizuführen. Die Emotionalität zeigte sich an der Aufregung in den Führungsstäben, in denen es unzumutbar schien, im Fall eines mit Atomwaffen geführten Krieges der Bonner Regierung jede Zündung einer nuklearen Sprengladung melden zu sollen.[397] Die in alten Denkweisen verharrenden Offiziere sahen ihr Selbstbild und Ansehen infrage gestellt.

Das Phänomen trat auf, dass sich Offiziere, die sich für eine »massive« Ausrichtung der nuklearen Sicherheitspolitik einsetzten, in auffälliger Weise auf die amerikanische Militärdoktrin beriefen. Die Ursache mag darin zu finden sein, dass seit wenigen Jahren ein neues Einverständnis zwischen amerikanischen Offizieren in der NATO und denen der Bundeswehr aufgekommen war. Die Beziehungen hatten sich seit der Amtsführung von de Maizière grundlegend gewandelt und durch konkrete militärische Kooperationen vertieft. Er hatte mit Wheeler, dem Chef des Generalstabes, verabredet, binationale »Studienteams« zur Lösung von Problemen der militärischen Praxis – beispielsweise von »Terms of References« zum Einsatz von ADM – und »gemeinsame Studiengruppen« einzurichten.[398]

Auch in den regelmäßig stattfindenden deutsch-amerikanischen Generalstabsbesprechungen wurden die Auffassungen über den selektiven Atomwaffeneinsatz und die operative Kampfführung in Europa erörtert. Auf der Arbeitsebene der Experten konnten sich die Auffassungen annähern, zumal die

Deutschen von der orthodoxen Doktrin des sofortigen nuklearen Ersteinsatzes abwichen und den flexiblen frühzeitigen
und differenzierteren Gebrauch von ADM akzeptierten. Die
Offiziere der Hardthöhe besaßen Einfluss auf die US-Vor-
schriften.

Die US-Armee und das US-Marinekorps entwickelten eine
Systematik über konventionell-nukleare Operationen, in denen ADM eine bevorzugte Rolle einnahm. Aus Einsatzhand-
büchern und Ausbildungsrichtlinien lassen sich die wichtigsten
Regeln und Funktionen erkennen, die für den amerikanisch
geleiteten Einsatz verbindlich waren. Die US-Armee bildete
für den globalen Einsatz aus, daher waren nicht alle Festlegun-
gen überall gültig. Es gab ergänzend zu diesen Dokumenten
standardisierte Vereinbarungen, so genannte STANAG's, die
für spezielle Regionen galten; für das NATO-Bündnis gab es
also NATO STANAG's. Derartige spezielle Standardisierun-
gen waren mit der britischen, kanadischen und australischen
Armee abgesprochen. Sie fanden sich in den Handbüchern
über Umgang, Berechnung oder Größenordnung des radioaktiven Fallouts.[399] Die technischen und geophysikalischen
Daten beanspruchten sicherlich eine globale Geltung.

Die eigentlichen Einsatzrichtlinien geben den Einfluss des
deutschen operativen Denkens direkt zu erkennen. Ursprüng-
lich war ADM für Sperren konstruiert worden. Die Amerikaner fanden diese Funktion vorzüglich, da sie mit einem Mi-
nutenzünder oder einem bis zu zwölf Stunden wirksamen
Mechanismus versehen waren und – an einer entsprechenden
Stelle platziert – den Gegner vornehmlich durch Krater, Wald-
brände, Überschwemmungen oder Erdrutsche am Vormarsch
hindern würden. Doch derartige taktische Funktionen zählten
zum traditionellen Teil defensiv angelegter Operationen. Nun
überzeugten die Deutschen mit der beweglichen Kampfführung. Ganz dieser Denkschule des deutschen Generalstabs

verbunden, hatten die Amerikaner den Teil »offensive Operationen« angefügt. Der Einsatz von ADM könne in der Offensive das ökonomischste Mittel sein, wenn es die Kalkulation erfordere, schnell Hindernisse gegen feindliche Bewegungen zu errichten, zum Beispiel um Flankenschutz zu gewähren oder um Gegenangriffe abzuhalten.[400]

Einen militärisch unbelasteten Leser dieser Maximen in der Ausbildung von Generalstabsoffizieren irritiert bis heute, mit welcher Unbefangenheit beziehungsweise Großzügigkeit der Einsatz taktischer Atomwaffen für die Kampfführung auf dem Gefechtsfeld gelehrt wurde. Die Bezugsgröße ist in der Regel – nicht immer – das Korps, dessen Kommandierender General befugt war, die Freigabe der nuklearen Waffen zu beantragen. Entsprechend vorher bestimmter Szenarien forderte er nach Bedarf einzelne »Pakete« einer festgelegten Mischung diverser Typen von Atomwaffen an. Die Divisionen erhielten aus diesem »Paket« jeweils 61, 80, 46 oder 52 diverse nukleare Sprengkörper. Ein solches Lehrbeispiel von 1976 für ein »Paket« wurde abgedruckt: 157 Atomwaffen, darunter 39 für Haubitzen, 7 ADMs usw.; ihre Detonationskraft variierte von 0,1 bis 50 KT.[401]

Aus dem Unterricht der Führungsakademie der Bundeswehr der sechziger Jahre sind derartige Lagen überliefert, aber sie wurden auch in Manövern geübt, wo man 200-Liter-Benzin- und Ölfässer von Manöverbeobachtern in Brand stecken ließ. Ihre Rußwolken am Himmel sollten zeigen, wohin die nuklearen Sprengkörper mit der Artillerie verschossen wurden. Damals war die Bundeswehr stolz auf die Dominanz dieser taktischen Unterweisung.[402] Die oben zitierte »Rote Fibel« oder die »Grüne TF« enthielten die generellen Weisungen und illustrierten die beweglich ausgerichtete Doktrin. In operativer Hinsicht gab es zwischen ihnen und den amerikanischen Ausbildungsrichtlinien keine großen Unterschiede. Beide Seiten glaubten, die Effizienz dieser nuklearen Droh- und Destruktionspotentiale habe Vorrang. Man könne mit den Folgen umgehen, sie kalkulieren.

Aufgrund dieses deutsch-amerikanischen Gleichklangs der militärischen nuklearen Einsatzdoktrinen an der Wende zu den siebziger Jahren wird verständlich, dass manche Bundeswehr-Offiziere davon überzeugt waren, sie könnten die politischen Initiativen von Minister Schmidt kaum mittragen. Die Argumente der militärischen Experten von Bonn bis Brüssel oder aus den Denk- und Ausbildungsstätten von Hamburg bis Fort Leavenworth, Kansas, kreisten um die Fiktion, eine ungeteilte militärische Befehlskette zu verwirklichen. Ein Truppenführer dürfe durch keinerlei militärfremde Erwägungen – dazu zählten eben auch politische Konsultationen und Entscheidungen – in seinem Handeln behindert werden.

Zum Sprachrohr dieser Auffassungen ließ sich General Goodpaster machen, obwohl er prinzipiell die Priorität seines Präsidenten nie infrage gestellt hätte. Da er der ranghöchste General in der Nuklearen Planungsgruppe war, lag es an ihm, qua Amt und als Person die militärischen Interessen vorzutragen. Diese Aufgaben hatte er wahrgenommen und daher anfänglich nur jene pragmatische, reduzierte Umsetzung der »4 No's« unterstützt. Aber in Mittenwald wurde ihm klar, dass Schmidt seine Forderung nach politischem Einfluss ernst meinte. Er ging auf den Sitzungen der NPG in Mittenwald, Brüssel und Kopenhagen mehr und mehr auf Konfrontationskurs. Dieses Mitreden der Politiker behindere, weil es alles komplizierter und langwieriger mache, seine unmittelbare Befehlskompetenz oder die integrierte Befehlsstruktur der NATO. Mit aller Entschiedenheit trug er seine Bedenken gegen den Zeitaufwand von Konsultationen vor, die einen schnellen militärischen Einsatz von Atomwaffen erschweren, wenn nicht verhindern würden.

In Kopenhagen spitzte sich alles zu. Schon am ersten Tag der 11. Ministersitzung der Nuklearen Planungsgruppe, dem 18. Mai 1972, kam Goodpaster auf den militärischen Faktor des Zeitverlusts zu sprechen, wenn politische Konsultationen vor das Einsatzprozedere der Atomwaffen geschaltet würden. Mit diesem Vortrag forderte er Schmidt und Laird heraus. Sie nahmen die Gelegenheit wahr, grundsätzlich festzustellen, alle Verfahren in der NATO müssten die Schlüsselstelle enthalten, dass der eigentlich Entscheidende, der US-Präsident, sowie die übrigen politischen Entscheidungsträger der einzelnen Nationen, die Regierungen, den Primat vor dem Militär ausüben würden.[403] Die dänischen und belgischen Vertreter, die erstmals an den NPG-Tagungen teilnahmen, hörten zu ihrer Überraschung, dass neben dem amerikanischen Präsidenten europäische Regierungen gleichermaßen in die Konsultationen einbezogen werden sollen. In diesem Zusammenhang verwiesen der deutsche und amerikanische Minister auf Abschnitte der »Vorläufigen Politischen Richtlinien«, nach denen der nukleare Ersteinsatz selbst eine »politische Zielsetzung« enthalte, nämlich allein schon durch die nukleare Androhung, »den Gegner zu der politischen Entscheidung zu bringen, den Angriff einzustellen und sich zurückzuziehen«[404]. Es tat sich also etwas.

Lord Carrington, zu dem Schmidt stets mit Bedacht Kontakt gepflegt hatte, ging in dieser Hinsicht noch ein wenig weiter. Er stellte die Frage, ob nicht SACEUR weitgehend aus den politischen Beratungen herausgehalten werden solle, da in Krisensituationen seine Aufgaben schon von Natur aus hoch kompliziert seien. Seiner Ansicht nach sei ein eigenständiges politisches Netz für Konsultationen notwendig. Laird unterstützte diese Auffassung, die Regierungen in den Hauptstädten seien kompetenter, sie hätten mehr Informationen – nicht nur wegen der Nachrichtendienste und der diplomatischen Apparate – als das Pentagon allein oder SACEUR. Man müsse es nutzen, dass der abhörsichere, heiße Draht zwischen Bonn, Brüssel und Washington nahezu fertiggestellt wäre. Der neue Generalsekretär, der ehemalige niederländische Außenminister Joseph Luns, unterstrich die Bedeutung der Politik und hoffte wohl, die Spannungen zwischen Politik und Militär überbrücken zu können.

Am nächsten Tag, dem 19. Mai, aber kam es zum direkten Eklat. Altenburg, der damals im Stab von SACEUR in Brüssel in der Sektion Nuklearpolitik arbeitete, trug im Auftrag von Goodpaster eine konventionelle, auf Norddeutschland begrenzte Verteidigungslage vor. Er sollte illustrieren, wie ein kommandierender General mit der Notwendigkeit, Atomwaffen einzusetzen, konfrontiert werde. Nach wenigen Tagen, so Altenburg, sei mit dem drohenden Durchbruch des Gegners ins Ruhrgebiet zu rechnen. Der Gegner wäre ohne den Einsatz von Nuklearwaffen nicht zu halten. »Das war die Lage, die Helmut Schmidt vorgestellt wurde.« Hier wurde Halt gemacht. An dieser Stelle sahen die alten Regularien die Initiative des deutschen Korpskommandeurs vor, als unterster in der nuklearen Kette die Freigabe nuklearer Sprengwaffen – als erste ADM – anzufordern. Schmidt darauf: »Der Kommandeur, der in dieser Situation Atomwaffen anfordert, wird rausgeschmissen. So können wir nicht arbeiten.«[405] Einen derartigen, vermeintlich unausweichlichen Sachzwang wollte Schmidt nicht hinnehmen. Unter allen Umständen habe die politische Kontrollierbarkeit einer Krise Vorrang. Die Regierung eines Landes trage die Verantwortung, sie habe sie zu tragen – ihre Aufgabe, insbesondere in einer Notlage zu einer Entscheidung zu finden, sei nicht auf einen General oder seine Befehlskette delegierbar.

Die Gegensätze waren ausgesprochen. Nachdem in den früheren NPG-Sitzungen die Offenheit der Sprache der Minister gelobt worden war, entwickelte sich nun ein, wie die Teilnehmer erinnern, heftiger Meinungsaustausch zwischen Goodpaster und Schmidt. Auch wenn Laird seinem deutschen Kollegen gegen die militärische Autorität sekundierte, war die Kommunikation schwierig. Schmidt sah, dass das Militär immer noch, unabhängig von allen »Politischen Richtlinien«, an seinen Bedingungen einer nuklearen Verteidigung festhalten wollte. Er nahm daher spontan die Kontroverse zum Anlass, noch einmal sein politisches Konzept umfassend vorzustellen.

Zwei Schwerpunkte stellte Schmidt heraus, um die Priorität der Politik in der NATO zu verwirklichen. (1.) Nach den schon 1969 vereinbarten Richtlinien über die politische Kontrolle des Einsatzes von Atomwaffen hätten die erheblichen Reibungsflächen gezeigt, dass in den von SACEUR entwickelten Verfahrensstrukturen de facto immer noch die Regierungen ausgeschlossen würden. Die Konsultationen innerhalb der Allianz könnten nicht formal auf den NATO-Rat begrenzt werden. Gegen das alte Modell, dort allein den Ständigen Vertreter, also den Botschafter, wegen der politischen Freigabe zu informieren, setzte Schmidt ein klares »Nein!«. Im Ernstfall werde keine Regierung dem Botschafter freie Hand geben, Bonn auf keinen Fall. Allein die Regierung sei legitimiert. Daher ergebe sich (2.), kein Kommandeur könne von sich aus den Einsatz von ADM durch seinen Antrag an SACEUR in Gang setzen, ohne seinen Minister zuvor »unmittelbar« konsultiert zu haben. Er »billigte« das Recht zum autonomen Einsatz der Atomwaffen weder einem deutschen noch einem NATO-Truppenführer zu.[406] Die Anforderungs- und Freigabeverfahren der Atomwaffen müssten definitiv entsprechend den politischen Erfordernissen geändert werden.

Schmidt sicherte Goodpaster ausdrücklich zu, die NATO müsse eine funktionierende Kommandostruktur bieten, die jedem möglichen Gegner eine effektive Abschreckung garantiere. Dafür trete er mit Nachdruck ein. Aber – bei diesen

Ausführungen soll es unter den Ministern und Generalen ganz still geworden sein – eine konventionelle Unterlegenheit könne weder mit selektiven noch mit massierten Atomwaffenschlägen auf dem Gefechtsfeld ausgeglichen werden. Militärische Effizienz sei nicht der einzige Maßstab. Und: wer von den anwesenden Ministern sei bereit, die Freigabe von taktischen Atomwaffen auf dem Territorium seines Landes zu befürworten? Schmidt schloss dies für sich aus, er sah darin keine realistische Option: »Wahrscheinlich wird keine deutsche Regierung einem solchen Einsatz, der ja auf deutschem Boden stattfinden muss, zustimmen.«[407]

Melvin Laird verabschiedete sich auf dieser NPG-Sitzung, da er nach dem Ende der Legislaturperiode des amerikanischen Kongresses nicht mehr für das Ministeramt kandidieren werde. Die Nukleare Planungsgruppe bewertete er als das effektivste und nützlichste politische Gremium der NATO. Nur die Vertraulichkeit und Stetigkeit dieses Forums habe in der Allianz Verständnis für eine »realistische Abschreckung« gebracht und dabei eine stabile Friedensordnung in Europa gefördert.[408] Das Treffen der Minister in Kopenhagen war, was zu diesem Zeitpunkt niemand ahnen konnte, zugleich die Abschiedssitzung von Helmut Schmidt. Der Zufall wollte es, dass er, um den engen Auffassungen Goodpasters zu widersprechen und die Dominanz militärischen Denkens zurückzuweisen, programmatisch sein persönliches Testament des politischen Primats in der Sicherheitspolitik noch einmal zusammengefasst hatte.

Der politische Terminkalender verzeichnete für den Mai 1972 markante Ereignisse. In München liefen die letzten Vorbereitungen für die Olympischen Spiele. Die Deutschen hofften auf heitere Spiele. Wenige Tage nach dem Treffen der Verteidigungsminister in Kopenhagen unterzeichneten Breschnew und Nixon am 26. Mai in Moskau ein erstes Paket zur Begrenzung der strategischen Atomwaffen für interkontinentale Raketensysteme und für Abschussvorrichtungen auf U-Booten (SALT). Diese Verhandlungen über die strategischen Waffen sollten fortgesetzt werden, um die Modernisierung und die Fortschritte der Waffentechnik für die strategische Abschreckung der nächsten Jahre aufzufangen. Daneben sollte, wie die beiden Politiker zusicherten, im kommenden Jahr die für die allgemeine Entspannungspolitik so wichtige Konferenz über Sicherheit und Zusammenarbeit in Europa eröffnet werden. Verhandlungen zwischen NATO und Warschauer Pakt über beidseitige und gleichgewichtige Abrüstungen in Europa liefen dagegen nur stockend und kamen weder auf der konventionellen noch auf der nuklearen Seite voran.

Auf der deutsch-deutschen Ebene war endlich der Verkehrsvertrag mit den Reiseerleichterungen für Besuche in der DDR und der Bundesrepublik vorangekommen, nachdem Honecker Ende April zugestanden hatte, dass West-Berlin mitberücksichtigt werden konnte. Der Grundlagenvertrag zwischen den beiden deutschen Staaten stand erst im Ansatz fest, der Meinungsaustausch zwischen Kohl und Bahr klappte noch nicht. Am 26. April schließlich hatte die Regierung Brandt/Scheel nach dem Verlust der parlamentarischen Mehrheit gerade knapp das Misstrauensvotum der CDU/CSU-Opposition überstanden. Rainer Barzel fühlte sich verraten. Washington und Moskau unterstützten die Regierung Brandt ganz diskret, da beide ein hohes Interesse daran hatten, dass am 17. Mai 1972 im Bundestag die Ratifizierung der Verträge von Moskau und Warschau erfolgen konnte. Doch die Regierung schwankte und schwächelte. Die ökonomischen Wellen der ersten Finanzkrise schlugen in Bonn an die Rheinufer. Das Kabinett war uneins. Der berühmte Wirtschaftsprofessor Karl Schiller trat unter heftigem Rumoren als Minister zurück.

Helmut Schmidt wurde zum Bundesminister für Wirtschaft und Finanzen ernannt. Am 7. Juli 1972 übergab er die

Nach Übergabe des Verteidigungsministeriums an Georg Leber,
10. Juli 1972

Amtsgeschäfte des Verteidigungsministers an Georg Leber. Aber noch hatte er etwas zu erledigen. Die streng geheime Vereinbarung der »4 German No's« mit Laird war noch nicht installiert. Auch Brandt drängte, die Angelegenheit diplomatisch abzuschließen. Daher arrangierte Schmidt gleich seine erste Auslandsreise als »Superminister« nach Washington – natürlich auch zu Laird. Der Auszug aus dem Protokoll der Besprechung vom 20. Juli lautet wie folgt: »Nukleare Angelegenheiten: Secretary Laird erklärt, dass die USA die nuklearen Fragen, die Bundesminister Schmidt aufgeworfen habe, angefasst hätten und er kein Problem in deren Lösung sehe.«[409] Die Sprache klingt ein wenig neutral, ist verschlüsselt. Aber der Auftrag für Laird war klar. Er drängte Nitze, den »guten und hilfreichen Mitarbeiter«, die Aufgabe weiter voranzubringen und mit Vorrang zu erledigen, damit auf amerikanischer Seite die Bedingungen für die politischen Konsultationen mit der deutschen Regierung endlich geschaffen würden; dann müssten die

»4 German No's« noch in der NATO durchgesetzt werden.[410] Das wurde Zeit, denn auch die nächste strategische Winterübung, WINTEX 73, ließ kein neues Konzept erkennen: kein Ansatz für politische Konsultationen und wieder ein mörderischer Nuklearkrieg mit hohen Zahlen aller taktischen Atomwaffen.

Alles braucht seine Zeit. Auch die Mühlen der amerikanischen Administration. Aber am 23. Oktober 1973 wurden die »4 German No's« zur verbindlichen Direktive der NATO. Die prozeduralen Verfahren für Krise und Konflikt zwischen Generalstabschef, Pentagon und Weißem Haus waren revidiert worden, damit der politische Wille der Bonner Regierung rechtzeitig zum Tragen kommen könnte, bevor Befehle an die NATO gegeben würden. Die Vereinigten Staaten konnten die bilaterale deutsch-amerikanische Vereinbarung ihrem höchsten General als gültigen Befehlsrahmen vorgeben. Damit wurde das Konzept des massiven nuklearen Ersteinsatzes, das die Prädelegation der ADM zur Folge hatte, vollständig aufgehoben. Die Kiesinger-Johnson-Vereinbarung vom 18. September 1968 hatte jede Bedeutung verloren. Der Vorgang musste formal abgeschlossen werden. Die »4 German No's« militärisch durchzusetzen, war nur die eine Hälfte. Die privilegierten Konsultationen zwischen den Regierungen in Washington und Bonn wurden diplomatisch abgesichert. Die volle, auch völkerrechtlich herausgehobene Bedeutung wird ersichtlich, da im April 1974 Bundeskanzler Willy Brandt und Präsident Richard Nixon diese Vereinbarungen in einem vertraulichen Briefwechsel bestätigten.[411] Tatsächlich waren mit dieser Übereinkunft besondere Beziehungen zwischen den beiden Ländern entstanden.

4. Das letzte politische Gefecht 1976

Das, was ich auf der Hardthöhe in Gang gesetzt habe und ge-
genüber den Verbündeten vertreten habe, hätte ich auch vertreten,
wenn es die Ostpolitik nicht gegeben hätte. Dass es die Ostpolitik
gegeben hatte, erleichterte die Sache ein wenig, jedenfalls innen-
politisch. Aber ich hätte diese Auffassungen auch ohne die
Brandt'sche Ostpolitik vertreten.

Das alles hat seine eigene Logik. Die ergibt sich nicht aus der
Ostpolitik. Mein Ideal wäre gewesen, Westeuropa verteidigungs-
fähig zu machen, ohne nukleare Waffen überhaupt androhen zu
müssen – geschweige denn, sie benutzen zu müssen.

Das war das Ideal.

Helmut Schmidt, 31. Mai 2007

Melvin Laird hatte in seinen Amtsjahren seit 1969 hinzugelernt.
Natürlich hatte er die Détente, die amerikanische Entspannungspolitik im Sinne des Präsidentenberaters Kissinger, für
notwendig gehalten, ging es doch letztlich darum, den schmut-
zigen Krieg im Fernen Osten schnell und für die USA ehrenhaft
zu beenden. Natürlich waren ihm die Initiativen des Kanzlers
Brandt für Entspannung in der europäischen Außenpolitik
eigenmächtig und ungeheuerlich vorgekommen, entzog sich deren visionäre Kraft doch ganz erheblich seinem Verständnis einer
realistischen Politik. Und natürlich hatte er sich in die Kontinuität des Konzepts der »flexiblen Reaktion« seines Vorgängers
McNamara gestellt, da diese Sicherheitspolitik doch ganz gewiss
dem amerikanischen Interesse diente; bei dem notwendigen
Wandel im Bündnis durften die USA die Kontrolle nicht verlieren und mussten die Stabilität der Friedensordnung in Europa
fördern – nach den Turbulenzen mit den Eigenmächtigkeiten
des französischen Präsidenten Charles de Gaulle brauchten sie

endlich wieder Ruhe in der NATO, war doch gegenüber der Macht der Sowjetunion höchste Vorsicht geboten.

Laird hatte das Glück – er hätte auch sagen können, es sei ihm in den Schoß gefallen –, dass es auf deutscher Seite Helmut Schmidt gab, mit dem er in vielem persönlich und fachlich übereinstimmte. Vor allem war dieser ein überzeugter Atlantiker, was Washington nur von Nutzen sein konnte. Der Minister in Bonn war ein Anker der Stabilität in Europa, bei dem niemand zweifeln konnte, auf wessen Seite er stand, wenn in der Allianz Koalitionen zu schmieden waren. Laird focht am liebsten für Grundsätze und entschied über die Richtung der großen Politik, daher hatte er ihn, diesen Deutschen, bewundert, wie hartnäckig und detailbewusst er die Umsetzung auch der kleinsten Einzelheiten verfolgte.

Laird hatte sein Bild vom Militär differenzieren müssen, ihn verblüffte, wie hoch deren Führung pokerte. Aber genau dafür war er der Richtige, den man besser nicht unterschätzen sollte. So ein Machtspiel bereitete ihm Freude. In solchen Fällen konnte er einen langen Atem haben. Das entsprach seinem Naturell. Die ADM – diese »verdammten Dinger«, mit denen vor allem die deutschen und amerikanischen Generale in der militärischen Führung der NATO der Politik contra gaben[412] – forderten ihn persönlich heraus. Sie politisch zu kontrollieren, entsprach dem Konzept des Weißen Hauses. Eine hohe Identität der Interessen zwischen den Vereinigten Staaten und der Bundesrepublik erkannte er in den »4 German No's«. So war es für Laird mehr als eine Frage der Ehre, die Prinzipien der geheimen Vereinbarung mit Schmidt durchzusetzen. Präsident Nixon billigte den Grundsatz, die deutsche Regierung unbedingt in die Konsultationen einzuschalten, gleich. Sie wollten mit den Deutschen eine intensive und enge Bündnispolitik betreiben. Entsprechend informierte Laird seinen Nachfolger James R. Schlesinger, nach 1973 diese Vereinbarung umzusetzen.

Die Revision der taktischen und operativen Doktrin für die amerikanischen Landstreitkräfte war damit angestoßen, aber nicht abgeschlossen. Die von Schmidt vorgebrachten nationalen Auflagen hatten Auswirkungen. Wenn die »4 German No's« für den Einsatz von Atomwaffen von deutschem Boden aus oder gegen deutsches Territorium für die Bundeswehr galten, mussten sie selbstverständlich auch für die in Europa stationierten amerikanischen Truppen im NATO-Verbund obligatorisch sein. So erklärt sich, warum die amerikanischen nationalen Richtlinien für den Einsatz der ADMs revidiert wurden. Beispielsweise wurde 1974 für die in der Bundesrepublik stationierte 7. Armee vorgegeben, die »sorgfältige Begrenzung« des nuklearen Einsatzkonzeptes zu beachten, weil es um das »Überleben der Nation ginge« und das Konzept »Risiken mit sich bringe, die keine vernünftige Regierung zu tragen bereit sei«. Das klang doch sehr nach Schmidt. Kein »taktischer Vorteil« im Kampf rechtfertige die hohen Verluste durch den Gebrauch eigener Atomwaffen. Solange der Gegner sie nicht einsetze, würde »niemals« eine Freigabe autorisiert; es müssten schon sehr »gravierende« Umstände eintreten, um überhaupt eine Freigabe zu rechtfertigen.[413]

Anweisungen vom Juni 1976 sind wohl die wichtigsten Dokumente zur Revision der amerikanischen Doktrin. Sie beziehen sich ausdrücklich auf das Militärkomitee der NATO und sogar auf »nationale Kommentare« aus Westdeutschland. Nach einleitenden Ausführungen darüber, dass die Abschreckung glaubwürdig und daher die NATO darauf vorbereitet sein müsse, einen Konflikt nuklear zu eskalieren, wird darin auch die Priorität der politischen Aspekte in der Verteidigungspolitik betont. Allgemein gelte, amerikanische Truppen in der NATO würden taktische Atomwaffen nicht als erste einsetzen; Voraussetzung sei, der Gegner habe sie zuvor verwendet. Und der zweite Grundsatz lautet: ein solcher militärischer Antrag werde erst nach umfangreichsten politischen Konsultationen innerhalb der Allianz behandelt. Außerdem, der dritte Punkt, müssten alle nationalen politischen und militärischen Auflagen strikt berücksichtigt werden. In Konsequenz dessen seien Kommandeure und Stäbe auf allen Ebenen gehalten, sich mit diesen politischen Rahmenbedingungen vertraut zu machen, um die »Natur nuklearer Operationen« richtig einschätzen zu können.[414] Die »4 German No's« galten auch für die US-Armee.

Das neue System funktionierte. Die amerikanischen, der NATO unterstellten Truppen waren eingebunden. Anders verhielt es sich mit den amerikanischen Einheiten, die allein zum nationalen US-Befehlsstrang gehörten. Da aber beide SACEUR unterstanden, war dieser in der Lage zu kontrollieren, was sich aus den deutschen Auflagen ergab. Also: die nationalen Truppen durften keine ADM auf deutschem Boden zünden. Aber außerhalb Deutschlands?

Das beste Beispiel dafür geben die bei Bad Tölz stationierten »Special Forces« (SF). Einige hundert Mann waren mit Hubschraubern ausgestattet, um in Sonderaktionen weit hinter den feindlichen Linien aktiv zu werden. Ihre Einsatzzone lag in den 150 bis 300 Kilometer entfernten, östlich der Grenze befindlichen Gebieten.[415] Dort sollten Aufmarschzonen und Verkehrsknotenpunkte der sowjetischen Armee zerstört werden. Im Fall der Freigabe von nuklearen Sprengkörpern wären sie mit tragbaren kleinen Typen der ADM in ihren Zielbereichen weit hinter den feindlichen Linien abgesetzt worden. Gerüchte über verdeckte Operationen der SF – auf anderen Kontinenten – waren berühmt, ihre Härte berüchtigt. Einer ihrer Kommandeure hatte den Spruch getan: »Unser Job ist, Leute zu töten und Objekte zu zerstören.«[416] In der Bundesrepublik lagen kleinere Kontingente der SF noch in Ramstein und Berlin (West).

Die Politik hatte gelernt, wie schwer sich das Militär tat, die politisch gesetzten Auflagen zu befolgen. Daher wurde das Verfahren, wie und unter welchen Bedingungen die Amerikaner die ADM der Bundeswehr übergeben sollten, noch einmal eng festgezurrt. Bis auf die unterste Ebene wurden die technischen Verfahren revidiert. Um zu verhindern, dass wie in den sechziger Jahren Bohrlöcher in Friedens- oder Spannungszeiten angelegt wurden, durften keine zivilen Firmen mehr Schächte für nukleare Sprengladungen vorbereiten oder anlegen. Ab Anfang der siebziger Jahre musste die Bundeswehr diese technische Arbeit selbst übernehmen. Auf Korpsebene wurden den Pioniertruppen entsprechende ADM-Kommandos zugeordnet und mit dem notwendigen schweren Bohrgerät ausgestattet.[417]

Auch wenn nunmehr nur Atomwaffen mit einer Sprengkraft bis zu 2 KT vorgesehen waren, war ein erheblicher Aufwand nötig, da sie – die nächste Auflage – nur noch unterirdisch zur Detonation gebracht werden durften, um Soldaten und Bevölkerung vor radioaktivem Fallout zu schützen. Das bedeutete, 15 bis 40 Meter tief Sprengschächte mit einem Durchmesser von knapp 50 Zentimetern anzulegen. Das US-Personal musste mit erheblichem Kontrollaufwand die ADM vom Lager über den Transport bis zur Zündung in akribischer und bürokratischer Weise sichern. Alle Einzelvorgänge waren doppelt zu überprüfen.

Gegen vielfältige Widerstände war der Primat der Politik verwirklicht worden. Das Ergebnis war 1973 auch bei Goodpaster und den militärischen Stäben in der NATO angekommen. Da die Deutschen mit den Amerikanern bilateral die »4 German No's« eingeführt hatten, bestand für ihn die verbindliche Vorgabe, die politischen Konsultationen in feste Verfahren zu übernehmen. Resigniert kam er zu dem Schluss: »ADM ist eine tote Option.«[418] Es bedeutete einen harten Schlag für ihn, war er doch von der Effizienz des deutschen militärischen Ansatzes überzeugt. Der war nun dahin. Nur aus Gründen der Glaubwürdigkeit, um den Gegner in dem Glauben zu lassen, es gäbe die automatische, auf ADM aufbauende, voll funktionierende nukleare Eskalation, wurde alles verschwiegen.

Nixon holte im Januar 1973 den Sicherheitspolitiker James Schlesinger in sein Kabinett. Kissingers geheime Ping-Pong-Diplomatie mit China, um den Vietnamkrieg zu beenden, lief auf höchsten Touren. Aber ein schneller Erfolg war ihm verwehrt. Auch die Bonner Ostpolitik blieb nicht ohne Spannungen. Der Besuch des Moskauer Generalsekretärs Leonid Breschnew in Bonn im Mai 1973 brachte zwar ebenso wie der wenige Wochen später stattfindende Besuch in Washington Schwung in die Abrüstungsverhandlungen und die internationalen Beziehungen. Im Juni konnte Bonn nach mühseligen Anstrengungen mit Prag, bis die Fragen um die Gültigkeit des Münchener Abkommens von 1938 ausgeräumt waren, einen nächsten Vertrag unterzeichnen und einen weiteren Schritt zur Aussöhnung mit den mittel- und osteuropäischen Staaten tun.

Die neuen »gutnachbarlichen Beziehungen« mit allen östlichen Nachbarstaaten aber wurden zum heißen Wahlkampfthema im Westen Deutschlands. In den Mittelpunkt geriet das »Phänomen« DDR. Das Ergebnis der Wahlen im November 1972 bestätigte die Regierung Brandt/Scheel, sodass der Grundlagenvertrag über die »Normalisierung der Beziehungen« zwischen den beiden deutschen Staaten im Dezember 1972 in Berlin (Ost) von Bahr und Kohl unterzeichnet wurde. Die Opposition in Bonn steigerte noch einmal die Proteste gegen die Ostpolitik. Die Gräben in der Gesellschaft wurden weit aufgerissen. Rainer Barzel von der CDU hatte ebenso wie Franz Josef Strauß von der CSU große bewegende, öffentliche Auftritte, vor allem mit dem Vorwurf, die DDR würde als Staat anerkannt und die mangelhafte Wahrung der Menschenrechte im Osten würde nicht angeprangert. Nachdem das angerufene Bundesverfassungsgericht in Karlsruhe keine rechtlichen Bedenken vortrug, setzten beide Regierungen diesen Vertrag am 20. Juni 1973 in Kraft. Am folgenden Tag beantragten sie die Mitgliedschaft in der UNO.

Noch von anderer Seite drohte ernsthafte Unruhe. Die Bundesrepublik geriet in eine Wirtschaftskrise. Preissteigerungen, Inflation, Lohnerhöhungen, staatliche Investitionen und Reformen der Regierung führten zu einem Boom an Ausgaben, die Schmidt mit einem umfangreichen Stabilitätsprogramm in den Griff zu bekommen suchte, als, verursacht durch den globalen Ölschock, die erste Energiekrise politische Turbulenzen einer Wirtschaftsrezession erzeugte. Streiks im öffentlichen Dienst kamen hinzu. Die Regierung erlitt hohe Prestigeverluste. Schließlich trat Willy Brandt, infolge dieser Umstände und wegen der Affäre um den DDR-Spion Günter Guillaume, als Bundeskanzler am 6. Mai 1974 zurück.

«Grenzen des Wachstums», ökologische Probleme und »Zweifel am Fortschritt« der Industriestaaten führten zu einem Bewusstseinswandel und gewannen einen politischen Stellenwert. Die goldenen Jahre des Wohlstandes verblassten. Eine Zäsur in der Nachkriegsgeschichte deutete sich an. Daneben begann die Saat des Terrorismus aufzugehen. Ängste überschatteten die Bevölkerung; die Probleme stellten gänzlich neuartige Forderungen an die Verantwortung der Politik. Im November 1974 wurde Günter von Drenkmann, Präsident des Berliner Kammergerichts, erschossen. Es war kein Gespenst, das in Deutschland umging. Die Rote Armee Fraktion (RAF) hatte sich organisiert. Diesem ersten prominenten Opfer folgte im April 1975 der Überfall auf die deutsche Botschaft in Stockholm, um inhaftierte Terroristen freizupressen. Die damit verbundenen Probleme fesselten die innenpolitische Aufmerksamkeit und erlegten den politisch Verantwortlichen eine hohe Bürde auf.

Noch aber standen die ökonomischen Probleme im Vordergrund, als Helmut Schmidt am 16. Mai 1974 sein erstes Kabinett als Bundeskanzler vorstellte. Die Epoche der Visionen war vorüber, er suchte mit Realismus und Nüchternheit die Konzentration auf das Notwendige und Mögliche. Die beinahe lebensgefährlichen Strudel der Weltwirtschaft verlangten auch von den Deutschen, die globale Finanz- und Wirtschaftsverflechtung aktiv zu gestalten, um auf Dauer und erfolgreich die Verhältnisse im Lande zu stabilisieren.

Ein Blick auf sein ehemaliges Ressort auf der Hardthöhe zeigte, dass Georg Leber dort die inneren Reformen der Bundeswehr fortsetzte und den Umschwung hin zur konventionellen Verteidigungskraft mit hohen Investitionen vorantrieb. Die Zusammenarbeit schien vorzüglich zu klappen. Doch Schmidt hatte ihn nach einiger Zeit angesprochen, weil ihm »irgendwann« klar wurde, dass Leber in Gefahr geriet, von den Generalen vereinnahmt zu werden.[419] Das zeigte sich beispielsweise bei WINTEX 73. Obwohl dessen Anlage ein wenig modifiziert worden war, hatten die Generale immer noch den großen Atomschlag geprobt und die nationalen deutschen Auflagen nur schemenhaft berücksichtigt. ADM war mal wieder ein Thema.

Aber nach dem 23. Oktober 1973, als die geheime Vereinbarung der »4 German No's« in der NATO offiziell übernommen worden war, hatte sich einiges in der NATO unumkehrbar verändert. Endlich, im April 1974, war mit dem geheimen Briefwechsel zwischen Richard Nixon und Willy Brandt auf der politischen Ebene alles abgeschlossen. Die deutsche politische Mitsprache war gesichert. Er schaute zufrieden auf das Ergebnis.

Nach seinem Verständnis als Bundeskanzler hatte Schmidt gerade mit seinem Verteidigungsminister häufig geredet. Er achtete darauf, dass und wie die Reformen, die er für die Bundeswehr vorbereitet hatte, fortgesetzt wurden. Alles schien gut, bis dem Kanzler im Spätherbst 1976 in der morgendlichen Pressemappe Berichte vorgelegt wurden, aus denen hervorging, dass Generale der Bundeswehr sich für den vereinfachten Einsatz taktischer Atomwaffen einsetzten.[420] Besonders ADM könne von »unschätzbarem Wert« für die nukleare Verteidigung sein, wenn man ihre Einsatzbeschränkungen aufheben würde. Der seit Oktober 1975 in der NATO als Oberbefehlshaber für Europa-Mitte zuständige Generalleutnant Karl Schnell habe in einem Vortrag vor der Führungsakademie in Hamburg derartige Forderungen erhoben. Schmidt war alarmiert. Was war geschehen? Die Medienberichte erwiesen sich als etwas kraus, enthielten aber einige zutreffende Informationen. Schmidt zeigte deutlich seinen Unmut und ließ sich umgehend berichten.

Die Hardthöhe war von den harschen Töne aus dem Kanzleramt aufgeschreckt und suchte zu beschwichtigen. Die »4 German No's« hätten unverändert Gültigkeit, General Schnell habe sich nur »pflichtgemäß« Gedanken darüber gemacht, ob »Kräfte und Verfahren für die Erfüllung« des Verteidigungsauftrages der Bundeswehr ausreichten. Dabei habe er ausschließlich »seine individuell angestellten, hypothetischen Überlegungen« vorgetragen. Soweit klangen diese Untertreibungen noch harmlos. Doch dann kam es knüppeldick: Schnell habe für den Einsatz von ADM, »eindeutig defensiven Nuklearwaffen«, andere politische Regeln der Einsatzkontrolle als für andere Atomwaffen gefordert. Der zuständige Staatssekretär auf der Hardthöhe, Helmut Fingerhut, versuchte diese suspekte Position mit dem Hinweis zu beschwichtigen, Schnells Äußerung sei belanglos, weil sie mit ihm nicht erörtert worden sei.[421] Doch das, so Schmidt, bewies mitnichten, dass »solche Überlegungen« harmlos waren.

Wie sich herausstellte, hatte Schnell diesen Vortrag bereits dreimal gehalten, in internen Militärkreisen und am 22. Oktober sogar vor dem FDP-Arbeitskreis »Verteidigung«. Die Rede des Generals aber, dessen hohe Stellung in der NATO seine Aussagen so politisch bedenklich erscheinen ließ, erwies sich dem Manuskript des Hamburger Vortrags zufolge als unverhohlener Frontalangriff gegen alle Vorkehrungen, die Schmidt und Laird vereinbart hatten. Um seine Argumente zu bekräftigen, hatte Schnell wie bei alten militärischen Lagen eine umfassende Eroberung der Bundesrepublik durch die Staaten des Warschauer Paktes Richtung Emden, Ruhrgebiet, Frankfurt usw. vorausgesetzt. Das Bedrohungsszenario ließ »Zeit und Mittel für konventionelle Sperren durch unsere Pionierkräfte« nicht mehr zu, so dass in militärischer Konsequenz nur der Ausweg blieb, unverzüglich nukleare Sprengkörper einzusetzen. Schnell folgte den Kriterien der massiven Doktrin der sechziger Jahre und qualifizierte die ADM als quasi konventionelle Waffe. Daher seien politische Konsultationen nicht erforderlich.

Noch ärger war in Schmidts Augen die Äußerung: »Ich bin der Ansicht, dass unsere ›Guidelines‹ für den Einsatz nuklearer Waffen (…) überholt sind und der Neubearbeitung bedürfen.« Daher fordere er die »generelle Zustimmung« zur Prädelegation sowie, »diese Waffen als eine besondere Kategorie zwischen ›konventioneller‹ und ›offensiv-nuklearer‹ Waffe zu behandeln«. Die bestehenden politischen Konsultationen und die langwierigen Genehmigungsverfahren müssten abgeschafft werden, um »eine frühzeitige und eindeutige Warnung hinsichtlich unserer Entschlossenheit an einen Angreifer« zu geben.[422] So wörtlich das Vortragsmanuskript. Staatssekretär Fingerhut betonte zwar, er bezweifle keineswegs, dass der General sich mit diesen Auffassungen »im Rahmen« der Strategie der »flexiblen Reaktion« bewege, doch Schmidt notierte am Rand nur: »unklar«.[423] Ihm dämmerte, welcher Flügel im Spektrum der Generalität alte Ansprüche neu anmeldete.

In derart existentiellen Fragen durften keine Grauzonen entstehen. Weder durften die Grundsätze und die Verfahren zur politischen Einhegung des Ersteinsatzes von ADM verwischt noch Änderungen herbeigeredet werden. Als Schmidt nachhakte, wurde klar, dass Schnell sich als die Speerspitze einer Gruppe in der Generalität verstand, die sich neu formierte. Immerhin hatte er noch versucht, in den Stäben der NATO Mitstreiter für seine Politik der Renuklearisierung der Verteidigung zu finden. Dabei war er auf den Widerspruch der Amerikaner und Briten gestoßen, die seine Ideen diplomatisch als »unorthodox« bezeichnet hätten, wie der »Spiegel« meldete.[424] Sogar Namen weiterer prominenter deutscher Generale wurden genannt, die erneut die allgemeine Prädelegation forderten. Auch sollte das Recht, die Freigabe von taktischen Atomwaffen zu beantragen, von der Ebene der Korpskommandeure auf die niedrigere der Brigadekommandeure übertragen werden. Die Atomschwelle sollte tiefer als je im Kalten Krieg gesenkt werden.

Das konnte Schmidt nicht zulassen. Er sah die Fakten, so verharmlosend sie auch von der Hardthöhe dargestellt wurden. Minister Leber antwortete dem Kanzler umgehend und bestätigte, dass er an der gültigen deutschen »Position unverändert« festhalte. General Schnell habe in Gesprächen mit ihm sowie dem Staatssekretär »unmissverständlich« deutlich gemacht, »nichts anderes als diese Position« zu vertreten.[425] Um nachzuweisen, was »diese Position« bedeute, wurde in der Anlage der langjährige Verlauf der Schmidtschen Verhandlungen in der Nuklearen Planungsgruppe zusammengefasst und noch eine Abschrift der streng geheimen »4 German No's« beigefügt. Leber, der gegenüber Schmidt taktierte und in dieser Sache von ihm regelrecht ertappt wurde, begann ein Ränkespiel. Er wollte nicht klein beigeben und sich vom Kanzler belehren lassen: Im Januar 1977, kaum sechs Wochen nach dieser

Affäre, ernannte er Karl Schnell zum Staatssekretär auf der Hardthöhe. Diese Beförderung war seine Art, sich vor den Generalen darzustellen.

Helmut Schmidt nahm die Herausforderung an. Er suchte eine passende Gelegenheit, den deutschen Standpunkt nicht nur intern auf der Hardthöhe, sondern nochmals international im Bündnis klarzustellen. Das angemessene Gremium war der NATO-Rat, in dem die Bundesregierung in der Regel durch den Außenminister vertreten wird. Schmidt entschied sich für die Frühjahrstagung 1977.

Am 10. Mai trat der Bundeskanzler vor den NATO-Rat in Brüssel. Als alter Experte in Sicherheitsfragen war es ihm ein leichtes, den weiten Horizont der Strategie auszumalen, »beruhend auf einer Mischung strategischer nuklearer Kapazität einerseits und andererseits der sogenannten taktischen nuklearen Kapazität (...), wozu als drittes Element die konventionelle Kapazität kommt«. Mit Blick auf die gegenwärtigen internationalen Verhandlungen um eine ausgewogene sowie beidseitige Abrüstung und Rüstungsbeschränkung, legte Schmidt Wert auf die konventionelle Verteidigung. Die Fähigkeit der Bundeswehr liege auf »konventionellen Verteidigungsstreitkräften«, um »militärischen Druck oder militärische Aggression abzuschrecken und abzuwehren, soweit dieser mithilfe nicht-nuklearer, konventioneller Kräfte ausgeübt werden sollte«. Die Sicherheit der Allianz sei gegeben, auch wenn nur die konventionellen Kräfte gerechnet würden. Behauptungen über ein Ungleichgewicht seien unverantwortlich. Dann kam er auf seinen eigentlichen Anlass zu sprechen: auf die Forderung des Generals Schnell, Atomwaffen früh und ohne politische Konsultationen einzusetzen. Manche in der NATO würden künstlich Bedrohungen aufbauen; sie orakelten, spottete Schmidt, öffentlich über ein militärisches Ungleichgewicht. Erst dramatisierten sie die Lage und verunsicherten alle, dann böten sie ihre Lösung an: mehr Atomwaffen – so einige Journalisten, Politiker und Generale. Schmidt bedauerte diese »Dramatisierungen«.[426]

Das Kapitel – Ersteinsatz der ADM auf dem Gefechtsfeld – war endgültig wieder geschlossen. Die »4 German No's« behielten ihre Gültigkeit, ohne Einschränkungen. Die Bundesregierung zu konsultieren, war weiterhin obligatorisch. Goodpaster sollte recht behalten. Die jahrelang verfolgten Pläne der Bundeswehr, den Ersteinsatz mit taktischen Atomwaffen zu proben, unterlagen seit 1973/74 den politischen Vorgaben. Die Wege, den politischen Beratungen Priorität vor den militärischen Entscheidungen einzuräumen, waren gesichert. ADM blieb eine »tote Option«.

Die Bundeswehr hob ihre Dienstvorschriften für »Sperren« und »Minensperren« aus den sechziger Jahren auf.[427] Nur die amerikanischen Special Forces hatten noch eine Zeit lang mit einem geringen Bestand den alten Auftrag. Die restlichen, noch für den Einsatz der Bundeswehr vorgesehenen ADM verschwanden in zwei Schritten aus dem Arsenal der taktischen Atomwaffen.[428] Anfang 1984, vor dem Abzug der letzten ADM, waren noch 372 Exemplare in Westeuropa stationiert.[429] Die Nukleare Planungsgruppe hatte im November 1979 beschlossen, 1000 taktische nukleare Sprengkörper aus den Arsenalen in Europa zu entfernen. Die Abrüstung ging weiter; im Oktober 1983 waren die Verteidigungsminister der NATO im italienischen Montebello dem Vorschlag gefolgt, weitere 1400 taktische Atomwaffen abzuziehen.

Damit war die militärische Option, mittels ADM einen frühzeitigen nuklearen Ersteinsatz aufzubauen, nach zwei Jahrzehnten auch materiell erledigt und für die Bundeswehr ging eine Epoche zu Ende. Eine Bedrohung für die deutsche Sicherheit war aufgelöst. Politische Weitsicht hatte gesiegt.

Bilanz der Geschichte

Die deutsche Sicherheitspolitik an der Wende zu den siebziger Jahren markiert eine ganz besondere Epoche der Militärgeschichte des 20. Jahrhunderts. Zweifellos ist hier ein Wendepunkt zu verzeichnen. Das Verhältnis von Militär und Politik wurde damals entscheidend neu ausgerichtet. Es war zuvor zugunsten des Militärs verschoben worden, wie dies Helmut Schmidt 1969 zu seinem Entsetzen festgestellt hatte. Wäre der Ernstfall der Verteidigung eingetreten, so wäre er als Verteidigungsminister in Bonn kaum mehr als ein Statist gewesen. Damit die Politik die Zügel wieder in die Hand bekam, musste ein jahrelanger zäher Schlagabtausch um die Sicherheitspolitik mit dem Militär geführt werden. Es war ein Kampf um die Macht.

Für die Regierungen Konrad Adenauer, Ludwig Erhard und Kurt Georg Kiesinger sollte größtmögliche Abschreckung mit Atomwaffen die Sicherheit der Bundesrepublik gewährleisten. Ein massierter nuklearer Ersteinsatz musste in einem System der Eskalation die Glaubwürdigkeit garantieren. Das militärisch für notwendig Erklärte wurde politisch als Minimum übernommen. Wie in vergangenen Zeiten folgte die Politik den militärischen Vorgaben, ohne zu merken, dass sie sich der Dominanz militärischen Denkens beugte. Die geheime Vereinbarung zwischen Kiesinger und dem amerikanischen Präsidenten Johnson von 1968 gewährte diesem Konzept gewissermaßen den politischen Segen und zollte der von den Stäben der Hardthöhe entwickelten Doktrin der Vorneverteidigung die höchste Anerkennung. Die konservativen Parteien machten sich das Verteidigungskonzept der Bundeswehr für den schnellen nuklearen Ersteinsatz auch zu Beginn der siebziger Jahre zu eigen.

Es entsprach Helmut Schmidts Verständnis vom Amt des Parlamentariers, dass er 1965 das Veto-Recht gegen den Einsatz von Atomwaffen für die deutsche Politik einforderte. Die Politik musste die oberste Verantwortung übernehmen; daher war es ihre Aufgabe, in allen für das Überleben wichtigen Entscheidungen die Schalthebel der Macht in der Hand zu halten. Für sie hatte die Frage von Krieg und Frieden allerhöchsten Wert, daher trug sie die Verantwortung dafür, den Atomwaffeneinsatz zu kontrollieren beziehungsweise zu verhindern. Schmidt war davon überzeugt, es wäre besser gewesen, Atomwaffen erst gar nicht entlang der Scheidelinie zwischen den Blöcken des Kalten Krieges in Europa zu stationieren. Niemals dürfe es einen nuklearen Einsatz in Deutschland geben. Zusammen mit Fritz Erler, aber auch mit Carlo Schmid und Gustav Heinemann hatte er diese Position in den heftigen Atomdebatten im Deutschen Bundestag schon 1957 und 1958 vorgetragen.

In den sechziger Jahren waren die militär- und sicherheitspolitischen Interessen Bonns wie eine nahezu uneinnehmbare Bastion aufgebaut und dabei zugleich Fakten und Wissen vor Parlament wie Öffentlichkeit verschleiert worden, um die militärischen Zuständigkeiten in der Sicherheitspolitik abzusichern. Ähnlich einer Zwiebel entpuppte sich die nukleare Verteidigungsdoktrin als vielfach übereinander geschichtet. Damit die verwickelte Geheimhaltung aufgedeckt werden konnte, musste Helmut Schmidt sein »eingreifendes Denken« (Bertolt Brecht) mit viel Umsicht, Wissen und Tatkraft zur Geltung bringen. Die Chancen zu handeln, lagen nicht offen auf dem Tisch und boten sich keineswegs wie selbstverständlich an. Er hatte die Voraussetzungen für Erfolg und Gelingen mühselig wieder und wieder neu zu schaffen, Perspektiven zu erweitern,

Kenntnisse zu vertiefen und politische Fantasie zu entwickeln. Schmidt ist seinem Ansatz treu geblieben. Er setzte seine herausragenden Fähigkeiten, gepaart mit langem Atem und Geschick, den Blockaden auf der Hardthöhe entgegen. Die Militärelite der Bundeswehr hatte sich Nischen der Herrschaft eingerichtet und wollte sich die im Bündnis und in Bonn arrangierte Macht nicht nehmen lassen.

Mit seinem Konzept, der politischen Entscheidung unbedingten Vorrang einzuräumen, unterschied Schmidt sich von allen Vorgängern im Amt – Franz Josef Strauß, Kai-Uwe von Hassel und Gerhard Schröder. Er verfolgte wesentlich andere Grundsätze für die Militär- und Sicherheitspolitik. Aus dem Primat der Politik ergab sich auch die absolut notwendige Konsequenz, in der bedrohlichen Krise eines Verteidigungsfalles von der Bundeswehrspitze informiert und beraten zu werden, damit auf dieser Grundlage – aber erst *anschließend* – die Regierung entscheiden könne.

Das Konzept der Bundeswehr aus den sechziger Jahren, die politische Beratung auf die *Zeit vor der Krise* zu beschränken, um dann im Krisenfall, Konflikt und Krieg allein nach militärischen Gesichtspunkten einer geölten Befehlskette zu verfahren, verwarf Schmidt ganz grundsätzlich. Obwohl ihm die Entwicklungen im Bündnis besser als allen anderen Fachleuten bekannt waren, lernte er erst als Verteidigungsminister das volle Ausmaß der Struktur kennen, die sich die Bundeswehrgeneralität aufgebaut hatte, um ihre Vollmachten in der nuklearen Abschreckung abzusichern.

Dem Militär war tatsächlich die Entscheidungsgewalt über die Atomwaffen eingeräumt worden, da diesem Typ unter den taktischen Atomwaffen, der ADM, die Rolle des Ersteinsatzes zugefallen und ihre Prädelegation vorgesehen war. Allein aus diesem Grund gewannen sie in der militärpolitischen Auseinandersetzung eine so große Bedeutung: Über ADM bestimmen hieß, den Einsatz von Atomwaffen zu kontrollieren. ADM geriet daher in den Fokus der Macht und der Geheimdiplomatie.

Im engsten Einvernehmen mit dem amerikanischen Minister Melvin Laird ist es Schmidt gelungen, die oberste Kompetenz über den Einsatz von Atomwaffen in erster und letzter Instanz wieder in die Verantwortung der deutschen Politik zurückzuholen. Nachdem Washington die »4 German No's« verbindlich im Oktober 1973 in der NATO eingeführt hatte, war dem Militär in Bonn wie auch in Brüssel der Zugriff versagt. Die militärische Kompetenz, die nur der Maßgabe enger Effizienz folgte, verlor die Macht über den nuklearen Ersteinsatz. Die »4 German No's« sind ein eminent politisches Dokument. Es zeugt vom Selbstverständnis der Politiker Schmidt und Brandt, dass sie diese Aufgaben im Einklang mit den allgemeinen Werten der politischen Verfassung lösten und sich ihre Verantwortung nicht nehmen ließen.

Der politische Werdegang beider Politiker ist – Zufall der Daten – eng mit den »4 German No's« verbunden. Schmidt traf auf dieses Thema, als er sein Ministeramt im Oktober 1969 antrat; als er von der Hardthöhe abtrat, klärte er mit Laird im Sommer 1972 noch, wie sie verwirklicht werden könnten. Brandt erfuhr ebenso zu Beginn seiner Kanzlerschaft von der Kiesinger-Vereinbarung zur Prädelegation der ADM – und der damit verbundenen politischen Selbstentmachtung; wenige Wochen vor seinem Rücktritt im Mai 1974 unterzeichnete er die Vereinbarung mit Nixon, um die politische Verantwortung gegenüber dem »Teufelszeug« wieder herzustellen. Die Politik – Bundesminister und Bundesregierung – konnte nun ihr Amt wieder gemäß der Verfassung ausüben. Die Atommacht des Militärs politisch gebändigt zu haben, ist das politische Verdienst des Helmut Schmidt. Das ist erinnerungswürdig. Auch wenn man es damals noch nicht wusste, hier wurde, in den

Gustav Heinemann und Helmut Schmidt, 18. April 1972

Worten von Bundespräsident Gustav Heinemann, »ein Stück Machtwechsel« vollzogen.

Die Widerstände gegen Schmidts Politikkonzept kamen neben den konservativen Parteien hauptsächlich vom Militär – in der Bundeswehr und im Bündnis. Eine wahrhaftige Erinnerung verlangt, alle, die in der nuklearen Verteidigung agierten, beim Namen zu nennen, um ihr Handeln einordnen zu können, und die ganze Geschichte, an der Politiker und Militärs teilhatten, zu erzählen. Vieles davon blieb unbekannt, wie die trickreich verfälschte und geschickt verdrehte Geschichte der »Atom-Minen« von Trettner nur allzu anschaulich bestätigt, auch wenn manches davon ahnungsvoll die Gemüter bewegte. Die reale Atompolitik allerdings wurde hermetisch geheim gehalten und unterlag der Zensur. Da es während der Ost-West-Abgrenzung zu spannungsgeladenen Verwerfungen kam, war es verständlich und rational zu begründen, dass über die internen Regelungen nach außen Stillschweigen gewahrt wurde, was wie geregelt war. Doch als sich in der Bevölkerung Unruhe ausbreitete, hatte sie mehr Berechtigung, als die Menschen damals ahnten. Rüstungspraxis und Doktrin waren auf eine nukleare »totale Kriegführung« auf dem »Gefechtsfeld Europa« angelegt. Den Startschuss sollten die ADMs geben.

Die Verantwortlichen in Generalität, Regierung und Parlament verkündeten über Jahre, die politische Kontrolle der Atomwaffen sei gewährleistet. Gebetsmühlenartig, wie ein Mantra klang die Botschaft, die Verteidigung werde politisch kontrolliert. Diese Zusicherung stellt einen großen Vertrauensbruch dar, den die Politik nicht nur zuließ, sondern inszeniert hat. Die öffentliche Seite der Atompolitik wurde von dieser Doppelbödigkeit geprägt. Die Minister und Generale hatten seit Beginn der sechziger Jahre ihr ganzes Interesse darin gesehen, über Verfahren die Befehlsgewalt im Bündnis zu konzentrieren. Sie erreichten am Ende, dass die Entscheidungsbefugnis zum Ersteinsatz der Atomwaffen ausschließlich den Kategorien militärischer Effizienz unterworfen war.

Wer erklärt und fühlt sich dafür verantwortlich, dass die Nuklearpolitik so ausgerichtet und die Bevölkerung in die Irre geführt wurde? Die Kampagnen der Regierung nach der »Minengürtel-Affäre« von Trettner zeigen, welch gezielte und aufwendige Medienpolitik betrieben wurde, damit die Bevölkerung die bedrohliche Realität der Abschreckungspolitik nicht erfassen konnte. Die gewählten Vertreter des Parlaments, Minister und Regierung, schlossen darüber hinaus sich selbst von der Verantwortung aus – sie hatten auf ihre Zuständigkeit verzichtet und unterschrieben, dass die Verantwortung nach Brüssel verschoben wurde.

Welche Vorstellung von Demokratie steckt dahinter, wenn die Regierung ihre ureigenste Aufgabe auf eine völlig unzulängliche Meinungsbildung in Friedenszeiten beschränkte, vielleicht eine Woche oder auch ein Jahr oder fünf Jahre vor einer realen Krise? Wie konnte sie davon ausgehen, dass die fiktive Lage einer Krise, aufgrund derer sie ihr Plazet aussprach, der realen Bedrohung in einer unbestimmten Zukunft entsprechen würde?

Politik hat ein öffentliches Amt. Ihre Vertreter sind rechenschaftspflichtig. Die Gesellschaft hat ein Recht darauf zu erfahren, in welcher Weise ihr von Militär und Politik *militärische* Sicherheit versprochen wurde und warum es erst Schmidt möglich war, ein *politisches* Sicherheitskonzept durchzusetzen. Der Einsatz von Atomwaffen auf deutschem Boden war, wie alle Beteiligten wussten, niemals eine Bagatelle; die deutschen Militärakten sprechen von vielen Millionen Opfern – allein als Ergebnis der ADM, die die Bundeswehr hätte einsetzen können. Helmut Schmidt nutzte die internationalen Handlungsspielräume im Bündnis und weitete sie aus, um den grenzenlosen »Atomwahn« (Ulrich de Maizière) einzuhegen. Die Verteidigungsdoktrin war nicht einfach den Zwängen des Kalten Krieges geschuldet; sie dokumentiert die Dominanz eng militärischen Denkens, das in der Bundeswehr gepflegt wurde. Bürger haben Anspruch, ihre Geschichte vollständig zu kennen. Es hat keinen Sinn, die Geschichte der Nukleardoktrin weiter geheim zu halten. Das »trotzige Schweigen« der Militärs (Winston S. Churchill) entstammt einem Denken aus vergangenen Zeiten.

Die »4 German No's« brachen die offenen und verdeckten militärischen Verfahren auf, Atomwaffen nach dem Modell eines nuklearen Blitzkrieges mitten in Deutschland zur Explosion zu bringen. Nur mit allergrößten Mühen und Schritt für Schritt war es Schmidt gelungen, die bestehenden Verfahren und Vorbereitungen des Militärs zu durchschauen. Gegen dessen massiven Widerstand hob er sie Stück für Stück – in vierfachen Eingriffen – auf. Die »4 No's« fassen diesen zivilen Sachverstand zusammen. ADM als ein Eckstein des Gebäudes der nuklear ausgerichteten militärischen Sicherheitsarchitektur wurde herausgebrochen.

Schmidt griff in die etablierten Abläufe der nuklearen Befugnisse des Militärs – repräsentiert im Bündnis durch SACEUR in Brüssel – ein mit dem Anspruch, sich in der Bundesregierung und mit den wichtigsten Partnern der Allianz zu beraten. Seine Forderung bedeutete tatsächlich, die NATO des Jahres 1969 politisch auf den Kopf zu stellen. Die Bonner Politik beanspruchte nunmehr einen anderen Stellenwert – hinsichtlich der Vereinigten Staaten, der NATO und des deutschen Militärs. Nach demokratischen Werten sollte politische Verantwortung und Vernunft gegenüber dem militärischen Sachverstand den Maßstab setzen. Schmidt ließ in dieser existentiellen Angelegenheit gar keine Zweifel aufkommen, dass, wenn eine nukleare Verteidigung Westeuropas auf deutschem Territorium stattzufinden drohe, nur die parlamentarisch legitimierte Instanz – die Regierung – zuständig war.

Die Sorgen und Ängste der Bevölkerung um das eigene Überleben und das Wohlergehen des Landes waren Schmidt auch aus den persönlichen Kriegserfahrungen nie gleichgültig geworden, besonders nicht, als die Bundeswehr mit Atomwaffen ausgerüstet wurde. Wenn er sich an Vernichtung und Zerstörung im Weltkrieg erinnerte, dann war es eine Mahnung zur Wachsamkeit. Die Einsicht, Deutschland vor einem ähnlichen Schicksal, nun unter nuklearem Vorzeichen, zu bewahren, trieb ihn an und ließ ihn Zeit seines Lebens nicht mehr los. Er leitete daraus den Auftrag ab, alles tun zu müssen, um einen verheerenden nuklearen Krieg zu verhindern. An dieser Stelle ist an sein Wort vor den Ministern der NATO in Kopenhagen 1972 zu erinnern: »Wahrscheinlich wird keine deutsche Regierung einem solchen Einsatz, der ja auf deutschem Boden stattfinden muss, zustimmen.«

Die politische Handlungsfähigkeit sollte wieder hergestellt werden, wenn sie besonders nötig ist: in der Krise. Dafür stehen die »4 German No's«. Sie bezeugen eine deutsch-amerikanische Übereinkunft, die schon Robert McNamara, damals vergebens, dann Melvin Laird und James R. Schlesinger vertraten. Der Primat der Politik wurde endgültig im Briefwechsel von April 1974 zwischen Präsident Richard M. Nixon und Kanzler Willy Brandt bestätigt. Laird und Schmidt waren das Gespann, das diesen Karren der Umwälzung aktiv vorangezogen hat. Ihnen ging es um die Sache, nicht um persönlichen Ruhm. Kein Erfolg wurde medienwirksam in Szene gesetzt oder später sensationell in persönlichen Erinnerungen enthüllt.

Wie so häufig in der deutschen Geschichte des 20. Jahrhunderts lagen auch in der nuklearen Sicherheitspolitik Glanz und Elend nahe bei einander. Schmidt stellte die politische Balance wieder her; aber tiefe Gräben zum Militär waren aufgerissen. Wo die demokratische Politik einen Sieg errang, empfanden dies die Militärs als schwarzen Tag; den Schlag gegen ihr traditionalistisches Denken in der Nukleardoktrin erlebten sie als Ende einer Epoche. Die gesetzten Grenzen konnten nicht mehr überschritten werden, auch wenn im Untergrund der Bundeswehr ein rechtslastiges Milieu mancherorts gepflegt wurde und auch in ihrer späteren Geschichte Probleme hervorrufen sollte.

Es war folglich zu erwarten, dass einzelne Generale sich noch einmal gegen diese Entscheidung aufbäumten wie im Jahr 1976; aber das Militär war in seine Schranken gewiesen. Das Elend, über das hier zu sprechen ist, besteht darin, dass die Bundeswehr noch drei Jahrzehnte nach dem Ende des Dritten Reiches und der Kapitulation der Wehrmacht Doktrinen der militaristischen Vergangenheit hoch hielt. Wenn Schmidt die professionelle Rückständigkeit der Generale beklagte, weil sie immer noch nicht ihren Clausewitz richtig gelesen hätten, zielte er auf ein anderes Verständnis der Theorie vom Kriege, vor allem aber auf zwei Aspekte.

Der erste Aspekt bestimmt den Krieg als Instrument der

Politik. Innerhalb des deutschen Generalstabsdenkens wurde die Politik zur Dienerin des Militärs gemacht. Ihr höchstes Ziel müsse es sein, die Friedenspolitik total auf den nächsten Krieg auszurichten. Nicht erst Erich von Ludendorff hatte 1935, als die Aufrüstung der Wehrmacht auf vollen Touren lief, mit seiner plakativen Schrift »Der totale Krieg« diese Parole populär gemacht. Sie stammte in erster Linie von Alfred von Schlieffen, Chef des Generalstabes von 1891 bis 1905. Damals schon erfolgte die Umkehrung der politischen Erkenntnis von Clausewitz. Die Dominanz des Militärischen wurde eingelöst – mit dem historischen Ergebnis, dass bereits das Jahr 1914 das »erschütterndste Beispiel hilfloser Abhängigkeit der politischen Staatsleitung von den Planungen der Militärtechniker« bietet, das die Geschichte kenne, wie Gerhard Ritter diesen Aspekt des deutschen Militarismus kennzeichnete.[430] Von dort war es kein weiter Weg, die Sonderrolle der Reichswehr in der Weimarer Republik in gewissermaßen staatsähnlicher Unabhängigkeit aufzubauen.

Das Militär machte die Vorgaben, und die Politik folgte. In diese Tradition stellte sich die Bundeswehr. Die machtbewusste Doktrin der Vorwärtsverteidigung entstand aus der Gemengelage von Militär und Politik, in der Strauß politisch das Auftreten der Militärmacht in der politischen Klasse sanktionierte. In der Militärelite konnte – in gewohnter Weise – der Geist walten, die Politik habe, wenn der Ersteinsatz der Atomwaffen zu entscheiden sei, nichts damit zu tun, sie behindere nur die militärischen Abläufe. Wie nach altem Muster stimmten die Minister in Bonn diesem Begehren zu. Erst Schmidt, der geschichtsbewusst diese Annäherung an Weimarer Verhältnisse voller Sorge erkannte, brachte die Wende, den Primat der Politik gegenüber dem Militär wieder voll herzustellen.

Der zweite Aspekt, der auch mit der Rezeption von Clausewitz zu tun hat, betrifft den Kern der Nukleardoktrin. Er fin-

det sich im Konzept der Vorwärtsverteidigung und der Vorneverteidigung wieder: die Vernichtung auf dem Schlachtfeld.
Der Mythos der Schlacht bei Cannae oder Tannenberg wurde
gefeiert, wie auch der ehemalige Feldmarschall Erich von Manstein die »verlorenen Siege« der Panzerschlachten in den russi-
schen Kesseln rühmte. Auch dafür musste Clausewitz herhal-
ten. Er wurde zum Vater der Idee der Vernichtungsschlacht als
dem eigentlichen Wesen des Krieges, was im Berliner Generalstab zum Dogma gerann. Als sich die Bundeswehr auf die
»Heerführer« der Geschichte – von Moltke bis Heusinger –
berief, um die nukleare Vorneverteidigung mit dem schnellen
Ersteinsatz der ADMs zu konzipieren, atmete sie den Geist
des militärischen Traditionalismus ein, der sich mit der Faszi-
nation der modernen Atomwaffentechnik noch steigerte.

Schmidt brachte es auf die Formel, die Generale standen am
Kartentisch von »Adolf Nazi«, dem »Führer«. Was die Wehrmacht lehrte und die Operationsabteilung des Generalstabes
im Osten exerzierte, ging in die Doktrin der frühen Bundeswehr ein. Die »Rote Fibel« wurde zum schlagenden Beispiel
für dieses Denken. Die Militärelite lehnte Kritik daran ab.[431] Sie
stellte sich, als sie ihre Einsatzdoktrin formulierte, bewusst in
die Tradition von Reichswehr und Wehrmacht. Ihr »Front-
geist« müsse im Frieden herrschen: »Dieser Geist muss der
Geist der Bundeswehr werden«, unterstrich Generalinspekteur
Friedrich Foertsch 1964 so wie sein Vorgänger Heusinger,
damit die »Normen der älteren Generation« respektiert würden.[432] Bemerkenswert ist, dass schon damals Adelbert Weinstein nachdrücklich auf die »Parallelen« zwischen »Schlieffen-
Plan und Trettner-Plan« hinwies und einen neuen Mythos für
ein »Siegerrezept« befürchtete.[433] Das Beispiel machte Schule.

Die militärische Doktrin der Vernichtung hatte im Verlauf
des 20. Jahrhunderts eine Bedeutung gewonnen, die auch
das Nicht-Überleben der Menschheit in die Kalkulation

einschloss. Abschreckung wurde hochstilisiert und legte sich wie ein bleierner Mantel über alles. Nach den Erfahrungen der Weltkriege war Vernichtung nicht mehr ein Mittel, den Krieg zu gewinnen, sondern »der Krieg besteht in der Vernichtung ganzer Bevölkerungen«, nicht nur der gegnerischen, auch der eigenen.[434] Wie im Bendlerblock, so auf der Hardthöhe. Millionen Tote unter der Zivilbevölkerung wurden in die Planungen eingerechnet; wegen solcher Verluste ließ sich der Führungsstab, als die Amerikaner davor warnend die Stimme erhoben, doch nicht feige von seinen operativen Doktrinen abbringen. Der Feind im Osten würde sich von dem horrenden Einsatz abschrecken lassen, so die Wahnvorstellung der Strategen.

Der »Militärstaat« erlebte in den Köpfen der Militärs noch eine letzte verspätete Auferstehung, als würden bis zum Beginn der siebziger Jahre in dem »komprimierten Zeitraum eines Jahrzehnts die Kämpfe des vergangenen halben Jahrhunderts noch einmal ausgetragen«.[435] Schmidt erkannte schon 1965, wie engstirnig die Hardthöhe ihre ADM-Doktrin anlegte und »einen rein militärischen Entwurf zum Krieg« vorbrachte; er sah darin »ein Versagen in der Anwendung des Primats der Politik«.[436] Weit hinkte die Generalität ihrer Zeit hinterher.

Die inneren Reformen der Bundeswehr, die unter den Zeitgenossen in Politik und Öffentlichkeit viel Aufmerksamkeit erzeugten, gewinnen einen noch viel höheren Stellenwert, als sie ihn bislang schon hatten. Sie waren notwendig, um die engen, nur militärischen Denkweisen aufzubrechen, mittelfristig die politische Revision der Nukleardoktrin durchzusetzen und um das Verhältnis von Militär und Gesellschaft zu verbessern. Die Reformen Schmidts brachten der Bundeswehr eine aufgeklärte Modernität und aufgeschlossene Mentalität. In dieser Amtszeit war ebenso weitsichtig wie überfällig, die Bundeswehr umfassend zu reformieren: Die Militärreform im Innern war aber auch notwendig, damit die Bundeswehr ihre Verteidigungsdoktrin politisch begreifen konnte – und um »Normalität« in der Bonner Republik zu finden. Nach diesem doppelten Beschluss war Bonn nicht mehr in Gefahr, Weimarer Verhältnisse zu kopieren.

Schmidt sah die Dringlichkeit, mit den »Athener Richtlinien« von 1962 die Militärs aus der Starre der vernichtenden Abschreckung zu lösen und die lähmende Ausweglosigkeit des nuklearen Automatismus zu überwinden. Er konnte handeln, da er auf militärischer Seite einige Mitstreiter fand und diese weiter motivierte, sich für eine Strategie einzusetzen, welche die Glaubwürdigkeit einer Verteidigung im abgestuften Gebrauch militärischer Gewalt erkannte.

Ein General überragt alle anderen. Ulrich de Maizière folgte Schmidt und vermittelte die neue Ausrichtung jener Gruppe in Offizierkorps und Generalität, die einer neuen Generation angehörte. Sie repräsentierten ein gewandeltes Verständnis, Konflikte zu bewältigen und militärische Macht zu bilden. De Maizière kann in seinen Ansichten keineswegs radikal genannt werden; es mag auch sein, dass manche ihm Verzagtheit vorhalten oder meinen, er sei nicht entschieden genug aufgetreten – wie es seine Art war.

Betrachtet man aber nur den kurzen Abschnitt seines Werdeganges, als er 1966 die Nachfolge von Trettner antrat und die massive Doktrin der nuklearen Vorneverteidigung mit ADM übernahm, bis er vier Jahre später die Restriktionen der »4 No's« mitrug, wird seine Leistung spürbar. Dieser General förderte die Einsicht in die politische Vernunft. Früh hatte er Zweifel an dem Kriegsbild geäußert, das nur durch schnelle nukleare Eskalation glaubwürdig schien. Er erkannte die Paradoxie einer Verteidigung, die einzig in immer größeren Vernichtungsoptionen die Lösung sah, um einen als bedroht empfundenen Frieden abzusichern. Diese »organisierte

Friedlosigkeit« erschreckte auch ihn, den Soldaten.[437] Trotz seines Dienstes in der Wehrmacht hatte er seine Lektion aus dem Weltkrieg gelernt, die sich von der vieler seiner Kameraden unterschied. Es gab nicht einfach »eine Kriegsgeneration« in der Bundeswehr; trotz der Vorgabe am Anfang, personell am Bendlerblock anzuknüpfen, war sie nicht völlig homogen. Die Prägekraft des Weltkrieges, wie ihn ein jeder verarbeitete, ist zu differenzieren.[438] In dieser Erfahrung, aber nicht nur darin, fand er sich mit Schmidt auf einer Wellenlänge. Sie konnten sich verständigen, sich vertrauen und aufeinander verlassen. War er überzeugt, dann zog er mit.

Es ist nicht einfach, an die Periode der nuklearen Abschreckung zu denken, da sich die Angst vor den Atomwaffen nur schwerlich konkret fassen lässt. Das Vergangene will nicht vergehen. Kaum vorstellbar, dass Menschen »den Nuklearkrieg denken« und die Verteidigung entsprechend planen konnten.[439] Unter den Militärs, die im langen Kalten Krieg für die Strategien der Abgrenzung und Abschreckung zuständig waren, ging auch die Angst um. Das Gewissen reagierte auf den eigenen Strategieentwurf. Verantwortung und Rechtfertigung waren nicht einfach beiseitezuschieben. Insgesamt aber duckte die Generalität sich weg, folgte dem kollektiven Anpassungsdruck, nach außen Stillschweigen zu üben. Eine Ausnahme war Graf Baudissin, der öffentlich vor der »Friedhofsruhe« gewarnt hatte, falls man an der nuklearen Verteidigung festhalte. Er wusste, dass er deshalb gemieden wurde und, statt anstelle Trettners Generalinspekteur zu werden, ins ferne Brüssel abgeschoben wurde.

Auffällig ist, dass die große Mehrheit der protestantischen Generale auf die ethischen Bedenken der Synoden abwehrend reagierte und deren Resolutionen gegen die Atombewaffnung mit der persönlichen Verunglimpfung einiger ihrer Vertreter beantwortete. So wurden Albert Schweitzer, Martin Niemöller oder Gustav Heinemann, der Jurist, einfach als spinnige Pastoren dargestellt und kommunistischer Umtriebe verdächtigt. Die Generale gingen auf Distanz zur Kirche. Diese hatte zwar schon früh – im Jahr 1959 – eine Brücke der Verständigung zum Militär mit den »Heidelberger Thesen« schlagen wollen, in denen eine nukleare Rüstung strikt abgelehnt und ihr Einsatz verurteilt wurde.[440] In einer zukünftigen Friedensordnung hätten sie keinen Platz, und solange sie »noch« in der Welt waren, sollten sie allein der Abschreckung dienen. Dieses »noch« enthielt den Auftrag zur Abrüstung, aber legitimierte für eine Übergangszeit den bestehenden Zustand. Innerkirchlich waren die »Heidelberger Thesen« ein Dokument der Versöhnung. Doch sie erreichten das Militär nicht, weil sie zugleich dafür plädierten, die Kriegsdienstverweigerung anzuerkennen. Das war noch ärger. Militär und Gesellschaft waren gespalten.

Die katholischen Generale traf es wie ein Schlag, als Papst Johannes XXIII. zu Beginn des II. Vatikanischen Konzils am 11. April 1963 in seinem Rundschreiben »Pacem in terris« zur Besinnung und Deutlichkeit aufrief und den Krieg im Atomzeitalter als »unsinnig« und nicht mehr als »geeignetes Mittel zur Wiederherstellung verletzter Rechte«, also auch der Verteidigung, bezeichnete.[441] Die Generale waren alarmiert, sie fühlten sich von dieser entschiedenen Position belastet, wenn die Bischöfe in Rom »die Atomwaffen für moralisch völlig unzulässig erklärten«. Einen solchen Gewissenskonflikt für einen katholischen Soldaten, »wenn seine höchste Glaubensautorität hier ein absolutes Veto verkündete«, mussten sie verhindern.[442]

Die oberste Führung der Bundeswehr reagierte prompt. War es realistisch, kühn oder skandalös? Sie nahm unter Leitung von Trettner Kontakt zu Militärbischof Franz Hengsbach und dem Konzilsberater Johannes Hirschmann auf, um »den Text des Konzils zu modifizieren«. Sie unterstützten die Position der deutschen Bischöfe, die froh waren, Verbündete gegen den amerikanischen Kardinal Spellman zu haben, der der Sprecher einer großen Gruppe war, die für die vollständige Ächtung der Atomwaffen eintrat. Es sei dahingestellt, ob die Intervention von Hengsbach im Konzil ausschlaggebend war, den Entwurf aufzuweichen. Die Generale haben es jedenfalls so aufgefasst.

Es ist eine Sensation, dass die Spitzen der Bundeswehr in Rom intervenierten, damit ihr Tun nicht als moralisch verwerflich benannt werden könnte. Sie änderten nicht ihr nukleares Planen und Denken, obwohl das Konzil 1965 eindeutig feststellte: »Jede Kriegshandlung, die auf die Vernichtung ganzer Städte oder weiter Gebiete und ihrer Bevölkerung unterschiedslos abstellt, ist ein Verbrechen gegen Gott und den Menschen.«[443] Die Grundsätzlichkeit dieser Aussage ließen die Generale nicht an sich heran. Denn sie interpretierten den Auftrag von »Gaudium et spes«, die Atomwaffen abzuschaffen, als Relativierung des Verbots der nuklearen Verteidigung in dem Sinne, dass diese Art der Abschreckung »noch« als Notwehr annehmbar sei, weil das Verbot erst in der zukünftigen Friedensordnung greifen werde.[444] Mit dieser Auffassung, die den Text des Konzils verkürzte und verdrehte, konnten die Generale leben. So zimmerten sie sich ihr Alibi. Trettner fasste dies zusammen: »Wir waren sehr glücklich, dass wir dieser Gefahr eines Dissenses entgangen waren.«[445] Eine Tendenzwende der Besinnung, das militärische Koordinatensystem neu auszurichten, hatten sie vermieden. Den Atomzweifeln konnte man ausweichen, sie tabuisieren und verdrängen.

Die alte Militärelite stellte sich mit dieser Konzilsepisode selbst das Zeugnis ihrer ethischen Haltung aus. Sie wusste wohl, was sie plante, aber achtete nicht die eigenen Einsichten; sie pochte auf die vermeintlich zeitlosen Tugenden des Soldaten, unter denen die Verantwortung wie ein Banner vorangetragen wurde, dennoch jonglierte sie mit den Begriffen, um sich nicht erkennen geben zu müssen.

Geschichte ist mehr als die feine Chronik von Daten, die Ereignisse widerspiegeln, große und entscheidende ebenso wie unbedeutende und folgenlose. Herausragende Ereignisse und starke Persönlichkeiten wirken über den Tag hinaus und, Traditionslinien bildend, geben der Erinnerung eine Form.[446] Helmut Schmidt wagte es, mit mutigen Eingriffen in die praktische Sicherheitspolitik ein Beispiel zu setzen, in Deutschland dem Frieden wieder ein wenig näher zu kommen. Atomwaffen durften nicht das vernichten, was verteidigt und geschützt werden sollte. Glaubwürdig vor einem Angriff abzuschrecken, blieb dennoch ein Ziel, an dem er nicht rüttelte, das er aber mit andern Mitteln erreichen wollte. Hätte er sich nicht in Entschiedenheit diesen Verhältnissen gestellt und seine Fähigkeiten souverän eingesetzt, wären seine Ideen und seine Politik Makulatur geblieben. Die Bonner Republik hätte in ihrer Geschichte kaum jene »Kultur der Zurückhaltung« in der Außenpolitik entwickeln können, wenn es Schmidt nicht gelungen wäre, den Status des Militärs neu zu justieren; dafür musste er die maßgeblichen Grundwerte der freiheitlichen Verfassung verbindlich durchsetzen und konnte die Bundeswehr fest ins Regierungssystem einbinden.

Moral und Handeln stimmten überein. Dies kann als beispielhaft gelten für die Politik zu allen Zeiten – nicht nur damals, als es in den sechziger Jahren darum ging, die Gefahr des Atomwaffeneinsatzes einzudämmen, sondern auch heutzutage, wo außen- und innenpolitische Probleme drängen und grundlegende strategische Lösungen gesucht werden. Ob es sich um die neue Armut oder um Bildung handelt, ob die Überschuldung der öffentlichen Haushalte oder die Integration ausländischer Bürger das Thema wird, oder ob andere wichtige Fragen angeschnitten werden – der Eindruck besteht, dass Reden und Handeln allzu oft auseinanderklaffen.

Politisches Handeln überhaupt verliert an Glaubwürdigkeit

in der Bevölkerung. Der Mangel am Willen, Probleme nachhaltig lösen und andere für alternative Ideen gewinnen zu wollen, kann alltäglich beobachtet werden. Augenmaß und Vernunft können helfen, Maßstäbe für Prioritäten zu setzen, bevor Katastrophenmeldungen zu hektischen und zumeist nutzlosen Reaktionen führen, wenn die Parteien an der Oberfläche bleiben und meinen, mit kurzem Atem und schnellem Blick auf Interessengruppen und Meinungsumfragen Politik gestalten zu können. Sogar das politische Handwerk, die parlamentarische Gesetzgebung, erweist sich als mangelhaft, wie die beinah regelmäßig kommenden richtungsweisenden Urteile des Bundesverfassungsgerichts aus Karlsruhe bestätigen. Schmidt gibt ein Beispiel in der Militärpolitik nach 1965, dass eine Politik der Verantwortung »machbar« ist.

Schmidt nahm einen langen Kampf auf, den Primat der demokratischen Politik durchzusetzen. Um das Militär zu zähmen und die Struktur der NATO entsprechend umzuwandeln, nutzte ihm seine politisch-kulturelle Westbindung. Mit Laird gestaltete er verlässlich die internationalen Beziehungen für Krisenzeiten. Gegen Vernichtungsfantasien des Militärs und gegen die Doktrin, eine fast abnorme Fülle von nuklearen Schlägen riskieren zu können, richtete er als Minister im Jahr 1969, zunächst ganz pragmatisch vorgehend, Barrieren auf. Kontrolle war der erste Schritt, damit politische Vernunft Einfluss gewinnen konnte. Ausdauer und Augenmaß leiteten den schwierigen Prozess, den alten Eliten im Militär die Grenzen zu zeigen. Doch sie wollten nicht aufgeben. Die Geheimdiplomatie der »4 German No's« mag überraschen, aber sie war auch ein Ausdruck des im Bündnis verankerten ungeheuren Machtanspruchs des Militärs, das sich dem Primat der Politik nicht unterordnen mochte.

Schmidt erlangte Handlungsspielräume im Bündnis, die es bis dahin für Deutschland nie gegeben hatte.[447] Die Konsultationen, die Laird und Schmidt vereinbarten und Nixon und Brandt auf der obersten Ebene der Regierungen in Bonn und Washington bestätigten, bezeugen die neue Qualität einer Kooperation. Die Vereinigten Staaten gewährten der Bundesrepublik ein privilegiertes Recht auf Mitwirkung in der Atomfrage. Sicherheit blieb auf Dauer das Gebot des Friedens, austariert in einem internationalen Gleichgewicht.

Schmidt nahm die Herausforderung des verantwortlichen Handelns an. Nach seinem politischen Selbstverständnis in der Sicherheitspolitik trat er mit aller Macht für das höchste Ziel der Politik ein, die Erhaltung des Friedens. Da liegt sein Verdienst. Sich für den Frieden einsetzen, war für Helmut Schmidt in Anlehnung an Immanuel Kant eine »moralische Pflicht schlechthin«.[448] Helmut Schmidt hat einen einzigartigen Beitrag zur politischen Kultur der Republik geleistet.

Anhang

Das Dokument: »The 4 German No's«

Deutsche Einsatzbeschränkungen für ADM
(National Constraints), 23. Oktober 1973

Nationale Beschränkungen für den möglichen
Einsatz von ADM

Die deutschen Beschränkungen für den Einsatz von ADM lauten:

1. Die Einsatzpläne dürfen keinen durchgehenden ADM-Sperr-gürtel darstellen.

2. Es darf keine Prädelegation im Freigabeverfahren geben.

3. Es sind keine Vorbereitungen der ADM-Einsätze in Friedens-zeiten am Einsatzort gestattet. Solche Vorbereitungen sind nur statthaft nach Genehmigung durch die Bundesregierung. Die Genehmigung kann wie folgt erreicht werden:

   Zu der Zeit, zu der SACEUR eine einzelne Alarmmaßnahme von Military Vigilance oder die gesamte Stufe MV erklärt oder während Krisenzeiten,
   stellt SACEUR - wenn er es für notwendig hält - einen be-sonderen Antrag.
   Daraufhin wird BMVg die Bundesregierung ersuchen,

   1. SACEUR zu autorisieren, Vorbereitungen am Einsatzort zu befehlen und

   2. auf dem Territorium der Bundesrepublik Deutschland die erforderlichen Voraussetzungen für die Einsatzvor-bereitungen treffen zu dürfen.

4. Die Zivilbevölkerung muß einen angemessenen Schutz gegen die Wirkungen von ADM-Detonationen haben und lebenswichtige Versorgungseinrichtungen dürfen nicht unbrauchbar werden.

5. Um angemessene Schutzmaßnahmen sicherzustellen, wird der ADM-Einsatz nur unter folgenden Bedingungen gestattet:

   a. In dem Bereich, der dem Sicherheitsabstand für weites Risiko und ungewarnte und ungeschützte Personen ent-spricht, dürfen sich keine Zivilpersonen befinden. Sollte

-2-

die Zone I des Niederschlagsgebietes diesen Raum
überschreiten, müssen alle Zivilpersonen aus dem
darüber hinausgehenden Teil der Zone I evakuiert
werden.

b. Zivilbevölkerung in Zone II muß gewarnt werden, entsprechende Schutzbauten aufsuchen zu können.

c. Der Einsatz von ADM beschränkt sich auf KT-Werte von
bis zu 2 KT einschließlich.

d. Der Einsatz von ADM hat so zu erfolgen, daß sichergestellt ist, daß die Niederschlagsgebiete I und II
nicht größer sind als die Niederschlagsgebiete I und
II für eine Bodendetonation von 2 KT.

BA MA BH 1/2604 a Fü H III 1 Az. 03-01-10-10, TgbNr.
9250/73 geh vom 19. Dezember 1973, Betreff: Nationale Einsatzbeschränkungen für ADM, Bezug: DPC/D (70) 60 »Besondere politische Richtlinien für den möglichen Einsatz von
ADM«, Anlage 2.

Da das Bundesarchiv-Militärarchiv dieses Dokument erst
mit Schreiben vom 29. Juli 2008 an den Autor zur Veröffentlichung freigegeben hat, konnte es im Text des vorliegenden
Buches nicht wörtlich zitiert werden.

Danksagung

Altbundeskanzler Helmut Schmidt gilt mein erster Dank für die Bereitschaft, das Thema – Primat der Politik in Verantwortung für den Frieden in Deutschland – historisch aufzuarbeiten und die nukleare Verteidigungspolitik des Jahrzehnts nach 1965 aus dem Dunkel der Geheimhaltung herauszuholen. Obwohl auch er vor Jahrzehnten die Beweggründe teilte, über diesen Aspekt der Militärstrategie Stillschweigen zu bewahren, hat er in ausführlichen Interviews die politischen Umstände kommentiert und seine Haltung gegenüber der Bundeswehr und dem Bündnis erklärt. Dabei hat er Sicherheitspolitik und Bundeswehr stets klar in die Geschichte des deutschen Militärs des 20. Jahrhunderts eingeordnet. Seine deutlichen Ausführungen zeigten mir, welche Bedeutung diese Thematik noch heute für ihn hat und welche menschliche Wärme ihn mit seinem wichtigsten Partner auf internationaler Ebene, mit Melvin Laird, verband.

Auch Laird, der in Florida noch heute aktiv am politischen Leben teilnimmt, ließ diese persönliche Nähe erkennen, die über die Sache der Politik hinaus das Handeln der beiden als Minister nach 1969 so erfolgreich getragen hatte.

Ausführliche Interviews, für die ich herzlich verbunden bin, konnte ich mit einigen Personen aus dem nahen Umfeld des damaligen Verteidigungsministers Schmidt führen. Ich sprach mit Herbert Laabs (Bonn), Leiter des Ministerbüros; Hans-Georg Wieck (Berlin), Leiter des Ministerbüros von Gerhard Schröder und dann im Planungsstab für Sicherheitspolitik zuständig; und Wolfgang Altenburg (Bremen), von 1983 bis 1986 Generalinspekteur der Bundeswehr, damals NATO-Offizier, bevor er in den zuständigen Führungsstab überwechselte. Alle drei, mit unterschiedlicher beruflicher Laufbahn, zeigten sich offen, ihre Erinnerungen und persönlichen Eindrücke widerzugeben.

Einblicke in die Arbeitswelt des Ministers Schmidt vermittelten mir auch Winfried Vogel und Eckardt Opitz, die auf der Hardthöhe den Alltag der Reforminitiativen für die Bundeswehr mittrugen. Ich bin ihnen dankbar für so manche Mitteilung eigener Erfahrungen. Gespräche mit Axel Gablik, einem der wenigen, der geheime Akten aus dem untersuchten Zeitraum kennt, und mit Hartmut Soell, mehrere Jahre lang Mitarbeiter des damaligen SPD-Fraktionsvorsitzenden und Autor einer zweibändigen Biographie Helmut Schmidts, waren sehr hilfreich, wichtige Einzelfragen abzurunden. Otwin Nassauer, Leiter des Berliner Informationszentrums für transatlantische Sicherheit, hat nicht nur die umfangreichen Schätze seiner Institutsbibliothek, sondern auch in freundschaftlicher Kollegialität sein Wissen über die nukleare Sicherheitspolitik zur Verfügung gestellt. Dafür gilt allen mein besonderer Dank.

Das Bundesarchiv-Militärarchiv in Freiburg/Breisgau (BA MA) hat sicherlich den größten Anteil am Gelingen dieser Arbeit, auch wenn sein Leiter, Hans-Joachim Harder, die einschlägigen Aktenbestände nicht freigeben konnte. Ihm und Referatsleiter Thomas Marschner verdanke ich, dass ich in den geheimen und noch nicht erschlossenen Beständen des Zwischenarchivs die einschlägigen Konvolute suchen und sichten konnte. Diese Materialien waren sehr ergiebig, allein für die Übung WINTEX 71 habe ich wohl mehr als 30 Signatur-Bestände eingesehen. Darüber hinaus konnte ich im BA MA die Nachlässe von Ulrich de Maizière und Wolf Graf von Baudissin einsehen. Für die Erlaubnis, die entsprechenden Unterlagen auszuwerten, bin ich Claus von Rosen und Andreas de Maizière sehr verbunden.

Die von der Stiftung Wissenschaft und Politik in Ebenhausen (jetzt Berlin) erfassten Archiv-Unterlagen des »Nuclear History Project« (NHP) lagern in der Universität Bonn. Sie haben sich für Fragen der ADM als höchst ergiebige Quelle erwiesen und gewähren tiefen Einblick in innerministerielle und -militärische Vorgänge. Obwohl es sich um Akten des Bundesministeriums der Verteidigung und um ehemals geheime Verschlusssachen handelt, sind diese Quellen zitierbar. In der Sammlung finden sich auch bemerkenswerte Protokolle von Interviews mit Zeitzeugen aus Militär und Diplomatie. Bei der Auswertung war mir Anna Trimborn dankenswerterweise eine große Hilfe.

Eine andere Perspektive auf die Militär- und Sicherheitspolitik bieten die Unterlagen des Altbundeskanzlers Helmut Schmidt, die er selbst im Laufe der Zeit gesammelt hatte. Im (privaten) Archiv Helmut Schmidt (AHS) in Hamburg hat Heike Lemke mit viel Gespür relevante Briefwechsel, Arbeitspapiere, Materialsammlungen und Konzeptentwürfe ausfindig gemacht. Ihr und dem Hause Schmidt sei für die Einsichtsmöglichkeit vor Ort und die Gastfreundschaft gedankt. Einen Teil seiner Unterlagen hat der Altbundeskanzler an das Archiv der sozialen Demokratie der Friedrich-Ebert-Stiftung (FES) in Bonn abgegeben. Dort habe ich für den Untersuchungszeitraum den »Bestand Helmut Schmidt«, den »Bestand Herbert Laabs« sowie den Nachlass von Fritz Erler eingesehen. Diese Sammlungen ergänzen und erhellen die amtliche Überlieferung, das heißt, erst durch beide, miteinander gelesen und inhaltlich verbunden, erschließt sich das Geschehen.

Hintergrundmaterialien und zeitnahe Interviews finden sich in den Nachlässen von Klaus von Schubert, Bernd C. Hesslein,

Gerhard Graf von Schwerin und Leo Geyr von Schweppenburg, die im Institut für Zeitgeschichte (IfZ) in München zugänglich sind. Gerade sie sind hilfreich, die komplexe Wirklichkeit von Militär und Politik in den sechziger und siebziger
Jahren genauer zu erfassen. Schließlich ist noch dem Archiv der
Führungsakademie der Bundeswehr in Hamburg Dank auszu-
sprechen, in dem Hans-Heinrich Steyreiff Jahresarbeiten aus
den Lehrgängen der Generalstabsausbildung zur Verfügung gestellt hat. Sie gewähren Einblick in die Lehr- und Unterrichts-
ziele und in das Denken der jüngeren Offiziersgeneration.

Das Buch selbst hat seine Form gefunden, nachdem ich
freundschaftliche Kommentare und Anmerkungen von Bernd
C. Hesslein, Jürgen Rose und Jakob Knab erhalten habe. Auch
ihnen sage ich meinen herzlichen Dank. Da sie profunde Kenner der Bundeswehr und der Sicherheitspolitik sind und zudem unterschiedliche berufliche Perspektiven mitbringen, waren ihre kritischen Hinweise eine willkommene Begleitung
meiner Arbeit. Vor allem Jakob Knab hat meine Fragen zur Er-
innerungskultur und zur politischen Ethik geduldig aufgenommen und im Gespräch zu klären gesucht. Ohne solche
Dialoge könnte Forschung nicht gedeihen, doch sie sind nicht
selbstverständlich. Ihnen allen, in Bayern lebend, sage ich: Ver-
gelt's Gott.

Über dieses Thema zu schreiben, war für mich selbst eine
größere Herausforderung, als ich für möglich gehalten hätte.
Glaubte ich vor Beginn der Arbeit, in der Zeitgeschichte von
Militär und Nuklearpolitik gut Bescheid zu wissen, so boten
die Quellen unerwartete Fakten und verwiesen auf spannende
Zusammenhänge, die mir bis dahin unbekannt waren. Zudem
war es nicht einfach, die verschiedenen Einblicke, die mir die
Archive gewährten, sachgemäß zum Gesamtbild zu ordnen
und den bestehenden Restriktionen der Geheimhaltungsvor-
schriften gerecht zu werden.

Beim Schreiben tröstete der Blick auf den schneebedeckten Graukogel im weiten Gasteiner Tal, wo der größte Teil dieses Textes entstanden ist, unterstützt von meiner Frau Brunhild Bald, die das tägliche Leben so zu erleichtern vermochte, das alles ein gutes Ende fand. Das erwähne ich dankbar und gerne.

Literaturhinweise

Erinnerungsliteratur

Baudissin, Wolf Graf von: Nie wieder Sieg! Programmatische Schriften 1951–1981. München 1982

Brandt, Willy: Begegnungen und Einsichten. Die Jahre 1960–1975. München 1975

Erler, Fritz: Politik für Deutschland. Hg. von W. Gaebler. Stuttgart 1968

Ilsemann, Carl-Gero von: Die Bundeswehr in der Demokratie. Zeit der Inneren Führung. Hamburg 1971

Hassel, Kai-Uwe von: Der Soldat in unserer Zeit. Boppard 1964

Maizière, Ulrich de: In der Pflicht. Lebensbericht eines deutschen Soldaten im 20. Jahrhundert. Herford 1989

Ruhfus, Jürgen: aufwärts. Erlebnisse und Erinnerungen eines diplomatischen Zeitzeugen 1955 bis 1992. Sankt Ottilien 2006

Sahm, Ulrich: »Diplomaten taugen nichts«. Aus dem Leben eines Staatsdieners. Düsseldorf 1994

Schmidt, Helmut: Menschen und Mächte. Berlin 1987

Schmidt, Helmut: Weggefährten. Erinnerungen und Reflexionen. Berlin 1996

Schmückle, Gerd: Ohne Pauken und Trompeten: Erinnerungen an Krieg und Frieden. Stuttgart 1982

Strauß, Franz Josef: Die Erinnerungen. Berlin 1989

Darstellungen

Abenheim, Donald: Bundeswehr und Tradition: die Suche nach dem gültigen Erbe des deutschen Soldaten. München/Wien 1989

Bald, Detlef: Die Atombewaffnung der Bundeswehr. Militär, Öffentlichkeit und Politik in der Ära Adenauer. Bremen 1994

Bald, Detlef: Hiroshima, 6. August 1945. Die nukleare Bedrohung. München 1999

Bald, Detlef: Die Bundeswehr. Eine kritische Geschichte 1955–2005. München 2005

Broszat, Martin (Hg.): Zäsuren nach 1945. Essays zur Periodisierung der deutschen Nachkriegsgeschichte. München 1990

Buchholz, Frank: Strategische und militärpolitische Diskussionen in der Gründungsphase der Bundeswehr 1949–1960. Frankfurt/M. 1991

Czempiel, Ernst-Otto/Carl-Christoph Schweitzer: Weltpolitik der USA nach 1945. Einführungen und Dokumente. Bonn 1987

Dorn, Wolfram: So heiß war der Kalte Krieg. Fallex 66. Köln 2002

Ellwein, Thomas: Krisen und Reformen. Die Bundesrepublik seit den sechziger Jahren. München 1989

Gablik, Axel: »Strategie kann nicht zeitlos sein«. Offiziere, Politiker und strategische Planungen in Deutschland 1955–1967. Baden-Baden 1994

Haftendorn, Helga: Kernwaffen und die Glaubwürdigkeit der Allianz: Die NATO-Krise von 1966/67. Baden-Baden 1994

Hammerich, Helmut R. u.a. (Hg.): Das Heer 1950 bis 1970. Konzeption, Organisation, Aufstellung. München 2006

Heuser, Beatrice: NATO, Britain, France and FRG: Nuclear Strategies and Forces for Europe 1949–2000. London 1997

Heye, Hellmuth: In Sorge um die Bundeswehr. München 1964

Hoppe, Christoph: Zwischen Teilhabe und Mitsprache. Die Nuklearfrage in der Allianzpolitik Deutschlands 1959–1966. Baden-Baden 1993

Kelleher, Catherine McArdle: Germany and the Politics of Nuclear Weapons. New York 1975

Knab, Jakob: Falsche Glorie. Das Traditionsverständnis der Bundeswehr. Berlin 1995

Küntzel, Matthias: Bonn und die Bombe. Deutsche Atomwaffenpolitik von Adenauer bis Brandt. Frankfurt/M. 1992

Kutz, Martin: Realitätsflucht und Aggression im deutschen Militär. Baden-Baden 1990

Löwenthal, Richard/Hans-Peter Schwarz (Hg.): 25 Jahre Bundesrepublik Deutschland. Eine Bilanz. Stuttgart 1974

Messerschmidt, Manfred: Militarismus – Vernichtungskrieg – Geschichtspolitik. Zur deutschen Militär- und Rechtsgeschichte. Paderborn 2006

Mosen, Wido: Bundeswehr – Elite der Nation? Determinanten und Funktionen elitärer Selbsteinschätzungen von Bundeswehrsoldaten. Neuwied/Berlin 1970

Münkler, Herfried: Gewalt und Ordnung. Das Bild des Krieges im politischen Denken. Frankfurt/M. 1992

Naumann, Klaus (Hg.): Nachkrieg in Deutschland. Hamburg 2001

Naumann, Klaus: Generale in der Demokratie. Generationsgeschichtliche Studien zur Bundeswehrelite. Hamburg 2007

Peters, Susanne: The Germans and the INF Missiles. Getting Their Way in NATO's Strategy of Flexible Response. Baden-Baden 1990

Picht, Georg (Hg.): Studien zur politischen und gesellschaftlichen Situation der Bundeswehr, 3 Folgen, Witten/Berlin 1965, 1966

Podewils, Clemens Graf (Hg.): Tendenzwende? Zur geistigen Situation der Bundesrepublik. Stuttgart 1975

Reichel, Peter: Vergangenheitsbewältigung in Deutschland. Die Auseinandersetzung mit der NS-Diktatur von 1945 bis heute. Frankfurt/M. 2001

Schmidt, Helmut: Verteidigung oder Vergeltung. Ein deutscher Beitrag zum strategischen Problem der Verteidigung. Stuttgart 1961

Schmidt, Helmut: Strategie des Gleichgewichts. Stuttgart 1969

Schubert, Klaus von (Hg.): Sicherheitspolitik der Bundesrepublik Deutschland. Dokumentation 1945–1977. 2 Teile, Bonn 1977, 1978

Senghaas, Dieter: Abschreckung und Frieden. Studien zur Kritik organisierter Friedlosigkeit, Frankfurt/M. 1969

Soell, Hartmut: Helmut Schmidt 1918–1969. Vernunft und Leidenschaft. München 2003

Soell, Hartmut: Helmut Schmidt 1969 bis heute. Macht und Verantwortung. München 2008

Stöver, Bernd: Der Kalte Krieg 1947–1991. Geschichte eines radikalen Zeitalters. München 2007

Tuschhoff, Christian: Deutschland, Kernwaffen und die NATO 1949–1967. Zum Zusammenhalt von und friedlichem Wandel in Bündnissen. Baden-Baden 2002

Van Atta, Dale: With Honor. Melvin Laird in War, Peace, and Politics. Madison, Wisconsin 2008

Vogel, Winfried: Karl Wilhelm Berkhan. Ein Pionier deutscher Sicherheitspolitik nach 1945. Beiträge zu einer politischen Biographie. Bremen 2003

Vogt, Wolfgang R. (Hg.): Militär als Gegenkultur? Streitkräfte im Wandel der Gesellschaft. Opladen 1986

Weizsäcker, Carl Friedrich von (Hg.): Kriegsfolgen und Kriegsverhütung. München 1971

Wette, Wolfram: Militarismus in Deutschland. Geschichte einer kriegerischen Kultur. Berlin 2008

Wolfrum, Edgar: Die geglückte Demokratie. Geschichte der Bundesrepublik Deutschland von ihren Anfängen bis zur Gegenwart. Stuttgart 2007

Anmerkungen

1 Vgl. Michael Geyer: Der Kalte Krieg, die Deutschen und die Angst. Die westdeutsche Opposition gegen die Wiederbewaffnung und Kernwaffen, in: Klaus Naumann (Hg.), Nachkrieg in Deutschland. Hamburg 2001, S. 267 ff., Gottfried Niedhardt, Dieter Riesenberger (Hg.): Lernen aus dem Krieg? Deutsche Nachkriegszeiten 1918/1945. München 1992, Budzinski, Manfred (Hg.): Atomwaffen. Eine Herausforderung für den Frieden. Bad Boll 2007.

2 Zum Überblick vgl. Christian Walther (Hg.): Atomwaffen und Ethik. Der deutsche Protestantismus und die atomare Aufrüstung. Dokumente und Kommentare. München 1981.

3 Vgl. NHP Dok. 160/32 S III Stand der Bearbeitung der deutsch-amerikanischen Studien, 24. August 1965.

4 Diesen ADM verfälschenden Begriff – Atom-Mine – benutzte sogar die Expertin der Sicherheitspolitik Helga Haftendorn, Kernwaffen und die Glaubwürdigkeit der Allianz: Die NATO-Krise von 1966/67. Baden-Baden 1994, S. 53.

5 Dieter Krüger: Der Strategiewechsel in der Nordatlantischen Allianz und die Luftwaffe, in: Bernd Lemke u.a. (Hg.): Die Luftwaffe 1950 bis 1970. Konzeption, Aufbau, Integration. München 2006, S. 66.

6 Klaus Naumann: Generale in der Demokratie. Generationsgeschichtliche Studien zur Bundeswehrelite. Hamburg 2007, S. 23.

7 NHP Dok. 101 Zeitzeugenbefragung, Bonn, 13. Juli 1987.

8 Interview H. Laabs, 12. Januar 2007.

9 Interview H. Schmidt, 19. März 2007.

10 Giovanni di Lorenzo: »Ich bin in Schuld verstrickt«. Gespräch mit Helmut Schmidt, in: DIE ZEIT, 30. August 2007, S. 18.

11 Giovanni di Lorenzo: Auf eine Zigarette mit Helmut Schmidt, in: ZEIT Magazin LEBEN, 29. November 2007, S. 70.

12 Bizarre Lücken, in: Der Spiegel, 35/1984, S. 98.

13 Vgl. Detlef Bald: Die Bundeswehr. Eine kritische Geschichte 1955–2005. München 2005, S. 38 ff.

14 Werner Hahlweg: Das Clausewitzbild einst und jetzt, in: Vom Kriege, hinterlassenes Werk des Generals von Clausewitz. 18. Aufl., Bonn 1973, S. 83.

15 Vgl. Manfred Messerschmidt: Militarismus – Vernichtungskrieg – Geschichtspolitik. Zur deutschen Militär- und Rechtsgeschichte: Paderborn 2006, S. 53 ff.; Wolfram Wette: Militarismus in Deutschland. Geschichte einer kriegerischen Kultur. Berlin 2008.

16 Interview H. Schmidt, 31. Mai 2007.

17 Interview H. Schmidt, 19. März 2007.

18 NHP Dok. 101/46 Zeitzeugenbefragung, Bonn, 13. Juli 1987.

19 Ein Überblick findet sich bei Ernst-Otto Czempiel/Carl-Christoph Schweitzer: Weltpolitik der USA nach 1945. Einführung und Dokumente. Bonn 1987; Klaus von Schubert: Sicherheitspolitik der Bundesrepublik. Dokumentation 1945–1977. 2 Teile, Bonn 1977/1978.

20 Ernest R. May: Implizite ethische Bezugsrahmen: Institutionen als verlängerte Schatten des Gewissens, in: Uwe Nerlich, Trutz Rendtorff (Hg.), Nukleare Abschreckung – Politische und ethische Interpretationen einer neuen Realität. Baden-Baden 1989, S. 628; vgl. Catherine McArdle Kelleher: Germany and the Politics of Nuclear Weapons. New York 1975, S. 216 f.

21 Hier nur ein Beispiel aus den entsprechenden Publikationen: Lemke: Luftwaffe, S. 4 (Einleitung), S. 67.

22 Haftendorn: Kernwaffen, S. 370.

23 Axel F. Gablik: Strategische Planungen in der Bundesrepublik Deutschland 1955–1967: Politische Kontrolle oder militärische Notwendigkeit? Baden-Baden 1996, S. 499.

24 Susanne Peters: The Germans and the INF Missiles. Getting Their Way in NATO's Strategy of Flexible Response. Baden-Baden 1990, S. 102.

25 Die Kerngruppe der Wissenschaftler umfasste Helga Haftendorn, Klaus Hildebrand, Catherine Kelleher, Wolfgang Krieger, Uwe Nerlich, Reiner Pommerin, Hans Peter Schwarz, Klaus-Peter Stratmann und Michael Stürmer.

26 Reiner Pommerin: General Trettner und die Atom-Minen. Zur Geschichte nuklearer Waffen in Deutschland, in: Vierteljahreshefte für Zeitgeschichte, 39. Jg., 1991, S. 638; derselbe: Mächtesystem und Militärstrategie. Ausgewählte Aufsätze, hrsg. von Reiner Marcowitz. Köln 2003, S. 247 ff.

27 NHP Dok. 101/28 Zeitzeugenbefragung, Bonn, 13. Juli 1987.

28 Das Protokoll weist ausdrücklich aus: »Von den Zeitzeugen auto-
   risierte Fassung«. Anwesend waren noch die Generale Johannes Steinhoff, Franz-Joseph Schulze, Heinz Trettner, Harald
   Wust und die Diplomaten Ulrich Sahm sowie Hans-Georg
   Wieck.
29 NHP Dok. 104/28 Interview mit Vizeadmiral a.D. Herbert Trebesch, Bonn, 26. Oktober 1988.
30 NHP Dok. 101/129 Zeitzeugenbefragung, Bonn, 13. Juli 1987.
31 Ebenda 101/122. Trettner berichtete über seine Ausführungen vor
   der NATO am 3. Dezember 1964, als es um die »Atom-Minen«
   ging.
32 Ebenda 101/143. Äußerung von Harald Wust.
33 NHP Dok. 104/18 Interview mit Vizeadmiral a.D. Herbert Trebesch, Bonn, 26. Oktober 1988.
34 Vgl. Detlef Bald: Die Atombewaffnung der Bundeswehr. Militär,
   Öffentlichkeit und Politik in der Ära Adenauer. Bremen 1994.
35 Andreas Prüfert (Hg.): Im Dienste einer neuen Friedenskultur.
   Festschrift für Detlef Bald – Werk und Bibliographie. Baden-Baden
   2002, S. 93.
36 Bundesministerium der Verteidigung, Brigadegeneral Th. Wollny
   an D. Bald, Bonn, 18. April 2007.
37 Bundesministerium der Verteidigung, Generalmajor M. Engelhardt
   an BA MA, H.J. Harder, 24. September 2007.
38 NHP Dok. 101/112 Zeitzeugenbefragung, Bonn, 13. Juli 1987.
39 Ebenda 101/116.
40 HDv 100/1 Truppenführung, Oktober 1962, Nr. 9, 145, 494.
41 NHP Dok. 101/117 Zeitzeugenbefragung, Bonn, 13. Juli 1987.
42 Franz Josef Strauß: Die Erinnerungen. Berlin 1989, S. 412.
43 Fü B (Stellungnahme), November 1961 zitiert bei Matthias Küntzel: Bonn und die Bombe. Deutsche Atomwaffenpolitik von Adenauer bis Brandt. Frankfurt/M. 1992, S. 246.
44 Gablik: Strategische Planungen, S. 407.
45 Maxwell D. Taylor (The Uncertain Trumpet, New York 1959):
   »Und so die Trompete einen undeutlichen Ton gibt, wer wird sich
   zum Streite rüsten?« Gütersloh 1962, S. 19, 45.
46 Vgl. Beatrice Heuser: NATO, Britain, France and FRG: Nuclear
   Strategies and Forces for Europe 1949–2000. London 1997.
47 NHP Dok. Robert R. Bowie, The North Atlantic Nations Tasks
   for the 1960's, August 1960, S. 38.
48 NHP Dok. 101/114 Zeitzeugenbefragung, Bonn, 13. Juli 1987.

49 NHP Dok. 111/2 u. 4 Fü B III 8 Arbeitsnotiz, Betr.: »Guidelines« (…), 6. November 1962.

50 Ebenda 111/7.

51 Der Spiegel, 10. Oktober 1962, S. 32 ff.

52 NHP Dok. 137/39 Fü B III 1 Stellungnahme zum Schreiben Mr. Gilpatric vom 8. Mai 1963.

53 NHP Dok. 138/34 Fü B III an Bundesminister, Bonn, 22. Mai 1963.

54 Ebenda 138/30.

55 Ebenda 138/31.

56 Ebenda 138/7.

57 NHP Dok. 119/18 Fü B III 1 Grundsätze der Verteidigungspolitik (Redetext für Minister von Hassel vor Kabinett), Bonn, 23. Januar 1963.

58 Ebenda 119/19.

59 Ebenda 119/21.

60 Ebenda 119/25.

61 NHP Dok. 139/5 Fü B III Sprechzettel für Herrn Minister zum Besuch Präsident Kennedys, 21. Juni 1963.

62 Ebenda 139/12.

63 NHP Dok. 154/70 Fü B III 1 Die Strategie der USA, Bonn, 18. Mai 1965.

64 NHP Dok. 114/1 Fü B an Herrn Minister, Bonn, 10. Dezember 1962.

65 Vgl. die Angaben in NHP Dok. 155/8 Fü B III 1 Wesentliche Ergebnisse der deutsch-amerikanischen Studie: »Grundsätze und Richtlinien für den Einsatz der ADM«. Bonn, Mai 1965.

66 NHP Dok. 155/10 Fü B III 1 Kritische Punkte (1965).

67 Ebenda 155/11.

68 NHP Dok. 104/27 Interview mit Vizeadmiral Herbert Trebesch, Bonn, 26. Oktober 1988.

69 Uwe Zimmer: Umrüstung. Atombombe im Rucksack, in: Stern, 28. Juli 1983.

70 NHP Dok. 154/9 Fü B III 1 Studie Nr. 1 Grundsätze und Richtlinien für den Einsatz von ADM im Rahmen der Abwehr eines begrenzten Feindangriffes, Bonn, 18. Mai 1965.

71 NHP Dok. 160/32 S III 1 Stand der Bearbeitung der deutsch-amerikanischen Studien, Bonn, 24. August 1965.

72 NHP Dok. 155/6 Fü B III 1 Wesentliche Ergebnisse (…) für den Einsatz von ADM, Bonn, Mai 1965.

73 NHP Dok. 154/11 Fü B III 1 Studie Nr. 1, Bonn, 18. Mai 1965.

74 Ebenda, 154/10.

75 Vgl. Kelleher: Germany, S. 200 ff.

76 NHP Dok. 167 S III 1 Deutscher Standpunkt zum strategischen Konzept der NATO, Bonn, Mai 1966.

77 NHP Dok. 159/32 Fü B III (Entwurf) Führungsweisung Nr. 1. Deutsche Auffassungen zum strategischen Konzept der NATO, Bonn, 21. Juli 1965.

78 NHP Dok. 155/9 Fü B III 1 Wesentliche Ergebnisse (…) für den Einsatz von ADM, Bonn, Mai 1965.

79 NHP Dok. 104/28 Interview mit Vizeadmiral Herbert Trebesch, Bonn, 26. Oktober 1988.

80 NHP Dok. 104 Tagebuch H. Trebesch (Ende November 1965), S. 22 f.

81 FES NL Erler, 61 C H. Schmidt an F. Erler, 4. Oktober 1965.

82 FES 1HS AA00 8135 (Notiz von H. Schmidt über Gespräch mit General Geyr von Loringhoven) Dezember 1965.

83 NHP Dok. 164/3 Fü S III an Minister. Betr.: Deutsches Veto-Recht (Forderung von MdB Helmut Schmidt), 12. April 1966.

84 Horst Osterheld: »Ich gehe nicht leichten Herzens …«. Adenauers letzte Kanzlerjahre. Mainz 1986, S. 242.

85 AHS Pressemitteilungen und Informationen (SPD), 26. Juli 1965.

86 AHS Pressemitteilungen und Informationen (SPD), 18. August 1965. Rede vor dem Verein der Auslandspresse.

87 AHS Redemanuskript H. Schmidt, NATO im Jahre 1965, Sommer 1965.

88 AHS Redemanuskript H. Schmidt, Imperial Defense College, London, 23. Juli 1965.

89 AHS Redemanuskript H. Schmidt, 6. Mai 1965.

90 Adelbert Weinstein: Atom-Minen entlang der Zonengrenze?, in: Frankfurter Allgemeine Zeitung, 16. Dezember 1964.

91 Der Spiegel, Nr. 1/2, 6. Januar 1965, S. 16 ff.

92 AHS Pressemitteilung, Erklärung des Hamburger Senators H. Schmidt, 18. Dezember 1964.

93 FES 1HS AA00 8135 Pressereferat, Bonn, 17. Dezember 1964.

94 NHP Dok. 104 Tagebuch H. Trebesch, 16. und 30. Dezember 1964.

95 Protokoll, 3. Legislaturperiode, 98. Sitzung des Verteidigungsausschusses, 18. Dezember 1964.

96 Bulletin, Nr. 191, 29. Dezember 1964, Briefabdruck K.-U. von Hassel an W.-W. Schütz.

97 PPP, Informationsbrief, 15. Jg., Nr. 145, 21. Dezember 1964.

98 BA MA Bw 2/3533; darin Fü B VII 1 an Prof. K. M. Fassbender, 3. Februar 1965.

99 Vgl. einzelne Punkte bei Gerd Schmückle: Ohne Pauken und Trompeten: Erinnerungen an Krieg und Frieden. Stuttgart 1982, S. 297 ff.

100 NHP Dok. 101/128 ff. Zeitzeugenbefragung, Bonn, 13. Juli 1987. sowie Dok. 104 Interview mit Vizeadmiral a. D. Herbert Trebesch, Bonn, 26. Oktober 1988, S. 27 ff.

101 FES 1HS AA00 8135 dpa 198/199, 17. Dezember 1964.

102 FES NL Erler, Bd. 25 Rias-Interview, 8. August 1965.

103 Ebenda, Bd. 25 Redemanuskript F. Erler, Regensburg, August 1965.

104 Ebanda, Bd. 26 Journalisten fragen – Politiker antworten, ZDF, 9. Dezember 1965, S. 17.

105 Ebenda, Redemanuskript F. Erler, 16. November 1965, S. 5.

106 Zitiert bei Hartmut Soell: Helmut Schmidt 1918–1969. Vernunft und Leidenschaft. München 2003, S. 472.

107 Interview mit Helmut Schmidt, 15. November 2007.

108 AHS H. Schmidt an R. I., 30. August 1956.

109 AHS H. Schmidt an K. G., 3. September 1957.

110 AHS H. Schmidt an M. L., 16. Januar 1955.

111 AHS H. Schmidt an Redaktion Der Spiegel, 26. Februar 1958.

112 AHS H. Schmidt an W. B., 10. Juni 1958.

113 Vgl. Bald: Atombewaffnung der Bundeswehr, S. 65.

114 Hans-Peter Schwarz: Adenauer und die Kernwaffen, in: Vierteljahrshefte für Zeitgeschichte, Jg. 37, 1989, S. 593; vgl. das Diensttagebuch von de Maizière, April 1956, zitiert in Gablik: Strategische Planungen, S. 106 f.

115 AHS H. Schmidt an Generalmajor Laegeler, 29. Juli 1960.

116 AHS H. Schmidt an Neue Illustrierte, 12. April 1961.

117 AHS H. Schmidt an Terence Heelas, 21. Juni 1963.

118 Vgl. Henry A. Kissinger: Nuclear Weapons and Foreign Policy, Boulder, Col. 1957.

119 AHS H. Schmidt an H. Kissinger, 8. Juli 1960.

120 AHS H. Kissinger, 26. August 1960, z. B.: »He is a very bright young man who I believe is destined to go far.«

121 Interview H. Schmidt, 15. November 2007; Schmidt kannte Nitze bereits seit den fünfziger Jahren.

122 Vgl. Lothar Wilker: Die Sicherheitspolitik der SPD 1956–1966. Zwischen Wiedervereinigungs- und Bündnisorientierung. Bonn-Bad Godesberg 1977, S. 165 ff.

123 Interview H. Schmidt, 31. Mai 2007.

124 Vgl. Helmut Schmidt: Verteidigung oder Vergeltung. Ein deutscher Beitrag zum strategischen Problem der Verteidigung. Stuttgart 1961.

125 Vgl. Albrecht Zunker: Stiftung Wissenschaft und Politik (SWP). Entwicklungsgeschichte einer Institution politikbezogener Forschung. Berlin 2008.

126 Wolf Graf von Baudissin: Das Kriegsbild, in: Information für die Truppe, Sonderbeilage, September 1962, S. 3 ff.

127 Vgl. neben den Unterlagen im AHS die Ergänzungen in: FES NL Erler, Bd. 105 B.

128 Vgl. eine Kopie des Bowie-Berichts in NHP Dok.; wichtige Aussagen sind publiziert. Robert R. Bowie: Die Strategie und das atlantische Bündnis, in: Wehrkunde, 13. Jg., 1964, S. 285 ff. und 348 ff.

129 Vgl. Reinhard Mutz: Sicherheitspolitik und demokratische Öffentlichkeit in der BRD. Probleme der Analyse, Kritik und Kontrolle militärischer Macht. München 1978; auch: Gerhard Brandt/Ludwig von Friedeburg: Aufgaben der Militärpublizistik in der modernen Gesellschaft. Frankfurt/M. 1966.

130 Interview H. Schmidt, 31. Mai 2007.

131 Wolfgang Sauer: Die Reichswehr, in: Karl Dietrich Bracher: Die Auflösung der Weimarer Republik. Eine Studie zum Problem des Machtverfalls in der Demokratie. Stuttgart 1955, S. 241.

132 Vgl. zu den Diskussionsbeiträgen der Wissenschaftler, darunter Bracher, Boris Spernol: Notstand der Demokratie. Der Protest gegen die Notstandsgesetze und die Frage der NS-Vergangenheit. Essen 2008, S. 41 ff.

133 Karl Dietrich Bracher/Wolfgang Sauer/Gerhard Schulz: Die nationalsozialistische Machtergreifung. Studien zur Errichtung des totalitären Herrschaftssystems in Deutschland 1933/34. Köln 1960 (Einleitung), S. 19.

134 Interview H. Schmidt, 19. März und 31. Mai 2007.

135 Interview H. Schmidt, 31. Mai 2007.

136 Vgl. Frank Buchholz: Strategische und militärpolitische Diskussionen in der Gründungsphase der Bundeswehr 1949–1960. Frankfurt/M. 1991, S. 74 ff.; Christian Greiner: Das militärpoliti-

sche Konzept der NATO von 1952 bis 1957, in: Bruno Thoß/ Hans-Erich Volkmann: Zwischen Kaltem Krieg und Entspannung. Sicherheits- und Deutschlandspolitik der Bundesrepublik. Boppard 1988.

137 Interview H. Schmidt, 19. März 2007.

138 Dieter H. Kollmer: »Klotzen statt Kleckern!«. Die materielle Aufrüstung des Heeres von den Anfängen bis Ende der sechziger Jahre, in: Helmut R. Hammerich u.a. (Hg.): Das Heer 1950 bis 1970. Konzeption, Organisation, Aufstellung. München 2006, S. 485 ff.

139 IfZ NL von Schubert ED 437/114-18 Vortrag von A. Heusinger vor Verteidigungsrat und Kabinett, 3. und 22. Februar 1956.

140 Ebenda, Vortrag A. Heusinger, Grundlagen und Bild eines Zukunftskrieges, 5. Mai 1956.

141 NHP Dok. 159/3 ff. (zuletzt 32) Fü B III (Entwurf) Führungsweisung Nr. 1, Bonn, 21. Juli 1965.

142 Gablik: Strategische Planungen, S. 414.

143 NHP Dok. 151a/2 Stab für NATO-Übungen an Bundesminister der Verteidigung, Fü B III, Bensberg, 26. April 1965.

144 Ebenda, 151a/8.

145 Ebenda, 151a/10 und 11.

146 Vgl. Christian Tuschhoff: Die MC 70 und die Einführung Nuklearer Trägersysteme in die Bundeswehr 1956–1959. Ebenhausen 1990.

147 IfZ NL von Schubert ED 437/108 Interview mit U. de Maizière (1981).

148 IfZ NL Geyr ED 91, Bd. 43 L. Geyr von Schweppenburg: Die unsterbliche Bendlerstrasse. o. D.

149 Ulrich Herbert: Deutsche Eliten nach Hitler, in: Mittelweg 36, 8. Jg., 3/1999, S. 74.

150 NHP Dok. 104 Tagebuch H. Trebesch, 19. Dezember 1964.

151 Ebenda, 12. Januar 1965.

152 Vgl. Detlef Bald: Der deutsche Generalstab 1859–1939. Reform und Restauration in Ausbildung und Bildung. Bonn 1977, S. 87 ff.; Hans Model, Der deutsche Generalstabsoffizier. Seine Auswahl in Reichswehr, Wehrmacht und Bundeswehr. Frankfurt/M. 1968.

153 IfZ NL von Schubert ED 437/105 Interview mit Graf Baudissin (1981).

154 Interview H. Schmidt, 31. Mai 2007.

155 FES NL Erler, Bd. 107 U. Nerlich an F. Erler, Betr.: Ablauf der Sitzung am 6. Dezember 1965.

156 NSA (National Security Archive; Online-Dokumente sind allgemein zugänglich) R. McNamara, Statement, Defense Policy, 5. Mai 1962, S. 1.

157 NSA Annual Political Appraisal. Special Report by the Secrtary General on NATO Defense Policy, 17. April 1962, S. 4 (»The fullest amount of information«).

158 Ebenda, S. 11.

159 Ebenda, S. 2.

160 Vgl. Die Schlüssel der Vergeltung, in: Visier, 6/1965. Anlage zu NHP Dok. 162/9 f.

161 NHP Dok. 162/4 S III an Minister. Betr.: Kurzstudie über »Zweischlüsselsystem«, Bonn, 15. Dezember 1965.

162 Ebenda 162/6.

163 Vgl. Christoph Hoppe: Zwischen Teilhabe und Mitsprache. Die Nuklearfrage in der Allianzpolitik Deutschlands 1959–1966. Baden-Baden 1993, S. 54.

164 NHP Dok. 162/8 S III an Minister. Betr.: Kurzstudie über »Zweischlüsselsystem. Bonn, 15. Dezember 1965.

165 Interview H.-G. Wieck, 1. November 2007.

166 NHP Dok. 162/8 S III an Minister. Betr.: Kurzstudie über »Zweischlüsselsystem«. Bonn, 15. Dezember 1965.

167 NHP Dok. 164/4 S III an Herrn Minister. Betr.: Deutsches Veto-Recht (Forderung MdB Helmut Schmidt), Bonn, 12. April 1966.

168 Ebenda 164/5.

169 Ebenda 164/9.

170 Ebenda 164/3.

171 NHP Dok. 159/38 Fü B III (Entwurf) Führungsweisung Nr. 1, Bonn, 21. Juli 1965.

172 NHP Dok. 138/12 Fü B III an Herrn Minister, Bonn, 22. Mai 1963.

173 IfZ NL von Schubert ED 437/108 Interview U. de Maizière (1981).

174 Gerd Schmückle, Das Schwert am seidenen Faden. Krisenmanagement in Europa. Stuttgart 1984, S. 149.

175 IfZ NL von Schubert ED 437/105 Interview Graf Baudissin (1981).

176 NHP Dok. 172/4 S III 1 an Generalinspekteur. Betr.: ADM – geeignete Unterrichtung der Öffentlichkeit über Art und Wirkung, Bonn, 22. Dezember 1966. Trettner-Erlass datiert vom 10. Dezember 1965.

177 Wolfram Dorn: So heiß war der Kalte Krieg. Fallex 66. Köln 2002, S. 8.

178 Interview H. Schmidt, 31. Mai 2007.

179 Norbert Frei: 1968. Jugendrevolte und globaler Protest. München 2008, S. 220.

180 Vgl. Bald, Bundeswehr, S. 93 f.

181 Gespräch mit Baudissin, in: Axel Eggebrecht (Hg.): Die zornigen alten Männer. Gedanken über Deutschland seit 1945. Reinbek 1979, S. 216.

182 Eine scharfe Analyse bei Jakob Knab: Falsche Glorie. Das Traditionsverständnis der Bundeswehr, Berlin 1995; Ralph Giordano: Die Traditionslüge. Vom Kriegerkult in der Bundeswehr. Köln 2000.

183 FES 1HS AA00 5523 H. Schmidt an H. Kissinger, 20. März 1969.

184 AHS Vermerk. Betr.: Gespräche in Washington gelegentlich der Nuklearen Planungsgruppe am 11. und 12. November 1969, 14. November 1969.

185 BA MA Bw 1/101520 (Charakterisierung von M. Laird für G. Schröder, Treffen in New York, 1. Februar 1969).

186 Interview M. Laird, 29. Juli 2007.

187 Interview H. Schmidt, 31. Mai 2007.

188 Ebenda.

189 FES 1HS AA00 5523 Botschafter Pauls an Auswärtiges Amt, Washington, 14. Juli 1969.

190 AHS Th. Sommer an H. Schmidt, Memorandum, Hamburg, 29. Oktober 1969.

191 FES 1HS AA00 5976 H. Hasper, Fraktion der SPD, an H. Schmidt, Bonn, 20. Oktober 1969.

192 Interview H. Laabs, Januar 2007.

193 BA MA NL 673, 64 Bilanz anlässlich der Beendigung des 4. Amtsjahres als Generalinspekteur der Bundeswehr.

194 Ausführlich dargestellt von Winfried Vogel: Karl Wilhelm Berkhan. Ein Pionier deutscher Sicherheitspolitik nach 1945. Beiträge zu einer politischen Biographie. Bremen 2003.

195 Einen Überblick bieten Detlef Bald/Johannes Klotz/Wolfram Wette: Mythos Wehrmacht. Nachkriegsdebatten und Traditionspflege. Berlin 2001.

196 Vgl. Klaus-Jürgen Bremm u.a.(Hg.): Entschieden für Frieden. 50 Jahre Bundeswehr 1955 bis 2005. Freiburg 2005, S. 341 ff.; Bald, Bundeswehr, S. 70 ff.

197 BA MA N 673/v. 68 (Ansprache), 15. Oktober 1969, S. 12.

198 Zitat bei Vogel: Berkhan, S. 141.

199 Interview H. Schmidt, 31. Mai 2007.

200 Interview W. Altenburg, 15. November. 2007.

201 Ulrich de Maizière: Bekenntnis zum Soldaten. Militärische Führung in unserer Zeit – Reden, Vorträge, Ansprachen. Hamburg 1971, S. 37.

202 Wichtige Einzelheiten bei Gablik: Strategische Planungen, S. 461.

203 BA MA NL 673/v.68 (Besprechungen mit Generalen, 1969).

204 Interview H. Schmidt, 31. Mai und 15. November 2007.

205 NHP Dok. 171/25 S III Besprechungsunterlagen für Besprechung Generalinspekteur/General Wheeler, Bonn, 8. Dezember. 1966.

206 NHP Dok. 171/13 S III 1 Strategie (zu Verhandlungen), Bonn, 23. September 1966.

207 Ebenda 171/12 (»He cannot endorse the German concept in its entirety.«).

208 NHP Dok. 101/27f Zeitzeugenbefragung, Bonn, 13. Juli 1987 (hier: Aussage Graf Kielmansegg).

209 Ebenda 101/56.

210 NHP Dok. 165/58 und 62 S III 1 Deutscher Standpunkt zum strategischen Konzept der NATO, Bonn, Mai 1966.

211 NHP Dok. 167/22 (Fü S) I an Herrn Minister, Bonn, 22. Juni 1966 (Es hieß: Release »will come before they are in position«).

212 NHP Dok. 171/14 S III 1 Strategie (zu Verhandlungen), Bonn, 23. September 1966.

213 NHP Dok. 165/58 S III 1 Deutscher Standpunkt zum strategischen Konzept der NATO, Mai 1966.

214 Vgl. FES 1HS AA00 8063 und 8064.

215 NHP Dok. 171/7 und 11 S III 1 Fortsetzung der Diskussion mit General Wheeler, Bonn, Dezember 1966.

216 NHP Dok. 171/15 S III 1 Strategie (zu Verhandlungen), Bonn, 23. September 1966.

217 NHP Dok. 165/70 E.G. Wheeler, Joint Chief of Staff, an H. Trettner, Washington, 2. Februar 1966.

218 NHP Dok. 165/59 S III 1 Deutscher Standpunkt zum strategischen Konzept der NATO, Mai 1966.

219 Ebenda 165/62, zuvor 60.

220 NHP Dok. 167/60 und 22 (Fü S) I an Herrn Minister, Bonn 22. Juni 1966.

221 NHP Dok. 173/21 S III 1 Strategie in der Führungsweisung Nr. 1, Bonn, 26. Januar 1967.

222 Maizière, Ulrich de: In der Pflicht. Lebensbericht eines deutschen Soldaten im 20. Jahrhundert. Herford 1989, S. 229.

223 Vgl. Final Decision on MC 14/3. A Report by the Military Committee to the Defence Planning Committee on overall strategic concept for the defence of the North Atlantic Treaty Organization area, in: Pedlow, Gregory W. (Hrsg.): NATO Strategy Documents, Brüssel 1997, NATO Strategy (»Final Decision on MC 14/3«), S. 345 ff.; Kommuniqué über die Ministertagung des Nordatlantikrats vom 13. bis 14. Dezember 1967, in: Europa Archiv, 3/1968, S. D 73 ff.

224 NHP Dok. 171/25 S III 1 ADM-Studien, Bonn, 8. Dezember 1966.

225 FES Dok. 167/37 (Fü S) I an Herrn Minister, Bonn, 22. Juni 1966.

226 NHP Dok. 154/8 ff. Fü B III 1 Studie Nr. 1, Bonn, 18. Mai 1965.

227 De Maizière, Pflicht, S. 229.

228 Vgl. die Zusammenstellungen in Vojtech Mastny/Andreas Wegner/Sven S. Holtsmark (Hg.): War Plans and Alliances in the Cold War. London 2006, darin besonders William Burr. Mitte der sechziger Jahre gab es vor allem den Sprengkopf W-7 mit bis zu 40 KT; die Diversifizierung der folgenden Typen Mk-54 und W-45 ging sehr weit: ihre Sprengkraft betrug 1, 2, 5, 8 und 15 KT; daneben wurden mittlere Typen (MADM) und kleinere spezielle W 54 (SADM) mit 0,25 und 0,5 KT entwickelt. Von diesen SADM wurden nur 150 Stück produziert; vgl. ebenso im Internet »nuclearweaponarchive«.

229 NHP Dok. 101 Zeitzeugenbefragung, Bonn, 13. Juli 1987 (Aussage von General Franz-Joseph Schulze).

230 Vgl. de Maizière, Pflicht, S. 222.

231 Interview H. Schmidt, 15. November 2007.

232 Interview H. Schmidt, 31. Mai 2007.

233 Interview H. Laabs, 12. Januar 2007.

234 Interview H. Schmidt, 31. Mai 2007.

235 Helmut Schmidt: Strategie des Gleichgewichts. Stuttgart 1969, S. 211.

236 FES 1HS AA00 5674 Fü S IX 1 Sprechzettel, 28. Oktober 1969.

237 Vgl. Bald, Detlef: Hiroshima, 6. August 1945: Die nukleare Bedrohung. München 1989, S. 236.

238 NHP Dok 175/3 Fü S III Atomare Trägermittel der Bundeswehr, Bonn, 20 April 1967.

239 FES 1HS AA00 5523 Botschafter Pauls an AA, Washington, 14. Juli 1969.

240 FES 1HS AA00 5523 Botschaft Washington an Auswärtiges Amt: Unterredung mit M. Laird am 26. Juni, 30. Juni 1969.

241 AHS Botschaft Washington an Auswärtiges Amt, 14. Juli 1969.

242 Melvin R. Laird: Towards National Security Strategy of Realistic Deterrence, in: Robert J. Pranger/Roger P. Labrie: Nuclear Strategy and National Securty Points of View. Washington D.C. 1977, S. 26.

243 FES 1HS AA00 5523 (Auswärtiges Amt) NATO-Fragen, Bonn, 7. Juli 1969.

244 Interview W. Altenburg, 15. November 2007. Er zitierte: »nations mostly concerned and most directly affected on whose territory providing nuclear warheads or providing the contemplated means of delivery«.

245 Ebenda. »The ultimate decision however will rest with the head of nuclear power.«

246 BA MA N 673, 64 Bilanz anlässlich der Beendigung des 4. Amtsjahres als Generalinspekteur der Bundeswehr (August 69 – August 70).

247 Robert Dallek: Nixon and Kissinger. Partners in Power. New York 2007, S. 84.

248 Helmut Schmidt: Menschen und Mächte. Berlin 1987, S. 186.

249 Interview M. Laird, 29. Juli 2007 (»Even all military on our side«. »The military guys«).

250 Interview H. Schmidt, 31. Mai 2007.

251 Interview M. Laird, 29. Juli 2007.

252 Dale Van Atta: With Honor. Melvin Laird in War, Peace and Politics. Madison, Wisconsin 2008, S. 286.

253 AHS Redebeitrag M. Laird, Brüssel, 3. Dezember 1969; wichtig war »the spirit of trust and confidence«.

254 AHS H. Schmidt, Perspektiven der Allianz, Paris, 10. Dezember 1969. Die WEU war das Verteidigungsbündnis der westeuropäischen Staaten, das im Verbund mit der NATO den automatischen Militärbeistand zusicherte; vgl. Bald, Bundeswehr, S. 38 ff.

255 AHS H. Schmidt-Interview, SWF, 5. Dezember 1969; ähnlich ZDF, 3. Dezember 1969.

256 Süddeutsche Zeitung, 7. Dezember 1969, S. 3.

257 Interview H. Schmidt, 19. März 2007.

258 Interview H. Laabs, 12. Januar 2007.

259 AHS Fü H Gedanken zur Verbesserung der inneren Ordnung des Heeres, Bonn im Juni 1969.

260 Heinz Karst: Das Bild vom Soldaten. Versuch eines Umrisses. Boppard 1967, S. 50.

261 IfZ ED 437,109 Interview K. von Schubert mit Generalmajor R. von Rosen, 9. Dezember 1982.

262 Die ersten Abzüge kursierten bereits im Oktober 1969 auf der Hardthöhe. Text der »Schnez-Studie« und des »Unna-Papiers« bei Klaus Heßler: Militär, Gehorsam, Meinung. Berlin 1971, S. 50 ff. und 115 ff.; ebenso Klaus von Schubert (Hg.): Sicherheitspolitik der Bundesrepublik Deutschland. Dokumentation 1945–1977, Teil 2, Bonn 1978, S. 447 ff.

263 Vgl. Einzelheiten bei Detlef Bald: Bundeswehr und gesellschaftlicher Aufbruch 1968. Die Widerstände des Militärs in Unna gegen die Demokratisierung, in: Westfälische Forschungen, 48/1998, S. 297 ff.

264 Interview H. Schmidt, 15. November 2007.

265 BA MA NL Graf Baudissin N 717, 154 W. Graf Baudissin an U. de Maizière, 13. April 1971.

266 IfZ ED 437/108 Interview K. von Schubert mit U. de Maizière, 1982.

267 AHS H. Laabs, Niederschriften über Besprechungen im Kollegium, 9. März 1971.

268 Helmut Schmidt: Weggefährten. Erinnerungen und Reflexionen. Berlin 1996, S. 475.

269 AHS Niederschrift über Besprechung des Bundesministers der Verteidigung mit den Kommandierenden Generalen am 8. Januar 1970, Bonn, 13. Januar 1970.

270 Interview H. Schmidt, 15. November 2007.

271 Interview H. Schmidt, 31. Mai 2007.

272 Zitiert bei Klaus Reinhardt: Generalstabsausbildung in der Bundeswehr. Bonn/Herford 1977.

273 Wido Mosen: Bundeswehr – Elite der Nation? Determinanten und Funktionen elitärer Selbsteinschätzungen von Bundeswehrsoldaten. Neuwied, Berlin 1970, S. 34.

274 NHP Dok. 528, 1 ff. Schmoller-Haldy, Aufzeichnung (Anfang Dezember 1969).

275 NHP Dok. 529/3 Schmoller-Haldy, Vermerk an L, 16. März 1970.

276 FES NL H. Laabs, Bd. 26 Th. Sommer an Minister (Überblick über Arbeitspapiere), 8. Januar 1970.

277 AHS Theo Sommer, Memorandum, 29. Oktober 1969, S. 8.

278 Interview M. Laird, 26. Juli 2007 (»They were on the other side«).

279 Interview H. Schmidt, 31. Mai 2007.

280 Vogel: Berkhan, S. 173.

281 AHS H. Laabs, Kurzprotokoll über die Abteilungsleitersitzung am 13. Januar 1970.

282 Interview H. Schmidt, 31. Mai 2007.

283 Interview H. Schmidt, 31. Mai und 15. November 2007.

284 AHS H. Laabs, Niederschriften über Besprechungen im Kollegium, 14. Januar 1970.

285 Helmut Kahn, Atombomben auf Kiel, in: Stern Magazin, 6/1970.

286 AHS H. Laabs, Kurzprotokoll über die Abteilungsleitersitzung am 11. Februar 1970.

287 Interview H. Schmidt, 31. Mai 2007.

288 Vgl. die Auswertung bei Detlef Bald: Alte Kameraden. Offizierskader der Bundeswehr, in: Ursula Breymayer u.a. (Hg.): Willensmenschen. Über deutsche Offiziere. Frankfurt/M. 1999, S. 50ff.

289 Interview H. Schmidt, 31. Mai 2007.

290 Vgl. Wolfram Wette: Die Wehrmacht. Feindbilder, Vernichtungskrieg, Legenden. Frankfurt/M. 2002, S. 234ff.

291 Helmut R. Hammerich: Kommiß kommt von Kompromiß. Das Heer der Bundeswehr zwischen Wehrmacht und U.S. Army (1950 bis 1970), in: Hammerich: Heer, S. 350.

292 Interview H. Schmidt, 15. November 2007.

293 »Uns versteht keiner so richtig«. Spiegel-Report über die Generale der Bundeswehr, in: Der Spiegel, 25/1970, S. 33.

294 FES 1HS AA01 0069 Fernschreiben der Deutschen Botschaft Washington, 2. April 1970.

295 FES 1HS AA01 0069 dpa 9. April 1970.

296 FES 1HS AA01 0070 Helmut Schmidt: Grund zur Beunruhigung, in: Washington Post, 2. April 1970.

297 Interview M. Laird, 26. Juli 2007.

298 IfZ ED 437/108 Interview K. von Schubert mit U. de Maizière (1981).

299 Schmidt: Menschen, S. 180.

300 Henry A. Kissinger: Memoiren 1968–1973. Berlin 1979, S. 565.

301 Vgl. J. Michael Legge, Tactical Nuclear Weapons and the NATO Strategy of Flexible Response. Santa Monica, Calif., 1983, S. 22.

302 Interview H. Laabs, 12. Januar 2007.

303 AHS H. Laabs, Kurzprotokoll über die Abteilungsleitersitzung am 16. April 1970.

304 NSA Embassy (Bonn) to Secretary of State, 23. Januar 1970.

305 NSA Memorandum for the President, 6. September 1968.

306 NSA The Secretary, Attachement, 24. Juli 1968 (Es hieß: »to consult directly«).

307 NHP Dok. 104 Tagebuch H. Trebesch (Auszüge), 28. November 1967.

308 NSA Memorandum for the President, 16. März 1968. Es hieß zu (2) »notice of request (for, D.B.) selective release of nuclear weapons to be employed from or on German soil«; zu (3) »orders for selective use of nuclear weapons by German units«.

309 NSA The Secretary, Attachement, 24. Juli 1968. Es hieß: »No special bilateral consultative arrangements are desirable«.

310 Pedlow: NATO Strategy, S. 358 f.

311 NHP Dok. 138/1 Fü B III an Bundesminister, 22. Mai 1966.

312 Vgl. John Clearwater: Canadian Nuclear Weapons. The Untold Story of Canada's Cold War Arsenal. Toronto 1998, S. 239.

313 John Clearwater: U.S. Nuclear Weapons in Canada: Toronto 1999, S. 40 ff.

314 Zitiert in: Czempiel/Schweitzer: Weltpolitik, S. 158.

315 Vgl. Dieter O. A. Wolf: »Präsidenten-Krieg« in Vietnam? Kompetenzen, Entscheidungsverfahren und Verhalten von Präsident und Kongreß im Indochina-Konflikt. München 1973.

316 NSA Department of State to Embassy Bonn, 6. Dezember 1969.

317 AHS H. Laabs, Niederschriften über Besprechungen im Kollegium, 14. Januar 1970.

318 NSA Embassy Bonn to Secretary of State, 24. November 1969.

319 NSA Embassy Bonn to Secretary of State, 23. Januar 1970 (»No further action was necessary to ensure this.«).

320 NHP Dok. 171/22 ff. S III 1 ADM–Studien, Bonn, 8. Dezember 1966.

321 Ebenda.

322 AHS Helmut Schmidt, Germany in the Era of Negotiations, Foreign Affairs, October 1970.

323 Interview H. Laabs, 12. Januar 2007.

324 Interview W. Altenburg, 15. November 2007.

325 NHP Dok. 101/27f. Zeitzeugenbefragung, Bonn, 13. Juli 1987 (Graf Kielmansegg).

326 AHS H. Laabs, Kurzprotokoll über die Abteilungsleitersitzung am 16. Juni 1970.

327 NHP Dok. 101 Zeitzeugenbefragung, Bonn, 13. Juli 1987 (F.-J. Schulze).

328 Interview M. Laird, 26. Juli 2007.

329 FES 1HS AA01 0070 H. Schmidt, Grund zur Beunruhigung, 2. April 1970.

330 FES 1HS AA00 9055 H. Schmidt an Bundeskanzler W. Brandt, 3. November 1970.

331 Ebenda.

332 Interview H. Schmidt, 31. Mai 2007.

333 NHP Dok. 529/2 Schmoller-Haldy, Vermerk an L, 16. März 1970.

334 FES 1HS AA00 9055 H. Schmidt an Bundeskanzler W. Brandt, 3. November 1970.

335 Interview M. Laird, 26. Juli 2007.

336 AHS H. Laabs, Kurzprotokoll über die Abteilungsleitersitzung, 16. Juli 1970.

337 FES 1HS AA00 10790 Protokoll, Deutscher Bundestag, 54. Sitzung, 2. Juni 1970.

338 FES 1HS AA00 10790 Protokoll, Deutscher Bundestag, 57. Sitzung, 5. Juni 1970.

339 AHS Helmut Schmidt: Deutschland in der Ära der Verhandlungen, Bulletin Nr. 130, 29. September 1970.

340 Van Atta: Honor, S. 286.

341 AHS Fü S III 1 Sicherheitspolitischer Überblick, Bonn, 10. März 1971.

342 AHS Tonbandprotokoll, 8. Sitzung, Beirat Innere Führung, Bonn, 19. März 1971.

343 AHS H. Laabs, Kurzprotokoll über die Abteilungsleitersitzung am 8. Dezember, 9. Dezember 1970.

344 Interview W. Altenburg, 15. November 2007.

345 Joachim Käppner: Die Familie der Generäle. Eine deutsche Geschichte. Berlin 2007, S. 318.

346 Die Kurzversion der »4 No's« lautete: »no belt, no predelegation, no demage, no prechambering«.

347 Interview W. Altenburg, 15. November 2007.

348 AHS H. Laabs, Kurzprotokoll über die Abteilungsleitersitzung, 4. November 1970.

349 AHS H. Laabs, Kurzprotokoll über die Abteilungsleitersitzung, 9. Dezember 1970.

350 AHS H. Laabs, Niederschriften über Besprechungen im Kollegium, 9. Dezember 1970.

351 Ebenda.

352 Sprengschächte. Auf dem Pulverfaß, in: Der Spiegel, 36/1965.

353 AHS H. Laabs, Niederschriften über Besprechungen im Kollegium, 14. Januar 1970.

354 AHS H. Laabs, Kurzprotokoll über die Abteilungsleitersitzung am 26.1., 27. Januar 1971.

355 Vgl. Carl Friedrich von Weizsäcker (Hg.): Kriegsfolgen und Kriegsverhütung. München 1971.

356 Vgl. Horst Afheldt u. a.: Durch Kriegsverhütung zum Krieg? Die politischen Folgen der Weizsäcker-Studie. München 1972.

357 BA MA N 673, 16 U. de Maizière, Aufzeichnungen über Besprechungen Abteilungsleiter, 26. Januar 1971.

358 Axel F. Gablik: »Eine Strategie kann nicht zeitlos sein«. Flexible Response und WINTEX, in: Frank Nägler: Die Bundeswehr 1955–2005. Rückblenden – Einsichten – Perspektiven. München 2007, S. 324.

359 Ebenda, S. 325.

360 AHS F. Pöschl an Bundesminister H. Schmidt, Ulm, 7. Februar 1971.

361 AHS H. Schmidt an F. Pöschl, Bonn, 8. März 1971.

362 AHS H. Laabs, Kurzprotokoll über die Abteilungsleitersitzung am 9. März 1971.

363 AHS Helmut Schmidt (Redemanuskript), 28. Mai 1971.

364 BA MA N 673, 16 U. de Maizière, Aufzeichnungen über Besprechungen Abteilungsleiter, 9. März 1971.

365 AHS Helmut Schmidt (Redemanuskript), 28. Mai 1971.

366 Gablik: Strategie, S. 327.

367 AHS H. Schmidt an Bundeskanzler, Bonn, 21. Oktober 1970, Anlage 1.

368 FES 1HS AA00 9055 H. Schmidt an Bundeskanzler, Bonn, 3. November 1970.

369 FES 1HS AA00 9058 H. Schmidt an Bundeskanzler, 1. Februar 1971.

370 AHS H. Schmidt an Bundeskanzler, persönlich, Bonn, 3. Februar 1971; IfZ ED 437/108 Interview K.von Schubert mit U. de Maizière (1981).

371 AHS H. Schmidt, Redemanuskript, Mittenwald, 25. Mai 1971.

372 FES 1HS AA00 5669 Nukleare Planungsgruppe, 9. Treffen, 25./26. Mai 1971.

373 Interview M. Laird, 29. Juli 2007.

374 FES 1HS AA00 5719 M. Laird an H. Schmidt, 15. Mai 1971.

375 Vgl. Melvin Laird: Toward a National Security Strategy of Realistic Deterrence, in: Pranger/Roger P. Labrie (Hg.): Nuclear Strategy, S. 24 ff.

376 AHS H. Laabs, Kurzprotokoll über die Abteilungsleitersitzung am 8.6., Bonn, 9. Juni 1971.

377 Interview M. Laird, 29. Juli 2007.

378 Interview W. Altenburg, 15. November 2007.

379 Interview H.-G. Wieck, 1. November 2007.

380 Interview W. Altenburg, 15. November 2007.

381 AHS H. Laabs, Kurzprotokoll über die Abteilungsleitersitzung am 8.6., Bonn, 9. Juni 1971.

382 Interview W. Altenburg, 15. November 2007.

383 AHS Leiter Planungsstab, Kurzprotokoll, Abteilungsleiterkonferenz am 8.6., Bonn, 9. Juni 1971.

384 Interview M. Laird, 29. Juli 2007.

385 AHS enthält eine Abschrift.

386 Interview H. Schmidt, 31. Mai 2007.

387 Interview M. Laird, 29. Juli 2007; Laird spricht von »all preparations at any time«.

388 Interview H. Schmidt, 31. Mai 2007.

389 Interview H. Schmidt, 19. März 2007.

390 Interview M. Laird, 29. Juli 2007.

391 Interview H. Schmidt, 31. Mai 2007.

392 Interview W. Altenburg, 15. November 2007. Es galt generell die Vorbehalts-Klausel in der NATO: »The ultimate decision will rest to the nuclear power.«

393 FES 1HS AA00 9056 H. Schmidt an Bundeskanzler, 25. Juni 1971.

394 BA MA N 673, 64 U. de Maizière, Bilanz für das letzte Amtsjahr (…), August 1971 bis 31. März 1972.

395 Interview W. Altenburg, 15. November 2007.

396 NHP Dok. 104/37 Interview mit Vizeadmiral Herbert Trebesch, Bonn, 26. Oktober 1988.

397 Interview W. Altenburg, 15. November 2007.

398 NHP Dok. 171/25 S III Besprechungsunterlagen Generalinspekteur/General Wheeler am 12. Dezember 1966 in Paris, Anlage 6, ADM-Studien, 8. Dezember 1966.

399 FM 3-22 Field Manual, Fallout Prediction, Headquarters, Department of the Army, October 1973, Kapitel 2. Die Ausführungen dieses Manuals galten entsprechend für STANAG 2103.

400 FM 5-26 Field Manual, Employment of Atomic Demolition Munitions (ADM), Headquarters, Department of the Army, August 1971, Kapitel 3-2.

401 RB 100-30, vol. I, Conventional-Nuclear Operations, US Army Command and General Staff College, 6. August 1976, S. 39.

402 Einen Überblick in die von Generalstabsoffizieren angefertigten und zum Teil sehr informativen Jahresarbeiten kann man sich verschaffen bei Detlef Bald/Wilhelm Nolte/Hans-H. Steyreiff: Generalstabsausbildung zwischen Gesellschaft und Militär. Das Jahresarbeiten-Archiv, Herford 1991.

403 Interview W. Altenburg, 15. November 2007. Altenburg zitierte auf Englisch: »The head of nuclear powers and the nations mostly concerned.«

404 Ebenda. Zitat gemäß der »Vorläufigen Politischen Richtlinien« von Altenburg: »We should make the enemy change his political intention to cease the attack and withdraw.«

405 Ebenda. Altenburg gab Schmidt in englisch wieder: »The German Corps Commander who will make a requirement of that kind will be sacked.«

406 AHS (Besprechungsnotizen), 14. Juni 1972.

407 Ebenda und Interview W. Altenburg, 15. November 2007.

408 Interview M. Laird, 29. Juli 2007.

409 AHS (Auszug) Niederschrift eines Gesprächs Schmidt/ Laird, Washington, 20. Juli 1972.

410 Interview M. Laird 29. Juli 2007.

411 Vgl. Hartmut Soell: Helmut Schmidt 1969 bis heute. Macht und Verantwortung, München 2008.

412 Interview M. Laird, 29. Juli 2007.

413 Revision FM 100-15, Chapter 6, Chief of Staff, Major General B.E. Huffman, 12. Dezember 1974, in: RB 100-30, Vol. I, S. 112f.

414 Revision ATP-35, Section I, Headquarters, Department of the Army, 24. Juni 1976, in: RB 100-30, Vol. I, S. 130f.

415 Charles M. Simpson III: Inside the Green Berets. The First Thirty Years. A History of the U.S. Army Special Forces, Novato, Ca. 1983, S. 224.

416 America's Secret Soldiers, in: The Defense Monitor, vol. XIV, 2/1985, S. 6. »Our job is to kill people and destroy things.«

417 AnwFE 700/108 Vorläufige Grundsätze für die Führung der Truppengattungen des Heeres, Kap. 13. Die Pioniertruppen, 3/1984.

418 Interview W. Altenburg, 15. November 2007 (Zitat von Goodpaster: »ADM is a dead option.«).

419 Interview H. Schmidt, 31. Mai 2007.

420 Frankfurter Rundschau, 13. November 1976.

421 AHS Staatssekretär H. Fingerhut an Bundeskanzler, 15. November 1976.

422 AHS K. Schnell: Thema: Stand der Planungen zur Verteidigung des Abschnittes Europa-Mitte (Oktober 1976).

423 AHS Staatssekretär H. Fingerhut an Bundeskanzler, 15. November 1976.

424 Atom-Minen. Stichwort Joker, in: Der Spiegel, 39. Jg., 3/1985.

425 AHS Staatssekretär H. Fingerhut an Bundeskanzler, 23. November 1976.

426 AHS Ausführungen, Bundeskanzler, NATO-Rat, 10. Mai 1977.

427 Heeresdienstvorschrift 286/100. Die Ausgabe von Dezember 1964 und die Ausgabe von Februar 1969 wurden am 29. Januar 1988 außer Kraft gesetzt.

428 Ausführungen des Staatssekretärs Peter Würzbach im Deutschen Bundestag, 16. Januar 1985.

429 Daniel Charles: Nuclear Planning in NATO. Pitfalls in First Use, Cambridge, Mass. 1987, S. 17.

430 Ausführlich im historischen Zusammenhang Jehuda L. Wallach: Kriegstheorien. Ihre Entwicklung im 19. und 20. Jahrhundert. Frankfurt/M. 1972, S. 59.

431 Vgl. ein seltenes Beispiel militärischer Kritik: Heinrich Nolte: Vom Cannae-Mythos. Tendenzen und Katastrophen. Göttingen 1991.

432 Aus einer Ansprache vor Offizieren, 18. Juni 1964, zitiert bei Klaus Naumann: »Brave Nazis« für die Bundeswehr? Russlandheimkehrer als Generäle und Offiziere bundesdeutscher Streitkräfte, in: Zeitgeschichte, Jg. 30, 2003, S. 213, 219.

433 Adelbert Weinstein: Von Schlieffen zu Trettner, in: Frankfurter Allgemeine Zeitung 22. Dezember 1964.

434 Jan Philipp Reemtsma: Die Idee des Vernichtungskrieges. Clausewitz – Ludendorff – Hitler, in: Hannes Heer/Klaus Naumann (Hg.): Vernichtungskrieg. Verbrechen der Wehrmacht. Hamburg 1995, S. 396.

435 Michael Geyer: Der Kalte Krieg: die Deutschen und die Angst, in: Naumann: Nachkrieg, S. 317.

436 AHS H. Schmidt: Gedanken zur Wehrpolitik, 2. Juli 1965 (Rede in Stuttgart).

437 Dieter Senghaas: Abschreckung und Frieden. Studien zur Kritik organisierter Friedlosigkeit, Frankfurt/M. 1969, S. 7.

438 Vgl. Reinhart Koselleck: Der Einfluß der beiden Weltkriege auf das soziale Bewußtsein, in: Wolfram Wette (Hg.): Der Krieg des kleinen Mannes. Eine Militärgeschichte von unten. München 1992, S. 324 ff.

439 Bernd Stöver: Der Kalte Krieg 1947-1991. Geschichte eines radikalen Zeitalters. München 2007, S. 158 ff.

440 Vgl. Bald, Hiroshima, S. 110 ff.

441 Zitat bei Rupert Feneberg: »Gerechtigkeit schafft Frieden«. Die katholische Friedensethik im Atomzeitalter. München 1985, S. 18 ff.

442 NHP Dok. 101/121 Zeitzeugenbefragung, Bonn, 13. Juli 1987.

443 Pastorale Konstitution »Gaudium et spes«, in: Karl Rahner/Herbert Vorgrimler: Kleines Konzilskompendium. Freiburg 1966, S. 540.

444 Vgl. Ernst J. Nagel: Soldaten – Diener der Sicherheit und Freiheit der Völker, in: Detlef Bald (Hg.): Europäische Friedenspolitik. Ethische Aufgaben. Baden-Baden 1990, S. 69 ff.

445 NHP Dok. 101/122 Zeitzeugenbefragung, Bonn, 13. Juli 1987.

446 Vgl. Harald Welzer (Hg.): Das soziale Gedächtnis. Geschichte, Erinnerung, Tradierung. Hamburg 2001.

447 Vgl. Ernst-Otto Czempiel: Kluge Macht. Außenpolitik für das 21. Jahrhundert. München 1999.

448 Helmut Schmidt: Maximen politischen Handelns. Bemerkungen zu Moral, Pflicht und Verantwortung des Politikers. Bonn 1981, S. 50.

Bildnachweis

Archiv Helmut Schmidt, Hamburg S. 26, 91, 99, 113, 139, 167, 171, 197, 201, 214, 233
picture-alliance/dpa S. 66
bpk/Hanns Hubmann S. 150
Lehrmaterial der US-Armee: S. 52, 53, 59, 103, 110

Trotz aller Bemühungen konnten für die vorliegende Publikation nicht alle Rechteinhaber ermittelt werden. Bei Nachweis eines berechtigten Anspruchs bitten wir um Verständigung des Verlages.

Personenregister

285